回顾与展望

——甘肃水利七十载

甘肃省水利厅　编

·北京·

内 容 提 要

为了让更多的人了解甘肃水利、了解水利建设者工作的艰辛、了解中央对甘肃水利事业的支持和关心，甘肃省水利厅向全省水利系统和社会征集了反映甘肃水利事业70年来发展成就的优秀文学作品，结集而成此书。本书通过综合篇、专题篇、新闻选登篇、文学篇4个篇章，从不同侧面向公众介绍和展示了甘肃省水利行业70年来的生动实践和辉煌成就，以增强全社会对水利的了解和支持，凝聚力量，促进水利事业向高质量发展转变。

本书可供关心我国水利事业、关注甘肃省水利发展的社会各界人士阅读。

图书在版编目（CIP）数据

回顾与展望 : 甘肃水利七十载 / 甘肃省水利厅编
. -- 北京 : 中国水利水电出版社, 2021.6
ISBN 978-7-5170-9645-0

Ⅰ. ①回… Ⅱ. ①甘… Ⅲ. ①水利建设－概况－甘肃
Ⅳ. ①F426.9

中国版本图书馆CIP数据核字(2021)第102382号

书　　名	**回顾与展望——甘肃水利七十载** HUIGU YU ZHANWANG——GANSU SHUILI QISHI ZAI
作　　者	甘肃省水利厅　编
出版发行	中国水利水电出版社 (北京市海淀区玉渊潭南路1号D座　100038) 网址：www. waterpub. com. cn E-mail：sales@waterpub. com. cn 电话：(010)68367658(营销中心)
经　　售	北京科水图书销售中心(零售) 电话：(010)88383994、63202643、68545874 全国各地新华书店和相关出版物销售网点
排　　版	中国水利水电出版社微机排版中心
印　　刷	天津嘉恒印务有限公司
规　　格	184mm×260mm　16开本　18.75印张　421千字
版　　次	2021年6月第1版　2021年6月第1次印刷
印　　数	0001—2100册
定　　价	**175.00**元

《回顾与展望——甘肃水利七十载》

编　委　会

序

水利兴而后天下平，善治国者必先治水！兴修水利历来是治国安邦的大事。从闻名世界的都江堰、灵渠到三峡工程、南水北调工程等，“水利灌溉、河防疏泛”与中华民族的历史一脉相连、休戚与共。

丝绸之路三千里，华夏文明八千年。甘肃深居西北内陆，地处黄土高原、青藏高原和内蒙古高原三大高原的交汇地带，分属内陆河、黄河和长江三大流域，特殊的自然地理和气候条件使甘肃成为中国水资源最紧缺、生态环境最脆弱、水旱灾害最频发的地区之一，也决定了水利在甘肃经济社会中具有重要的基础地位。

兴陇之要，其枢在水。新中国成立以来，历届省委、省政府始终把水利发展放在经济社会发展的战略高度常抓不懈，从被誉为“中华之最”的景泰川电力提灌工程，到新中国水利史上规模最大的跨双流域调水自流灌溉工程——引大入秦，再到“陇中生命线”的引洮工程，甘肃省先后建成了疏勒河农业综合开发、东乡南阳渠灌溉、盐环定扬黄甘肃专用等多项重点水利工程。同时，以工程水利为依托，大力发展以农村饮水安全、库区移民、水旱灾害防御等为主的民生水利，以最严格水资源管理、水系连通为主的资源水利，以黑河、石羊河、疏勒河三大流域治理为主的生态水利。目前，甘肃省建成重点水利工程 21 项、水库 353 座；建成集中供水工程 9440 处、分散工程 34 万处，历史性地解决了 2000 多万农村群众的吃水问题；建成万亩以上灌区 244 处、发展灌溉面积 1785 万亩，夯实了农业生产的水利基础……七十载水利发展，不断书写着甘肃的河湖安澜、五谷丰登。

海阔春潮涌，风劲好扬帆。七十载水利发展披荆斩棘、乘风破浪；七十载水利发展波澜壮阔、成就辉煌。值此甘肃水利七十年之际，甘肃省水利厅征集编印了《回顾与展望——甘肃水利七十载》，定格和铭记那些矗立在陇原大地上一座座功在当代、利在千秋的丰碑，客观、生动、深刻地展现一代代水利人的奋斗实践、精神成果，期望以此凝聚社会各界的水利共识，激发广大水利工作者的精神力量，继续奋楫中流甘肃水利事业，为建设幸福美好新甘肃、不断开创富民兴陇新局面提供坚实的水利保障！

朱建海

2021年4月

前言

新中国成立70年以来，甘肃水利事业一直保持快速发展的良好势头，特别是党的十八大以来，全省上下高举习近平新时代中国特色社会主义思想伟大旗帜，大力践行“节水优先、空间均衡、系统治理、两手发力”的治水思路，突出“水利工程补短板、水利行业强监管”的水利改革发展总基调，打响了一场场轰轰烈烈的治水兴水战役，实现了陇原水利建设和水利管理大发展。为了让更多的人了解甘肃水利的辉煌业绩、了解水利建设者工作的艰辛、了解中央对甘肃水利事业的支持和关心，甘肃省水利厅党组组织开展“甘肃水利七十载回顾与展望”征文活动，希望在全省水利系统和社会征集反映甘肃水利事业70年来发展成就的优秀文学作品，打造甘肃水利精品力作。

本书征集工作由甘肃省水利厅直属机关党委、甘肃省景泰川电力提灌水资源利用中心具体实施。甘肃省景泰川电力提灌水资源利用中心设征文办公室，多次统稿、筛选，并提出修改意见，为保证稿件质量付出了艰辛的劳动。全省水利单位和职工积极响应，共投稿346篇。甘肃省水利厅直属机关党委邀请专家组进行复审、修改、完善并最终定稿。

在本书编印过程中，得到编委会成员单位、部门和个人的大力支持，许多退休老领导、老同志为本书提供了稿件，本书的编印和出版，也得到了上级有关领导的鼎力支持和高度关注。在此，我们表示由衷的感谢。

谨以此书献给甘肃水利70周年！献给甘肃水利的广大建设者和管理者，并向他们致以崇高的敬意！

本书在编辑过程中，难免有疏漏之处，敬请批评指正。

编者

2021年4月

目　录

综　合　篇

专　题　篇

重大水利工程

流域综合治理

水企改革

水利专项

新 闻 选 登 篇

文 学 篇

综合篇

壮阔水利　普惠民生

——甘肃省水利改革发展辉煌七十年巡礼

水，生命之源，生产之要，生态之基。

从直插云天的皑皑雪峰，到一望无垠的辽阔草原，从广袤雄浑的戈壁瀚海，到江南水乡的自然风光，甘肃这片奇秀瑰丽的土地，却长期因水而困。

缺水、盼水、梦水。一代代甘肃人民在干涸中煎熬、渴盼……

治水、管水、兴水。一代代陇原儿女在破解水难题上倾心竭力、艰辛求索。

七十载栉风沐雨，七十载春华秋实。七十年来，在省委、省政府的坚强领导下，甘肃水利披荆斩棘、乘风破浪，特别是党的十八大以来，在习近平总书记“节水优先、空间均衡、系统治理、两手发力”治水思路的指引下，甘肃靠天吃饭的历史宿命，在大兴水利中一点点打破；旱涝保收的美好梦想，在持之以恒里一步步实现。在改变恶劣的大自然条件这部艰辛的斗争史中，陇原水利人绘就一篇灿烂辉煌的雄奇华章。

水润万家，涓涓清流助脱贫

没有一个地方对水的渴望有如甘肃这般迫切。

因为缺水，晚清名臣左宗棠连连喟叹：“陇中苦瘠甲于天下”；因为缺水，联合国专家曾评价陇中一带：“这里不具备人类生存的基本条件”。

“一碗水，用三遍。又洗菜，又洗脸。当年的大旱你没见，牛在哭，羊在叫，麻雀没水飞不高。”流传在定西一带的一段快板，写满了无尽的辛酸和无奈。

甘肃水利始终把农村饮水作为重要政治任务和头等大事，从最初实施“121雨水集流工程”“氟病改水工程”，到建设“人饮解困工程”“抗旱应急工程”“农村饮水安全工程”。2005—2015年的十年间，累计投入资金110多亿元，解决了1633万农村居民的饮水安全问题。

党的十八大以来，按照省委、省政府总体部署，省水利厅站位打赢脱贫攻坚战、全面建成小康社会大局，提出了“4851”工作思路，即坚持水质、水量、取水方便程度、供水保证率“4项标准”，做到水源、水质、水厂、水管、水窖、水表、水价、水费“8水齐抓”，落实三个责任、三项制度、三个到位、三项机制、三类信息“5种制度”，完成脱贫攻坚农村饮水安全达标这一“总体目标”。按照工作思路和“保水源稳定、保水管畅通、保水质达标”和“改善苦咸水、水窖水水质”的“三保两重点”的目标要求，通过巩固提升和工程运行管理“两大抓手”，采取指导督促、培训提升、宣传引导“三项措施”，全面实施农村饮水安全巩固提升工程和饮水安全有保障冲刺清零行动，制订实施多项脱贫攻坚农村饮水安全实施方案，全力打赢水利脱贫攻坚战。

2016—2020年，甘肃累计完成投资105.5亿元，巩固提升集中供水工程3861处，分散工程4.67万处，受益人口1251万人，其中建档立卡贫困人口166万人。

截至目前，甘肃基本建成以集中供水工程为主、水窖等分散供水工程为辅的农村人饮供水工程建设和运行管护体系，农村自来水普及率和农村集中式供水人口比例分别达到90%、93%，全省86个县市区全部建立了县级农村饮水安全专管机构，在陇原大地织就了一张“从源头到龙头”的农村供水网络。

从人拉驴驮到“活水”入户，从“饮水难”到“饮水甜”，星罗棋布的农村饮水安全工程及其供水管网，成了村民渴盼已久的真正的“甘霖”，滋润了他们的心田。干净卫生的自来水，不仅让干旱山区的陇原人民改善了苦涩的日子，过上了水灵灵的新生活，更重要的是，以前被水羁绊的种植业、养殖业和加工业红红火火启航了，脱贫致富的步伐加快了。

有了放心水，幸福奔小康。甘肃水利脱贫攻坚取得巨大胜利，为甘肃人民与全国同奔小康的伟大征程，提供了坚强的“水支撑”，注入了强劲动力。

兴水安澜，握河牵龙走山川

从缺水而困到有水而兴，一条条“生命水脉”为陇原大地“解渴”，在新时代为百姓带来希望和幸福。这背后的密码正是甘肃七十年来矢志不渝，为突破“水”瓶颈而不懈推进水利工程建设。

新中国成立不久，甘肃兴建了被誉为“中华之最”的大型电力提灌工程——景泰川电力提灌工程，保证了景泰川和古浪黄花滩在内的50万人的生产和生活用水。尤其是从2001年开始向民勤调水，为阻止腾格里沙漠南侵，确保民勤不成为第二个罗布泊，防治生态环境恶化等发挥了重要作用。

20世纪90年代建成的引大入秦工程，发展灌溉面积73万亩，安置移民5.6万人，为兰州新区开发建设、兰白都市圈发展提供了必需的水资源支撑。

“引洮河水，解陇中渴。”以定西地区为代表的中部干旱地区人民长期面临着无水源、吃水难的问题。2006年，被习近平总书记称为“圆梦工程、德政工程、民生工程”的引洮供水一期工程开工建设，2014年建成运行，保障了定西、白银、兰州3市7县（区）308万人民的生产和生活用水，陇中群众祖祖辈辈“看天吃饭”的日子从此一去不返。引洮供水工程二期同步开建，又将惠及甘肃中东部地区的268.57万人、29.2万亩旱地。

水兴则邦兴，水安则民安。七十年来，甘肃省委省政府始终把水利放在经济社会发展的战略高度常抓不懈，加快水利工程建设的步伐从未停歇。把能调的水调过来，将能存的水存起来。景电工程、引大入秦、疏勒河农业综合开发等一批重大水利工程，引来清流，滋润旱川；东乡南阳渠灌溉、盐环定扬黄甘肃专用供水工程，送来甘甜，为民造福；靖远双永供水、引洮入潭、引洮济合、积石山引水、石门河引水等重点区域骨干供水工程，破解瓶颈，助推小康；白龙江引水、引哈济党、陇南国家油橄榄基地供水工程等重点水利项目前期工作积极推进……

目前，甘肃省水利工程年供水能力由改革开放初期的108亿立方米增加到149亿立方米。初步形成了以供水、灌溉、防洪、发电、生态保护为主的水利工程体系，在保障饮用水安全、粮食安全、防洪减灾、生态建设、经济发展等方面发挥了重要作用。

情系民生，治水兴民惠千秋

水利是农业命脉、民生之本。甘肃省以大中型灌区骨干工程为重点，相继实施了大型灌区续建配套与节水改造、农业综合开发重点中型灌区节水改造、日元贷款节水灌溉项目、黑河流域综合治理项目、农牧区节水灌溉示范项目为重点的节水灌溉项目，大力推进高效节水灌溉，为甘肃粮食生产实现“十七连丰”做出了重要贡献。

2012年，甘肃省整县区规模推进高效节水的做法被水利部作为全国典型在西北地区推广。2015年，结合国家“西北节水增效”战略，省水利厅制定了高效节水灌溉发展总体实施方案，率先在全国整流域、整区域推进。

特殊的地形地貌决定了甘肃是全国水土流失最严重的地区之一，严重的水土流失，不仅使土壤肥力下降，农业生产条件恶化，更使水库、河道淤塞，防洪压力加大，成为了阻碍人民幸福的一道坎。甘肃省始终坚持以小流域为单元开展水土流失综合治理，先后实施了国家水土保持重点建设工程、黄土高原淤地坝工程和全省梯田建设等重大工程，并建立了水土保持法律法规体系和预防保护体系，水土流失治理取得显著成效。

绿色在脚下延伸，梦想在心间激荡。3246万亩梯田，1600座淤地坝，1993万亩灌区，为甘肃这片贫瘠的土地带来了五谷丰登，硕果累累。

居安而民乐，民乐而国兴。伴随着新中国的成长，七十年间，甘肃全方位提升了水利防灾减灾能力，先后治理河流197条、河长3910千米，新建堤防、护岸3287千米，加固堤防、护岸221千米，保护耕地424万亩，并建成县级监测预警平台87个，自动雨量（水位）站5060个、简易雨量站1.6万个，无线预警广播11352套，先后有260座病险水库得到除险加固。以防为主，防治结合，甘肃布设监视灾害发生前兆的“千里眼”，建立省、市、县、乡、村、户六级监测预警体系，实现“户户知”，为陇原广大基层干部群众撑起了“生命的保护伞”。

历史将永远铭记甘肃水利奠基农业生产、防灾保安，为提高人民群众生产生活水平，保障生命财产安全做出的积极贡献。

系统保护，流域治理筑屏障

地跨长江、黄河、内陆河三大流域的甘肃，犹如一道重要的生态屏障守卫着祖国西北。屏障立，则生态安全；屏障废，则生态失守。

滔滔黄河，蜿蜒九曲。让黄河成为造福人民的幸福河，是习近平总书记发出的伟大号召。甘肃涵养补给了黄河60%以上水量，黄河流域也为甘肃贡献了70%的经济，甘肃省水利系统强化上游意识，担好上游责任，始终将黄河治理保护作为义不容辞的时代使命，在新时代奏响了黄河大合唱的陇原乐章。

山以灵而俞鸣，水以神而益秀。曾经水干风起、狂沙肆虐的石羊河流域，经过重点治理，民勤青土湖重现碧波，绿意盎然，湖区周边地下水位逐步回升，形成了 100 多平方千米的旱区湿地，部分远期治理目标提前实现，成为了全国流域治理的样本典范。

黑河流域，西北第二大内陆流域，自2000年国家实施黑河水量统一调度以来，源源不断，奔流不息，累计向下游输水201亿立方米，为下游内蒙古额济纳旗生态恢复做出了巨大贡献。

正在实施的《敦煌水资源合理利用与生态保护项目》，为敦煌及其周边生态安全乃至莫高窟等文化遗迹的保存发挥了巨大作用，也让疏勒河成功上榜首届寻找十条“最美家乡河”。“北通疏勒”规划目标的实现，不仅使西湖自然保护区湿地生态逐步改善，使月牙泉水周边地下水位下降趋势减缓，更让河道末端干涸多年的哈拉诺尔湖碧波重现。

“绿水青山就是金山银山。”让绿色成为甘肃发展的“底色”，给子孙后代留下天蓝、地绿、水净的美好家园。甘肃以小流域为单元，兴修梯田，保持水土，推进山水林田湖草沙系统治理。甘南重要水源补给区生态恢复与保护，黄土高原地区和陇南山地水土流失综合治理……现在，全省累计完成水土流失综合治理面积10万余平方千米，治理程度近三分之一。

绿水青山就是金山银山。咬定生态建设不放松，甘肃水利人誓死在生态安全保卫战中不失一山、不失一河。

严格监管，合力建设幸福河

撼山易、治水难。

甘肃深入落实“水利工程补短板、水利行业强监管”的水利改革发展总基调，持续强化河湖、水资源等监管，为水利事业健康发展保驾护航。

党的十八大以来，甘肃高位推动河湖长制工作，上下游、左右岸“共治”，破除体制顽疾。全面建立了党政同责的双河长工作机制和覆盖全省境内所有江河、湖泊、洪水沟道的省市县乡村五级河长湖长体系。共设置五级河长23068名，湖长1181名。

以河湖长制为平台，甘肃建立党政负责、水利牵头、部门联动、社会参与的河湖管理保护格局。集中开展“清四乱”行动，系统治理河湖新老水问题，既管河道这个盛水的“盆”，又管河水这个盆里的“水”，因地制宜推动河长制从“有名”转向“有实”，向“河长治”“河长清”全面迈进。截至目前，全省累计整治河湖“四乱”问题7088个，整改违法违规岸线利用项目307个。

河流不同，河情迥异。甘肃一河一策，靶向发力。夯基础，严督察，全面实施河湖警长制，铁腕治理河湖顽疾，全力打好河湖管护攻坚战，打造人民满意的健康河湖、美丽河湖、幸福河湖。

治水是一项系统性工程，要实现河湖的立体治理，还得联动“水陆空”、动员千万户。甘肃落实最严格水资源管理制度，建立了覆盖全省的用水总量、用水效率、水功能区限制纳污“三条红线”控制指标体系。

节水是解决甘肃水资源短缺问题的必由之路。近年来，甘肃多措并举，重拳出击，实施总量强度双控、农业节水增效、工业节水减排、城镇节水降损、重点地区节水开源、科技创新引领等六大行动，全面推进节水型社会建设。

让每一滴水最大限度地发挥效益！甘肃年用水总量由最高的123亿立方米下降至2020年的109.89亿立方米，万元GDP用水量较2015年下降了33.11%，农业灌溉用水有效利用系数由2011年的0.5183提高到2020年的0.57……

久久为功，深化改革促长效

改革是推动发展的制胜法宝。多年来，甘肃水利人以涉险滩、渡深水的勇气锐气，锐意创新、攻坚克难，走发展与改革“双轮驱动”的水利发展道路，全面深化水利改革。按照“项目搭台、改革唱戏”的思路，全省各级水利部门最大限度释放改革红利，加快传统水利向现代水利、可持续发展水利转变的步伐。

党的十八大以来，甘肃相继被国家列为全国水权、水价、水流产权、水利工程产权制度改革等多个试点，从单项突破到综合配套，全新的水利改革，激活一池春水。

以水资源确权为核心，大力推进水权改革。疏勒河流域农业用水户水资源使用权确权登记和发证工作全面完成。

以明晰水权为前提，大力推进农业水价综合改革。高台、民勤等15个县（区）国家、省级及市级农业水价综合改革试点取得明显成效，实现了水价调高、用水减少、负担不增和效益提高的多赢成效。

以优化资产产权为抓手，深化水管体制改革。凉州、白银、武都3县（区）国家小型农田水利设施产权制度试点改革基本完成。

以水务一体化为引领，推进投融资改革。自从2014年组建集投融资、工程建设与运营管理于一体的省水投公司以来，甘肃各级水利投融资平台现已通过贷款融资等筹集水利建设资金过百亿元。

目前，全省初步形成了以水权改革奠基础、以水价改革增动力、以投融资改革添活力、以水管改革促激力的水利改革格局。

从严治党，作风建设强根基

打铁还需自身硬。凝聚起治水兴水的磅礴力量，必须要有优良作风。甘肃水利系统坚持用习近平新时代中国特色社会主义思想武装头脑，不忘初心、牢记使命，增强"四个意识"，坚定"四个自信"，做到"两个维护"。坚持党要管党、从严治党，强化政治建设、组织建设、能力建设"三个建设"，抓好党建责任落实、支部建设标准化、整改成果巩固"三个重点"，发挥制度刚性约束、考核"指挥棒"、创新引领作用"三个作用"，坚定不移推动水利系统全面从严治党向纵深发展，激发起水利人的凝聚力和战斗力。

攻坚一线，水利人在行动！省水利厅党组着力发挥基层党组织在脱贫攻坚、河湖"清四乱"、黄河流域生态保护和高质量发展等重点工作中的战斗堡垒作用，推动水利中心任务全面落实。抽调100多名党员干部组成39个农村饮水安全工作组，深入乡村一线督促指导和技术帮扶，充分发挥了党员干部在农村饮水安全工作中的先锋模范作用，有力保障了农村饮水安全冲刺清零工作的完成。同时，把基层一线和急难险重任务作为培养历练、识别考察干部的平台，选派厅系统党组织和党员干部分别与舟曲帮扶村、贫困户驻村结对帮扶，推动党建与帮扶工作深入融合。

一座座"长虹"凌空飞跃，一条条"巨龙"逶迤向前，一片片绿洲奇迹般诞生，一个个生命工程润泽山峁……铿锵治水、用情护水、实干兴水。甘肃水利事业从壮丽七十年走来，在新时代阔步迈进，描绘出一幅犹如九曲黄河一般波澜壮阔、激越豪迈的人水和谐美丽画卷。站在新的历史起点上，展望未来，甘肃水利人定会再谱新篇！

（甘肃省水利厅办公室　供稿）

辉煌七十载　水融金城

——兰州市水利七十载回顾与展望

兰州地处甘肃中部干旱地区。因降雨稀少、气候干燥，蒸发量大，干旱成为制约农业及国民经济和社会发展的主要因素之一。因此，自古以来兰州人民把修渠引水，发展水利作为改善农业生产和人民生活条件的根本性大事。兰州水利发展的历史，就是兰州人民同干旱、洪涝等多种自然灾害作长期艰苦的斗争，写下了一部利用自然、改造自然，兴水富民的光辉历史。

兰州水利发展历史，源远流长。先民们早在汉代就开始修渠引水灌田。据史料记载：汉武帝元狩四年（前119年），“汉度（渡）河自朔方以西至令居（今永登县），往往通渠，置田官，吏卒五、六万人。”汉昭帝始元二年（前85年），汉王朝“皆引河水及川谷以灌田。”到西汉元帝年间（前48年到前33年），“已开渠引庄浪河水灌田。”明代，兰州人段续引进并改制“水车”，沿黄河两岸的人民竞相仿制，以“水车”引水灌田浇园，使兰州的水利事业有了一个较大的发展。民国时期，黄河水利委员会完成了引庄浪河入秦王川的《秦王川渠工程计划书》。民国三十年（1941年），兰州建成窑街二渠和永登县七里乡（今河桥镇七里村）鳌塔渠。民国三十一年（1942年），建成湟惠渠。民国三十五年（1946年），修建了大同乡保家湾西九渠和连城登丰渠。民国三十六年（1947年），永登县永丰渠和东运渠竣工，并建成东九渠、青寺渠、新沟渠、北大渠、南畔渠等19条自流灌溉渠道。民国三十八年（1949年），永登县建成东一渠、东二渠。民国时期，兰州市共有引水干支渠道157条，土井13眼，水车114部。有效灌溉面积22.95万亩，保灌面积18.79万亩，条田面积1.74万亩。

七十年来，在各级党组织和政府的关怀支持下，兰州人民自力更生，艰苦创业，坚持不懈地开展水利建设，先后修建了水库、塘坝、水窖、水轮泵、机井、小提灌和大中型电力提灌工程及跨流域调水工程等。经过多年的努力，特别是改革开放以来水利建设快速发展，建成了以榆中县三角城电力提灌工程、皋兰县西岔电力提灌工程和引大入秦自流灌溉工程为代表的一批大中型水利骨干工程。兰州已形成了渠、库、塘、井、提多种方式引水、提水的灌溉工程体系，渠系纵横交错，灌溉工程初具规模，农业生产条件发生了根本变化。近年来，兰州新建了一大批重大水利工程，兰州市黄河干流防洪治理工程有效保障了黄河干流兰州段两岸人民的生命财产安全，引洮一期榆中县配套工程切实解决了榆中县灌溉和人畜饮水问题，工程建成后可有效改善兰州主城区的供水结构，保障供水安全。兰州市农村饮水安全工程建设成效显著，为打赢脱贫攻坚战奠定了坚实的基础。截至2019年年底，全市共建成各类农田灌溉工程设施2172处，水库17座，提灌工程743处，建成泵站992座，总装机容量295210千瓦，自流引水工程115处，机电井1297眼，干支渠道5139.45千米（衬砌长2629.81千米，衬砌率为51.17%），50亩及以上灌区824处，总灌溉面积159.87万亩，其中：大型灌区1处，总灌溉面积30.84万亩；万亩以上灌区20处，总灌溉面积78.10万亩；千亩及以上至万亩以下灌区86处，总灌溉面积16.6万亩；千亩以下灌区138处，灌溉面积24.565万亩；纯井灌区579处，总灌溉面积9.765万亩。全市共发展农田有效灌溉面积135万亩，林草灌溉面积24.87万亩，灌溉面积中发展高效节水灌溉面积30.87万亩。其中：管道灌溉14.37万亩、喷灌10.04万亩、微喷滴灌6.47万亩，占农田有效灌溉面积的22.87%。全市共发展干旱山区梯田面积154.3万亩，占宜修坡耕地面积的70%；完成水土流失综合治理面积3965平方千米，治理程度47.8%。水利事业的大力发展为保障农村社会稳定和人民生命财产安全、改善生态环境、支撑农业农村和经济社会发展发挥了极其重要的基础保障作用。

近年来，兰州市深入贯彻落实习近平总书记提出的“节水优先、空间均衡、系统治理、两手发力”的治水思路，认真贯彻“水利工程补短板、水利行业强监管”的水利改革发展总基调，按照市委、市政府和省水利厅的决策部署，围绕全市经济社会发展大局，着力补短板、强监管、夯基础、促落实，全力以赴推进各项水利工作转型升级，全市水利事业全面快速发展，水利建设规模和投资再创新高，重大项目建设加快实施，水利扶贫脱贫成效显著，项目谋划和前期工作不断加强，防灾减灾体系不断完善，依法治水管水进程不断加快，水利改革稳步推进，为决胜全面小康、建设现代化中心城市提供了坚实的水务基础。

（1）水利建设投资再创新高。2012年以来，全市共争取到位中央和省上水利资金28.06亿元，实施安全水利、民生水利、农村水利、生态水利、行业能力建设等6大类172项水利项目，累计完成水利固定资产投资68.64亿元。其中：中央和省级投资28.06亿元，市县投资40.58亿元，形成水利固定资产投资68.64亿元，水利投资的成倍增加和水利项目的大规模建设，使得全市水利基础设施建设取得了长足发展，水利支撑和保障能力不断提升。

（2）重大水利工程加快实施。兰州市黄河干流防洪治理工程是新中国成立以来国家在兰州市投资最大的水利项目，规划治理长度54.1千米，批复总投资16.8亿元，占甘肃省黄河干流防洪工程项目总投资的49.41%。项目于2015年10月开工建设，累计新建堤防13.79千米、新建护坡及护岸21.1千米，维修加固堤防41.31千米，维修加固护岸3.25千米，由此拉开了兰州市重大水利项目建设的序幕。引洮一期榆中县配套工程稳步推进，总投资8.27亿元，有效解决了19个乡镇37.12万人、22.6万头（只）牲畜的用水问题和兰州市东城区建设水资源短缺问题。总投资59.67亿元的省、市“一带一路”重大水利基础设施和重大民生水利项目——兰州市水源地项目全面启动实施建设，有效改善了兰州主城区的供水结构，保障了城市供水安全。

（3）水利扶贫脱贫成效显著。围绕与全省一道率先全面建成小康社会这一总体目标，实施农村饮水安全和水利基础设施配套建设。农村饮水安全项目自2005年启动实施以来，全市累计投入资金超过11亿元，建成了农村饮水安全集中式供水工程282处，实际解决了农村105.65万人的饮水问题，农村饮水安全覆盖率达到了100%，集中供水率达到98%，自来水普及率达到90.48%，广大群众的获得感、幸福感不断增强，为全市脱贫攻坚注入源头活水。更新改造大型泵站76座，完成投资8.42亿元；累计发展高效节水灌溉面积39.83万亩；全市水土流失综合治理面积达到4164.3平方千米，治理程度为50.22%，其中：累计完成梯田168.47万亩，营造水土保持林223.98万亩、种草54.27万亩，实施封禁治理措施85.92万亩，建成治沟骨干工程（骨干坝）34座，已治理沟道条数125条，建成各类小型拦蓄工程7563处，集雨节灌工程新建水窖6.2972万眼，发展集雨节灌工程面积33.27万亩；累计治理江河支流99.23千米、中小河流47千米、洪道26.97千米。对皋兰、西固等6个县区的水库移民给予了持续扶持。整合各类建设资金9000多万元，加快推进永登坪城乡精准扶贫灌溉工程建设，大力支持全市300个贫困村整村脱贫水利配套和调蓄水塘建设。

（4）防汛减灾体系不断完善。实施8处山洪灾害防治非工程措施项目，初步建成覆盖全市的山洪灾害防治监测预警体系，基本实现了山洪灾害监测预警信息的实时共享，有力提升了基层群众的防灾能力。实施了兰州黄河城区段抢险工程和庄浪河、宛川河、雷坛河、蔡家河、水阜河等主要江河支流和中小河流治理项目。实施了抗旱应急水源引提调水项目，提高了干旱山区人畜饮水应急供水能力。强化抢险应急队伍建设和应急物资设施储备，调整充实了14个防汛抢险救灾工作组，组建市级防汛抢险队伍1492人、县区级防汛抢险队伍14534人。

（5）最严格水资源管理制度全面落实。全市水资源管理“三条红线”控制指标体系全面建立，出台了《兰州市县级行政区用水总量控制指标》《兰州市县级行政区用水效率指标及其考核体系》和《兰州市地表水功能区限制纳污红线方案》，将水资源管理控制指标分解到县级行政区贯彻执行，全面完成七里河区水资源监控能力试点县项目建设并投入运行。全面贯彻推行取水许可和计划用水制度，编制完成《兰州市城市节约用水规划（2013—2025年）》《兰州市城市用水定额》《兰州市节水行动实施方案》，严格实行取水许可动态管理，在保障民生工程、生态环境改善项目水资源需求的同时，严控不合理用水需求，已经达到或超过取用水总量控制指标的地区暂停审批建设项目新增取水。完成水资源国控二期项目建设，对年取水量大于30万立方米的52家取水户安装了计量设备。市财政自筹325万元对年取水量大于10万立方米以上的

14家取水户、32个监测点实施水资源在线监控试点项目建设，有效提高了水资源监管能力。

（6）水利改革稳步推进。深化水务一体化改革，市政府研究制定出台了《关于加快水利改革发展的意见》《兰州市水利改革试点方案》，全市防汛、城区河道、城市供水、排水、污水收集处理、节约用水工作归口水务部门管理，水政监察、质量监督与安全管理、黄河河道管理等机构组建成立并开始运转，基本理顺了全市水务一体化管理体制。全市基层服务体系"三站一队"全面组建完成，实现了基层水利服务机构全覆盖，扭转了基层水利服务体系建设滞后、管护缺位的局面。深化水行政审批制度改革，优化了水行政许可审批流程，提高了行政审批效率。深化农业水价改革和水管体制改革，确保了水管单位的正常运转。深化水利投融资改革，成立了榆中汇通水利投资公司，为引洮一期榆中县配套工程融资1.65亿元，申请兰州银行贷款3亿元，省政府批准新增一般债券额度2亿元；成立兰州市水务建设管理公司，为兰州市水源地建设项目融资贷款18.9亿元；依托兰州水务建设管理有限公司，为黄河干流兰州段防洪治理项目申请贷款5.2亿元，为兰州市重大水利项目建设提供了资金保障。

（兰州市水务局　供稿）

强基础　补短板
为兰州新区高质量发展筑牢水利基础

——兰州新区水利工作回顾与展望

“天堂寺前，一道飞虹增日丽；秦王川中，千顷绿浪竞风流。”26年前，大通河水通过引大入秦工程引入秦王川盆地，送来源源不断的清流，秦王川变了。于是，有人写下了这样的赞歌。

对兰州新区这个新兴城市来讲，做好、做足水文章是持续发展的关键。为此，兰州新区自获批国家级新区以来，紧抓水利基础设施项目建设不放松，形成以引大入秦工程为主水源、其他水源为补充的水利发展思路，着力构建多元化供水格局，为兰州新区经济社会全面发展奠定了坚实基础。

完善水利基础设施建设，提升水资源保障能力。兰州新区成立之初，将完善水利基础设施列入重要的议事日程，各个水利项目率先展开，以确保供水能够跟得上新区建设的速度。兰州新区的供水系统主要由三大部分构成——调蓄水库，蓄集引大入秦工程来水；给水厂，生产清洁的自来水；供水管网，将清洁水供向千家万户。

为充分有效利用引大入秦工程水资源，提高新区供水保障能力，建成调蓄水库2座、生态调蓄工程2座、供水工程3处，有效解决了引大入秦工程冬季停水期及夏季检修停水期新区用水“卡脖子”的问题。截至2020年，兰州新区范围内已建水库总库容2205万立方米，年可供城市生产、生活用水量1亿立方米，有力支持了新区经济社会发展。

实施农村饮水安全工程，率先完成脱贫攻坚任务。2012年以来，兰州新区将饮水安全作为第一民生工程来抓，全面布局、重点谋划，新区农村群众饮水状况发生了翻天覆地的变化。2012—2017年期间，兰州新区累计投入资金0.5亿元，先后完成了所辖3镇、54个行政村的农村人饮骨干工程建设，解决了绝大部分人口的饮水安全问题。2018年投入资金0.2亿元，组织实施了脱贫攻坚农村人饮巩固提升项目，将3年建设任务压缩至1年集中实施完成，新建供水管道141千米、冻管改造22.5千米，有效保障了2.9万户、11.9万人的饮水安全，于2018年11月率先完成建设任务，实现了集中式供水工程全覆盖，农村饮水水质达标率、入户率均达到100%。

推进水生态文明建设，努力打造生态宜居新城。兰州新区不断适应经济社会发展对优美生态环境的需求，坚持人水和谐的理念，推动水生态保护体系建设。投资1.8亿元，完成石门沟水源地核心围网和引大入秦工程东二干渠新区段封闭改造工程，着力防范水源污染风险；完成石门沟水库至新区南部生态输水管线连通工程，与水库、调蓄工程、生态输水管线构建起“上蓄下引、湖库连通、丰枯调剂、环境优美”的现代水网体系。

兰州新区率先在全省出台生态河湖行动计划（2018—2020年），通过实施水安全保障、水资源保护、水环境治理、水污染防治、水生态修复等行动，实现水功能区水质全面达标，供水安全全面保障。制定出台了《兰州新区全面推行河湖长制工作方案》，健全和完善新区、园区、镇、村四级河（湖）责任体系，依托河湖长制，加强水生态环境治理，定期组织各级河长巡河（湖），强化水行政执法和刑事司法衔接，进一步加强督导检查力度，新区河湖“四乱”问题得到有效整治，有力保障了新区河畅岸绿景美。

强化水旱灾害防御，保障群众生命财产安全。多年以来，兰州新区从建设海绵城市入手，按照“上蓄、中滞、下排”的治理思路，开工建设西岔滞洪调蓄工程、水阜河水生态治理工程、刘家井滞洪调蓄水库工程等一批防洪兼雨洪资源调蓄利用和水生态综合治理为一体的综合利用工程，实现了聚水、引水、泄洪、蓄洪、抗旱五大系统，显著提升了防洪能力。2018年筹资730万元，建成了山洪灾害非工程措施预警指挥平台，建成雨量、水位、视频自动监测站点31个，对重点山洪沟道、城市重点区域、水库等防汛重点部位实现了实时监控，在新区所辖79个自然村建成预警广播站79个，基本形成了有效的防洪预警体系。

完成水务一体化改革，提高涉水事务管理效率。2018年以来，兰州新区坚持抓改革、抓创新，打破多部门、多环节、分条块建管体制，不断推进水务管理体制改革，组建成立新区水务集团公司作为涉水资产运营管理主体，将水库、水厂、供排水管网、污水处理等涉水资产整合，统一划归水务集团管理运营，实现涉水事务统一管理、统一运营。制定《兰州新区水价改革实施方案》，按照用水途径确定分类水价，统一城乡供水价格，终端用水环节实行“同网同价”，实现城乡供水“同质、同价、同服务”。建立企业融资、市场化的投融资管理模式，积极争取中央及省级补助资金和银行贷款支持项目建设，调节政府投入不足的问题，实现水利投融资改革。在甘肃省水利行业率先采用EPC模式建成了兰州新区骨干水源工程石门沟2号、3号水库，为兰州新区水利建设的可持续发展提供了坚实保障。

深化“放管服”改革，推行水土保持区域评估。按照“放管服”改革要求，2019年年初，按照《兰州新区深化改革推动高质量发展实施方案（试行）》文件精神，制定印发《深化改革推动高质量发展的实施方案（试行）》，探索实行水土保持方案承诺备案制管理，由项目建设单位自主编制、审查水土保持方案，进一步精简优化审批程序，切实提升政务服务效能。

立足新时代，兰州新区将以习近平新时代中国特色社会主义思想为指引，继续传承和弘扬新时代水利精神，以引大入秦工程、西岔电灌工程为依托，围绕水资源调度、水环境治理和水旱灾害防御等重点工作，加快水利基础设施建设，补齐补强水利发展短板，为兰州新区高质量发展奠定更加强有力的水利发展基础。

（兰州新区农林水务局　供稿）

水润雄关　惠民利民

——嘉峪关市水利七十载回顾与展望

一座座水库星罗棋布，一条条渠道纵横交错，一股股清泉流进千家万户，一项项供水工程润泽雄关大地……行走在嘉峪关的大街小巷，处处都能感受到水利事业蓬勃发展给这座城市带来的变化。

嘉峪关市水资源总量为4.78亿立方米，可利用水资源量为3.55亿立方米。全市有5个地下水源地和一个地下水截引工程，共有机井252眼，有3个中型灌区，各级渠道952条679.49千米。有中型水库1座，总库容6400万立方米。有小型水库14座，总库容1388万立方米。有草湖湿地1处。全市水面面积698.4万平方米，人均水域面积27.6平方米。

水是生命之源、生态之基、生产之要。新中国成立70年来，为了在茫茫戈壁打造秀美宜居的生态家园，嘉峪关水利人锐意进取、扎实苦干，兴建水库、引水入城，在风吹石头跑、遍地不长草的戈壁荒滩上描绘了兴水播绿的壮美画卷。敬业奉献、担当有为的水利建设者们，勇往直前、一路高歌，用智慧和汗水，谱写了“治水兴城”的精彩乐章。

工程水利　夯实发展基础

靠天吃饭，这是嘉峪关市建市之初水利对经济社会特别是农业发展支撑作用的准确描绘。为了在水资源极为匮乏的戈壁开辟一片新天地，嘉峪关水利人充分发扬“艰苦奋斗、开拓创新、开放包容、敢为人先”的嘉峪关精神，兴修水利，建库蓄水，引水入城，逐步构建了现代化水利基础设施体系。特别是近年来，举全市之力，集中优势资金干成了一批多年想干而没有条件干的大事，先后实施了讨赖河嘉峪关市区段生态环境治理工程、龙王滩遗址湿地保护工程、双泉水库、南市区“两湖一河”供水工程等多项重点水利项目，逐步形成陆域水域保护相呼应、河湖连通、点线面保护相结合的“一带、一片、一网、一群”的总体工程布局。“一带”即以讨赖河嘉峪关市区段生态环境治理工程、嘉峪关市讨赖河南岸水土保持综合治理工程等为依托，构建讨赖河滨河绿色生态景观带；“一片”即以新城草湖国家湿地公园河湖连通综合利用工程、新城草湖国家湿地公园开发建设项目等为依托，构建嘉峪关新城草湖湿地生态保护片区；“一网”即以嘉峪关南湖文化生态园项目及嘉峪关市已建的东湖、迎宾湖、讨赖河生态公园人工湖、明珠文化公园人工湖等为依托，构建嘉峪关市人工湖生态网；“一群”即以黑山湖水源地、大草滩水源地、嘉峪关水源地、北大河水源地、双泉水源地为主体，构建嘉峪关市水源地保护群落。通过大规模的水利工程建设，进一步优化了水资源配置，实现了水利工程提质增效，有效保障了全市生产生活用水，实现了项目功能单一向水工程、水生态、水文化、水经济并重的现代水利转变。

保障城市应急用水，必须建设备用水源地。为消除西气（油）东输（送）管网带穿越嘉峪关市饮用水水源地带来的饮水安全隐患问题，从2014年开始，历时3年，投资4.1亿元实施了嘉峪关市饮用水源地迁建工程，该工程迁建水源井47眼，等水量置换异地新建水源井61眼，新建泵房61座，新建总库容325万立方米应急备用水库1座，使嘉峪关市成为全省最早有备用水源地的市州。

为改善河道通水和行洪能力，保障汛期安全度汛，先后实施了文殊镇文殊沙河治理项目、文殊镇钟家沙河治理工程、嘉峪关高铁南站崔家洪道封堵导流工程和南干二支渠嘉峪关段改建工程等，消除了河道各类安全隐患，确保了人民生命财产安全。

生态水利　让城市绿起来美起来

嘉峪关市坚持和践行“绿水青山就是金山银山”的生态文明理念，紧紧围绕最严格水资源管理，巧用水资源，做活水文章，就近建水利、造湖泊，让活水清绿走进街道、走进庭院，极大地满足了人们对绿的渴望，对水的向往。

长期以来，水资源短缺成为嘉峪关市绿色发展迫切需要解决的问题。嘉峪关市始终把管好水资源放在核心位置，在2004年就成立专门机构负责全市水资源的管理工作。为从根本上解决水资源短缺、水资源利用效率低下、水污染严重的问题，市委市政府审时度势，在2013年成立实行最严格水资源管理制度考核工作领导小组，从市级层面全力推进最严格水资源管理制度的落实，制定最严格水资源管理方案，落实“三条红线”管控目标责任，将2015年、2020年和2030年的用水总量、用水效率和水功能区水质达标率等水资源管理控制指标予以分解下达。建立和完善了实行最严格水资源管理制度考核体系，健全各项规章制度，印发了管理办法。开展了实行最严格水资源管理制度配套规划编制工作，委托黄河水资源保护科学研究院编制了《嘉峪关市水资源保护规划》《嘉峪关市地下水利用与保护规划》和《嘉峪关市地下水红线利用管理方案》。严格执行年度用水计划和用水总结申报制度，实现了水资源利用计划可控、节约高效。严格重大规划和建设项目水资源论证，强化水资源承载能力刚性约束，促进经济结构转型升级。甘肃省政府考核组进行实地检查和全面考核，2017年、2019年荣获优秀等次。

实现绿水长流，必须建立起更加科学的管理制度。全面推进河长制，按照“分级负责、属地管理、条块结合”的原则，积极构建“管理、治理、保护”三位一体的责任体系，实行了市、镇、村三级河长制，特别是为了保护好明珠生态园、讨赖河生态园、迎宾湖水库这些城市名片，给遍布境内的15座水库全部确定湖长，落实“一河（湖）一策”方案，实现了水资源从河到湖的无缝隙保护。2018年4月，全面建立河长制工作顺利通过省级验收，标志着嘉峪关市河湖长体系已基本建立，制度框架已形成。结合全国文明城市和全城全域无垃圾创建工作，嘉峪关市围绕全面推行河湖长制的主要任务，开展河湖整治专项行动，保持了河道、湖泊水环境的常态清洁美观，推动河湖长制从“有名”向“有实”转变，河湖管理保护迈出了坚实步伐。

嘉峪关市坚持把营造生态宜居家园作为水利工作的出发点和落脚点，坚持工程节水、生态引水，先后建成了迎宾湖、东湖、南湖等15座人工湖，就近覆土绿化、防风固沙，大大降低了区域水土流失强度，如今的嘉峪关，人均水域面积达到27.6平方米，凸显了“水在城中，城在水边”的城市特色。嘉峪关市把建设水利工程与提升城市品位、改善生态环境结合起来，把过去修建防洪工程单一用以防灾减灾的模式，转变为保护水环境、突出水文化、促进人水和谐的多目标的生态水利综合治理。通过实施讨赖河嘉峪关段生态治理工程，清洪分治、蓄水造景，在讨赖河市区段形成6.5千米长的连续水面景观，建设橡胶坝9座，跌水堰23级，营造水面97.5万平方米，蓄积水量62万立方米，亲水平台6座，堤顶硬化、两岸绿化和亮化13千米。昔日的乱石滩变成了山水相依、人水和谐，蓝天、碧水、雪山、绿地相融的优美风景区，为古老文明的嘉峪关增添了青春的活力。在实施讨赖河河道治理工程的同时，对河道两岸统一规划、统筹建设，在北岸实施了嘉峪关龙王滩遗址公园项目，新建45万平方米人工湖、30万平方米湿地公园等，在南岸实施了水土保持综合治理项目，新增治理面积20.17公顷，其中：水保林10.59公顷、人工种草9.58公顷，修建木栈道1400米。通过对讨赖河两岸的综合生态治理，促进了文化旅游、休闲度假等的融合发展，提高了城市品位、带动了城市发展。

作为祁连山生态安全屏障的重要支点，嘉峪关市高度重视湿地保护和水源涵养，通过实施风沙治理、退牧还湖等措施，近年来境内唯一自然湿地新城草湖水位不断上升，水面不断扩大，自然生态系统逐步恢复，在净化水体、调节气候和稳定区域生态系统等方面发挥着越来越重要的作用。为限制人为因素给生态环境造成新的破坏，嘉峪关市对光伏、铁路、公路等生产建设项目水土保持工作情况进行全面检查，督促一大批生产建设单位依法履行了防治水土流失的法定义务，保护了水土资源和生态环境。

民生水利　群众获得最大的实惠

新中国成立70年来，嘉峪关市大力发展民生水利，水利建设成果惠及广大人民群众，取得了良好成效。

水利兴，则仓廪实、农业稳、民安居。1965年建市之初，嘉峪关市农业发展水平还相当低，农业灌溉系统不完善，农田水利管理水平滞后，严重制约着农业的发展。1978年，党的十一届三中全会的胜利召开，拉开了农村改革发展的大幕，嘉峪关市农田水利建设也开始驶入发展快车道，经过几代水利人的奋斗，初步形成现代化的农田水利体系。如今，252眼地下水机井散布在各灌区，952条679.49千米灌溉渠道延伸到每一块田地，农业用水灌溉系数达到0.59。

嘉峪关市耕地面积少，农业体量小，必须走高效精品农业的发展路子，构建标准化、精细化的水利设施显得尤为重要。2013年以来，嘉峪关市本着“因地制宜、量力而行、成熟一片、实施一片”的原则，投资1.24亿元实施了大规模的高效节水灌溉改造，发展高效节水面积9.65万亩，基本实现节水农业现代化，降低了生产成本，提高了生产效率，增加了农业综合经济效益，极大地缓解了农业和生态用水矛盾。

农村饮水安全，事关民生福祉。嘉峪关市委市政府历来高度重视农村饮水安全工作，集中优势资金实施了农村饮水安全工程。截至2016年底，建成集中供水工程2个，单项集中供水工程7个，解决了全市3个乡镇、17个行政村、117个村民小组的饮水安全问题，形成以集中供水工程为骨干，单村、联村集中供水工程为补充的农村饮水安全供水网络。配套建设了农村饮水安全管理信息系统，实现了全市农村饮水安全“横向到工程、纵向到农户”的精准信息化管理。2019年，投资2000余万元实施了峪泉镇、文殊镇农村饮用水巩固提升工程，提高了供水保障水平，村民幸福感、获得感进一步增强。

智慧水利　让监管更智能

水利信息化，是推进治水体系和治水能力现代化的重要手段。嘉峪关市运用科技手段强化水利行业监管，实现了从“游击战”到“体系战”的重塑，从“人跑腿”到“信息跑”的升级，大大提升了监管能力。

布设“火眼金睛”守护水源地。嘉峪关目前有5个地下水水源地、1个地下水截引工程，散布于戈壁荒滩，面积大，监管难。为确保全市人民饮水安全，在给各水源地加装安全围网的基础上，安装监控探头，实现24小时实时监控，有效消除了人工巡查盲点。

前移预警关口感知山洪异动。通过工程措施对主要河段进行了除险加固，防洪能力得到极大提升，但山洪灾害防御能力仍然薄弱。针对山洪灾害来得快，破坏力强，防御难度大的特点，最有效的防御办法是提前转移。但过去技术落后，预警基本靠人工、凭经验，无论是传递速度、预警范围都非常有限。为此，加大山洪灾害预警系统建设，在山洪灾害重点防御地区安装自动雨量站45套、自动水位站5套、无线预警广播站42套，建立群测群防体系队伍，培训基层山洪灾害防御责任人117名，实现了自动计量、自动监测、及时预警，有效提升了山洪灾害防御最后一千米预警能力，为维护群众生命安全赢得了宝贵时间。

自动化建设提升水资源监管能力。以饮用水源地迁建工程建设为突破口，推进水资源管理信息化。完成61眼迁建水源井和2座无人值班中控室自控系统建设，完成3个水源地、3个供水水厂监控中心的升级改造，在6条主干供水管线建设自动流量监测站，配套搭建数据通信网络，实现对地表水、地下水各取水口、出水口的水位流量和水库水位库容及进出口流量的实时监测。

计量智能化改造助力农业水价改革。以农业水价综合改革项目为依托，建立市级农业水价综合改革信息管理系统，在主干渠上安装智能化测控一体闸213套，加装机井水电联动智能化流量计129套，安装管段式流量设备33套，实现远程监管控制、用水计量智能化新模式。

新时代需要新担当，新征程要有新作为。嘉峪关市将坚持“节水优先、空间均衡、系统治理、两手发力”的治水思路，把牢“三条红线”不动摇，以节水型社会建设促进水资源优化配置和全面节约，全面提升水利工程的文化内涵与文化品位，构建特色水文化体系，拓宽融资渠道，积极推进水生态文明建设工作，为嘉峪关市实现“两高”目标，推进“三城建设”，做实“六共”举措提供坚强的水利支撑和保障。

（嘉峪关市水务局　供稿）

春风得意马蹄疾

——金昌市水利三十九载回顾与展望

金昌市建市以来，历届市委、市政府高度重视水利工作，各级水利部门共同努力、齐心协力，几代水利人发扬“献身、负责、求实”的水利行业精神，艰苦创业，励精图治。经过多年的水利建设，全市已形成集防汛、灌溉、供水、发电等为一体的多功能水利网络。特别是党的十八大以来，按照“节水优先、空间均衡、系统治理、两手发力”的治水思路，以水利项目为依托，全力推进水利基础设施建设；以水资源优化配置为目标，全面提升水利管理水平；以抗旱防汛为重点，建立健全防洪减灾体系，以河湖长制为抓手，主动完善河湖综合治理工作机制，为全市经济社会转型跨越发展提供了坚实的水利支撑和保障。

数峥嵘，重点水利工程建设成绩斐然

党的十八大以来，全市水利投资规模连年增长，水利发展步入历史最快发展时期，水利投资是前五年水利投资的2.6倍。全市水利建设不断发展，累计争取开工建设大型灌区节水改造、高效节水灌溉、农村饮水安全、石羊河流域重点治理、山洪灾害防治、河道治理、国防工业基地蓄洪生态治理、城市应急备用水源等60多个重点水利项目，完成投资20亿多元。

（1）蓄水工程方面。先后建成皇城、西大河、金川峡、老人头、大泉5座中小型水库，总库容2.16亿立方米。累计投资4907万元对5座中小型水库进行除险加固，恢复了水库兴利库容和防洪标准，增强了水库调蓄能力。

（2）引供水工程方面。从1995年开始，市上自筹资金2.66亿元，历时8年建成了“引硫济金”跨流域调水工程，年设计引水4000万立方米，在一定程度上缓解了全市水资源紧缺局面。2000年，金昌市投资1.28亿元建成了城市供水工程，日供水能力10万立方米。近年来，市上又先后投资近8000万元建成了金河饮水管道工程和西金干渠改扩建工程，为三大水库联合调度和城镇生活用水安全打下了坚实基础。

（3）农田水利建设方面。1993年和1996年两次投入上亿元资金，开展了大规模

的“千千米渠道”建设，1998年组织开展了“科技节水年”活动，当年完成喷灌、低压管灌、滴灌等高新技术推广面积4.5万亩。西部大开发以来，金昌市大力实施“项目带动型”发展方略，争取投资10亿多元，实施了东、西河灌区续建配套与节水改造、日协贷款、人饮安全、水库除险加固、石羊河流域治理、金川河河道治理、高效节水灌溉、蓄洪生态治理、城市应急备用水源等一批重点水利建设项目。通过多年水利建设，目前全市已累计发展高效节水灌溉面积68.5万亩，建成高标准干支斗渠3683千米，渠系水利用率达到62%，农田灌溉水有效系数达到55%。建成各类机电井3389眼。

（4）民生水利建设方面。“十三五”以来，金昌市以“找问题、补短板、促攻坚”为目标，围绕农村饮水安全有保障，大力实施农村饮水安全巩固提升工程，确保全市农村饮水安全。累计投入7550.39万元实施大小农村饮水安全巩固提升工程77处，完成了51159户196656人的饮水安全巩固提升任务，切实提高农村供水保障水平，农村自来水普及率和集中供水工程人口比例均达到95%。

追过往，水利改革明显加快发展

深入贯彻落实《中共中央关于全面深化改革若干重大问题的决定》的意见、水利部关于深化水利改革的指导意见，明确了以投融资改革添活力、以水权改革奠基础、以水价改革增动力、以水管改革促激力的水利改革思路，融合推进水利各项改革。

（1）水利投融资改革取得突破。成立了市水务投资有限责任公司，现已承担金昌市国防工业基地蓄洪生态治理工程、城市应急备用水源项目、高效节水灌溉示范区建设等项目，同时积极与国家发展银行、农业发展银行对接，开展重大项目融资工作。

（2）水价改革稳步推进。制定印发了《金昌市推进农业水价综合改革工作方案》，并按照《方案》要求的时间节点，完成了全市农业水价调价工作。永昌县和金川区分别从2017年1月1日、2018年1月1日起执行新的水价。农业用水价格由0.106元每立方米调整为0.15元每立方米（含水资源费），地下水价格执行0.057元每立方米（含水资源费）。永昌县出台了《农业水价综合改革试点县农业节水奖励基金使用管理办法》《农业水价综合改革用水精准补贴资金使用管理办法》等配套文件；金川区起草了《农业水价综合改革精准补贴办法》《农业水价综合改革用水精准补贴资金使用管理办法》《农业水价综合改革节水奖励基金使用管理办法》。

（3）小型水利工程体制改革逐步完善。全市已完成2989处小型水利工程产权登记，颁发产权证书1940处。近几年新建成的高效节水等农田水利工程，全部按照先建机制、后建工程的原则，在项目建设前，全部明确工程产权和运行管护主体，项目建成后按程序移交产权和使用权，由基层水管单位监督管理。

望朝暮，河湖长制工作成效显著

近年来，金昌市坚持以习近平新时代中国特色社会主义思想为指导，制定了河湖长制工作方案，建立了由党委政府主要负责同志担任总河长的“双河长”工作机制和市、县、乡、村四级河湖长体系，扎实推进水资源保护、水域岸线管理、水污染防治、河湖采砂管理、水环境治理、水生态修复等“六大任务”，取得了阶段性成效，水环境质量不断改善，市域内河道乱倒乱排、乱采乱挖等现象得到了有效遏制。全市地表水环境质量达标率100%，2020年第一季度国家地表水考核断面水环境质量名列全国第二，城市集中式饮用水源地水质达标率100%，2019年河湖长制工作省级考核为优秀等次。

（1）严格执行工作机制。严格执行河湖长制会议制度，每年召开市级河湖长工作会议1次，研究解决河湖治理重点难点问题，安排部署重点工作；认真落实河湖巡查制度，全市339位河湖长巡河湖3853次（其中：市级46次，县级126次，乡镇1155次，村级2526次）；推进河湖长制公开公示制度，设立公示牌151块，公布水利部和省、市、县、乡五级河长及县级警长举报监督电话，24小时受理各类监督举报电话；设立市县乡级警长62名，共同维护河湖秩序。

（2）深入推进河湖“清四乱”专项行动。采取部门联合督察、检察院协助督察、河长专项督察等方式，开展专项联合督察7次，共排查整治河湖“四乱”问题134个，关停违规砂厂18家，排查整治完成率100%；累计疏浚河道230千米，清退和恢复河道原貌496亩，清理建筑、生活垃圾17.14万立方米，清理堆料3.4万立方米，拆除违建房屋圈舍4837平方米，拆除简易厕所21处。目前，市域内河道“四乱”现象得到了有效遏制。

（3）深入实施河湖综合治理与生态修复。开展金川河河道治理工作，新建防洪堤4.5千米，改建工农干渠1.37千米，河道疏浚12.32千米，完成投资3865.95万元，提高了城市防洪安全和水环境承载能力。大力整治水电站生态环境问题，共整改问题14个，停建退出西大河二级水电站，并完成了该电站生态植被恢复治理工作。实施引硫济金引水隧洞出口生态环境保护及河道治理工程，完成河道治理共410米，完成喷播种草植被恢复面积3.7万平方米，完成投资2085.95万元。目前，全市水环境质量持续向好，地表水环境质量达标率100%，城市集中式饮用水源地水质达标率100%，2020年上半年在全国地级及以上城市国家地表水考核断面水环境质量排名中由全国第四上升至全国第二。

看今朝，用水管理和抗旱防汛能力明显提升

（1）用水管理进一步加强。加强用水定额和计划管理，每年由市政府审核批准用

水计划，实现了水资源的集中管理和统一调度。按照市上确定的配水方案和计划，专门成立用水督察组，跟踪落实用水计划执行情况。改进管理手段，建成3座中型水库出库流量和图像监测系统，提高了用水管理水平。同时，切实加强取水许可管理工作，将建设项目水资源论证作为全市新扩建涉水建设项目取水许可的重要依据，保证了水资源优化合理配置，促进水资源向低耗水、高效益行业流转，从源头上把住了取用水关口。全市共核发地下水取水许可证3389本，许可水量23644万立方米。严格机井管理，实行一井一证的机井“身份证”式管理制度，除生态、应急水源工程外，一律禁止新打机井，同时关闭了公共供水管网覆盖范围自备水源井10眼，制定印发了《地下水超采区限采方案》。全面加强最严格水资源管理工作。按照省上下达的“三条红线”控制指标，研究确定了县区2015年、2020年、2030年水资源管理控制指标，制定了《金昌市加快实施最严格水资源管理制度试点方案》《金昌市实施最严格水资源管理制度考核办法》《金昌市实施最严格水资源管理制度考核目标责任书》，每年下达县级行政区年度用水总量、用水效率和主要河流水功能区水质达标率等“三条红线”指标，并严格考核落实。落实水资源有偿使用制度，全面开征各行业水资源费，专项用于水资源的节约、保护和管理。

（2）节水型社会建设步伐全面推进。农业上，通过多年的节水型社会建设，市、县（区）先后出台了《节约用水管理办法》《工业节约用水管理暂行办法》等制度办法。2018年，制定印发了《金昌市全民节水行动方案》，建立了以政府为主导、用水户为主体，各部门职责明确的节水型社会建设协调推进机制。在节水宣传方面，每年在“世界水日”“中国水周”和“节水宣传月”活动期间，开展“进乡村、进机关、进企业、进社区、进学校、进宗教场所”节水宣传活动，提高全社会爱水、节水、惜水意识。在农业节水方面，通过多措并举，全面加强节水能力建设，通过实施东、西河大型灌区、四坝中型灌区节水改造、高效节水灌溉等节水项目，夯实了农田水利基础设施建设，有力推动了现代农业发展。积极推动县、区政府加快建立农业用水分类分档水价和精准补贴与节水奖励机制，促进农业水资源优化配置和现代农业发展。节水新技术推广利用方面，加大工业节水技术改造力度，大力推行节水新技术、新工艺、新设备，积极倡导循环用水、一水多用，努力降低万元工业增加值用水量。严格控制高耗水项目建设，对高耗水行业实行差别水价。工业节水方面，投资1.54亿元建成日处理8万吨的城市生活污水处理工程，处理后中水用于农业灌溉和城市绿化。投资1亿多元建成城市中水蓄水池工程（金水湖），有效解决中水储存、利用问题。金川集团公司先后投资近2亿元，实施了节水综合技改项目，扩建了污水处理总站，工业污水日处理能力由原来的3万吨达到5万吨。目前，工业重复水利用率达到95%，城市污水集中处理率达到95.02%，中水回用2420万立方米。

（3）防汛减灾能力有效提升。以行政首长负责制为核心的各项防汛抗旱责任制全面落实，防汛减灾责任机制更趋完善。建立了完备的应急预案体系，先后制订完善了

《皇城、西大河、金川峡水库抗洪抢险预案》《金昌市水旱灾害应急预案》《金昌市水旱灾害应急演练方案》《金昌市市城市防洪应急预案》《金昌市防汛预警预报减灾工作制度》等12个工作方案和制度。实施完成了永昌县和金川区山洪灾害防治县级非工程措施项目，建立了市、县（区）、乡（镇）、村社和预警信息员五级预警体系，初步建成决策支持、视频会商、旱情监测监控系统，基本形成集监测、预报、预警、防汛指挥和应急抢险等为一体的防洪减灾综合体系。

展未来，大批水利项目呼之欲出

金昌市紧紧抓住国家、省上继续加大水利基础设施建设投入的政策机遇，扎实做好水利项目争取和储备工作。积极开展“引大济西”、金昌国防工业基地防洪、水利风景区规划编制等前期工作，取得了一定成效。编制完成了“十三五”水利发展规划，提出了“十三五”期间水利发展的目标和任务措施。共规划水资源配置工程、防洪抗旱减灾工程、农村水利工程、水生态文明建设工程、水利风景区、行业能力建设6大类73个项目，估算总投资95.8亿元。编制完成了“十三五”防洪抗旱规划，提出国防工业蓄洪生态治理、东西大河调蓄水库、重点山洪沟道治理高效节水灌溉示范等工程项目67项，将作为指导全市今后一段时期防洪抗旱工作的重要依据。全市共规划了10个水利风景区建设项目，估算总投资12亿元。目前“十四五”规划正在紧锣密鼓地展开。规划项目实施后，将有效解决金昌市的资源性缺水问题，为全市经济社会发展奠定坚实的水利基础。

（金昌市水务局　供稿）

祁连清泉润民生　水利改革谱新篇

——酒泉市水利七十载回顾与展望

七十载风雨兼程，七十载砥砺前行。在酒泉水利发展的道路上，几代水利人攻坚克难，众志成城，始终秉承科学发展理念，积极践行可持续发展治水思路，深化水利改革添动力，狠抓项目建设强基础，强化水利管理提效能，全市水利事业走过了水利建设快速发展、体制机制不断创新、效益效率持续提升、人才队伍不断壮大的历程，尤其是进入21世纪，更是呈现出投资稳步增长、基础不断夯实、改革持续深入、管理日益规范、节水灌溉迅猛发展、生态文明扎实推进、防汛抗旱确保平安的良好态势，为全市解决基本温饱、实现物质小康、推动全面小康提供了坚实的水利支撑和保障。

——项目带动，不断夯实水利设施基础。酒泉市不断夯实农村水利基础设施，充分发挥项目带动作用，多渠道、多层次落实水利建设资金，全市水利工程的整体面貌发生了翻天覆地的变化，水库除险加固、灌区续建配套改造、高效节水灌溉、敦煌生态治理、农村饮水安全、中小河流治理、山洪灾害防治等一大批水利项目的建设，从根本上改变了农业生产基本条件。全市先后建成水库81座，总库容达到7.93亿立方米，水电站77座，泵站4座，小（2）型以上水闸472座，机电井1.3万眼；玉门市酒泉循环经济产业园区水源调蓄工程、肃北县马鬃山镇供水工程、瓜州县双塔至柳园及柳沟引水工程等重大引水项目的实施，极大地提升了全市的供水能力，全市水利工程供水能力达到32.9亿立方米；抢抓节水型社会建设，全市建成敦煌、瓜州、玉门、肃州、金塔5个万亩高效节水示范园区；加大中小河流治理，持续对疏勒河、党河、讨赖河等内陆河重要支流和19条中小河流险工险段进行了治理。稳步推进的肃州区洪水河水库项目和正在落实的引哈济党项目，必将对全市的供水能力提升、生态环境改善起到更大的作用。

——农村供水，不断巩固脱贫攻坚基础。经过多年的努力，酒泉市农村饮水安全工作取得了令人振奋的成效，全市农村饮水安全工程总体实现从喝水难到有水喝、再到喝好水的蝶变，不断改写农村居民饮用水的历史，使广大群众的获得感、幸福感不断增强，为脱贫攻坚注入了源头和活水。从1984年启动第一轮人畜饮水、氟病区改水工程建设开始到1992年，共建成人畜饮水、病区改水工程429项，新打饮水机井292

眼，修建水塔277座、大小水窖336座，架设安装无塔压力罐139处，初步解决了2175个村、82111户、40.18万人、83.38万头（只）大小牲畜的饮水困难问题，全市农村群众中患氟斑牙疾病的状况得到了显著改善，患病率迅速下降，饮用水条件有了很大改观，大部分地区结束了冬春打冰人驮、夏秋车拉人挑的取水历史。进入21世纪，酒泉市全面实施农村饮水安全工程，抓住国家启动高标准农村饮水解困和饮水安全建设的机遇，按照统一规划，分步实施，加强管理，注重实效的原则，在积极争取国家支持的同时，多方筹措落实配套资金，持续用力推动脱贫攻坚任务落实。截至2020年年底，建成农村集中供水工程236处，解决了65个乡（镇）431个村56.95万人的饮水安全问题。特别是十八大以来，大力实施精准扶贫、脱贫攻坚行动，制定出台了《酒泉市水利扶贫工作意见》，加快落实水利扶贫攻坚计划，把饮水安全巩固提升作为重大政治任务，制定规划、筹措资金、加快推进，尤其是在两个省列插花型贫困县玉门市、瓜州县重点实施精准扶贫农村饮水安全项目建设，贫困村贫困户饮水安全问题得到了全部解决，农村集中供水率达到100%，自来水普及率达到99%以上。通过农村饮水安全工程的实施，解决了群众最直接、最现实的问题，农村生活条件不断改善，饮水安全得到保障，群众安居乐业，为新农村建设、全面建成小康社会、乡村振兴创造了条件。

——节水改造，不断提高水资源利用率。随着全市人口的增加、灌溉面积的扩大，灌溉用水量持续增长，供需矛盾日益突出。为此全市在积极开源的同时，把灌区节水挖潜摆在同等重要的位置，坚持以节水抗旱为中心，骨干工程改造为重点，末级渠系配套为突破口，挖潜与增效并举，建设与管理并重，走骨干工程抓改造、田间工程抓配套、用水管理抓节水的路子，不断提高水资源的利用率。20世纪八九十年代，全市组织实施了大田常规节水增产灌溉技术推广、干支渠衬砌和斗渠配套工程建设，取得了节水灌溉的阶段性成果。进入21世纪，全市大力实施了大中型灌区续建配套与节水改造、灌区农业综合开发、高效节水灌溉、末级渠系改造、农牧区节水灌溉示范等项目，全市累计新增节水灌溉面积280万亩，占总灌溉面积的65.8%，其中发展高效节水面积达到117.5万亩，占总灌溉面积的27.6%，农业用水效率提高到了0.603。

——机制创新，不断推进生态文明建设。严酷的自然条件，脆弱的生态环境，不合理的人类行为，使酒泉的生态日益恶化。改革开放以来，酒泉历届市委、市政府高度重视生态保护，坚持生态立市战略，并将水资源管理、水资源保障放在全市经济社会发展大局中优先考虑，尤其是将最严格水资源管理制度作为转变经济发展方式和推进生态文明建设的有力抓手，创新规章制度、出台改革措施、健全改革制度机制，先后颁布了水资源管理“三个决定”，制定了12项政策文件，全市规划水资源论证和建设项目水资源论证制度逐步规范，取水许可和水资源有偿使用制度逐步严格；以落实“三条红线”为目标，以实施双控行动为抓手，进一步健全和完善最严格水资源管理制度体系、考核体系，做到管理全覆盖、考核全覆盖；落实总量控制定额管理，全面开展了初始水权分配工作，在明晰水权、分级确权的基础上，依据全省用水定额，全面实行总量控制与定额管理，初步建立起用户有总量、用水有定额、消耗有计量、超用要加价的用水管理格局，与此同时，通过疏勒河流域水权试点工作，探索建立了全市第一个水权交易平台；在健全机制的同时，谋划争取重点生态治理项目，《敦煌水资源合理利用与生态保护综合规划（2011—2020）》于2011年6月12日获得国务院批复实施，核准规划总投资47.22亿元，分项工程正在逐年发挥效益。深入贯彻绿色发展理念，积极推进地下水超采区治理。截至目前，全市用水总量已从用水最高峰的31.5亿立方米下降至23.76亿立方米，14个二级水功能区水质达标率达到100%。全面推行河长制湖长制，全市河长制湖长制体系全面建立，河湖生态监管日趋严格。

——试点引领，不断加快节水型社会建设。在改革发展的道路上，酒泉市始终站在科学发展的战略高度，把建设节水型社会和加强水资源保护作为水利工作最迫切、最重要和最具战略意义的任务来抓，举全社会之力共同推进。从20世纪80年代中期开始，持续推进农业水价改革，先后七次出台水价改革意见，实现了“福利水”向“商品水”的转变。从2005年开始，通过积极争取，全市七个县（市、区）分两批被列为全省节水型社会建设试点县，敦煌市还同时被列为国家级节水型社会建设试点县级市。2007年，酒泉市委、市政府印发了《关于加快推进节水型社会建设实施意见》，坚持以节水为主题，坚持以水权、水市场理论为指导，建立了“总量控制、定额管理、超用加价、市场调节、政府指导、群众监督”的用水管理机制，坚持对各类用水实行定额管理，全面推行超定额累进加价制度和阶梯式水价制度。目前，水权制度、总量控制定额管理制度、阶梯式水价和累进加价制度的运行正在走向成熟。2017年以来，又启动了农业水权水价综合改革工作，在认真总结疏勒河流域水权试点经验和金塔县农业水价综合改革试点经验的基础上，制定了《酒泉市推进农业水权水价综合改革实施方案》，按照“一次核定，两次到位”的方式，全市农业水价全部达到运行维护成本水平，全社会节约用水的氛围进一步浓厚。

——改革驱动，不断增添水利发展活力。酒泉市的水利改革，伴随着国家经济体制改革的不断深入而大胆改革创新并逐步推进，先后在水价制度、水管体制、建设管理、水利企业等领域进行了改革探索，努力为水利行业增添发展活力，取得了阶段性成果。一是发挥价格杠杆的作用，由改革开放初期的按亩收费制度改为按方收费，全面开征了地下水水资源费，并改变原来的大田漫灌为现代的节水灌溉，全面普及新技术应用，充分调动全社会的节水意识。二是按照国务院印发的《水利工程管理体制改革实施意见》和省政府《试点工作指导意见》的精神要求，全市开展了水管体制改革。2005—2007年，经过两年的不断探索，在全省率先完成了水管体制改革任务。全市21个水管单位全部完成了改革工作。同时深化灌区管理体制和运行机制改革，在全市全面推行用水户参与管理的模式，普及定额灌溉和供水到户，形成了较为完善的基层农村水利服务体系，田间工程管理和用水管理主体的缺失逐步得以消除。2013年，为认真贯彻落实《甘肃省加快水利改革试点方案》《酒泉市加快水利改革试点方案》精神，加快推进水利工程建设管理体制、水权水价、基层水利服务体系三项改革；2019年，认真贯彻《酒泉市市直承担行政职能事业单位改革实施方案》，全市七县（市、区）共建立了由财政全额拨款、副科级事业性质的水利工程建设管理站、水利工程质量与安全监督站共8个、水利工程服务中心1个、水利建设服务站1个，乡镇水利站62个。同时为进一步深化水务公开，积极打造“阳光水务”，全市建立水务服务大厅47个。三是深化建设管理体制改革。从20世纪90年代后期开始，在全市水利水电工程建设领域，逐步推行和实施了法人负责制、招标投标制、建设监理制、合同管理制等四项制度，强化了质量管理，全面推行三检制，建立了法人负责、企业保证、社会监理、政府监督的质量保证体系，规范了建设程序和水利建筑市场秩序，取得了良好的效果，不仅节约了投资，降低了工程造价，也增强了工程项目管理的针对性和预见性，为保证工程质量创造了条件。四是水利投资体制改革。从20世纪80年代开始，全市积极推进水利建设投资体制改革，逐步拓宽水利投入渠道。从改革拨款方式，实行“拨改贷”，到改革融资方式，实行“谁投资，谁受益”，“谁投资、谁建设、谁管理、谁所有”，逐步建立了以公共财政投入为主、利用国内外贷款、吸收社会资金、鼓励受益者个人投资为补充的水利投资体制，初步实现水利建设由单一投入向多元投入的转变。五是水利企业改革。在计划经济条件下，水利系统普遍成立了承担水利工程施工、水电物资供应等任务的水利企业。随着改革的深入，水利企业改革也在不断深化，在最初的承包经营、股份制改造向民营企业转型。目前，市县两级水利部门管理的大部分水利企业全部通过拍卖、出售、破产重组等形式完成了改革，推向了市场，与水利主管部门彻底脱钩。

——防预结合，不断增强防汛抗旱能力。1980年以前，酒泉市的防汛抗旱工作归属于一种临时性的业务，两级防汛抗旱指挥及办事机构均为临时机构，大多是汛前凑班子、汛后散摊子，工作未能系统而规范地开展。此后，全市按照国家防总和省防汛指挥部的要求，大力开展了正规化、规范化、制度化建设，市、县、流域机构均建立了常设指挥和办事机构，水库、城防等设防重点都建立了防汛领导小组及抢险队伍，开通了无线电短波通讯网，建立健全了以行政首长负责制为主的责任制和各类规章制度，各级防汛抗旱组织管理体系逐步走向了正规，有效提高了防灾减灾能力。进入21世纪以来，市、县两级防汛抗旱指挥部门坚持“两个转变”，进一步提高应对和防范洪水、旱灾风险能力，市、县及水库等设防重点全部建立了抢险应急预案，加大了防汛基础设施建设力度，建成七县（市）山洪灾害非工程措施预警系统，双塔、鸳鸯池等大型水库洪水自动化监测调度系统，开展人工影响天气作业，形成了工程和非工程措施并重、防抢结合的防灾减灾网络，在防御以局部地区暴雨洪水、干旱等为主的自然灾害，保障城乡人民生命财产安全，保证各类用水需求等方面发挥了重要作用，防洪、抗旱、减灾效益明显。

——监管并举，不断加大水土流失防治。截至20世纪80年代末，酒泉市的水土保持执法监督管理工作一直处于空白。从20世纪90年代初开始，随着全国性的水行政执法试点工作的全面展开，水土保持执法监督应运而生。各县（市）相继成立了具有执法主体资格的“水土保持监督工作站”，任命了监督员，制订了40多项规范性文件，划定了水土流失重点预防保护区域。从1993年到1998年，七个县（市）先后分两批被水利部列为全国水土保持生态环境监督管理建设试点单位，水土保持工作开始步入正轨。进入21世纪，全市进一步加强了水土保持工作，认真落实水土保持“三同时”制度，强化建设项目水土保持执法监督，开展了以煤炭、矿山、水电站等资源开发和生产建设项目水土流失防治专项监督执法，各类项目基本做到了水土保持方案全覆盖，累计征收水土保持补偿费1.8亿余元。玉门市昌马、金塔县鸳鸯池、瓜州县榆林河、敦煌市党河水库库区及北大河风沙区、阿克塞县红柳湾等7项重点流域水土流失治理项目完成阶段治理任务，水土流失治理面积达219080公顷。

——科技兴水，不断加强人才队伍建设。多年来，市县两级水利部门切实加强干部队伍建设，实施人才兴水工程。全市水利职工队伍由改革开放之初的686人，发展到目前的1050余人，大专以上由12人增加到817人，水利专业技术干部由29人增加到目前的495人，其中有高级职称的技术人员72人、有初中级职称的技术人员423人；在水利类专业杂志上发表学术论文200多篇，有20多项科技成果获得国家和省上颁发的科技进步奖项。为了适应新形势、新任务对水利工作提出的新要求，全市水务系统围绕发展现代水利，积极运用信息化技术，建立山洪灾害预警系统、水资源监控系统，设立水务门户网，推进“互联网+现代水利”管理模式，大力发展水务一体化建设。同时不断加强行业作风建设、廉政建设和精神文明建设，弘扬培育“忠诚、干净、担当，科学、求实、创新”新时代水利精神的行业精神，发扬脚踏实地、求真务实、真抓实干的工作作风，狠抓行业文明单位、文明窗口创建活动，认真办理人大代表意见建议和政协委员提案，切实帮助基层和群众解决实际困难，为群众生产和生活做好服务，树立了良好的水利社会形象。全市先后有30多人次受到省水利厅等省级部门的表彰，有20余人次获得水利部等国家部委奖励，获得省水利厅等省级部门授予的先进集体荣誉称号40多个，获得水利部等国家部委授予的先进集体荣誉称号10个。

在历史长河中，七十年只是弹指一挥间。水利发展的实践让我们深深体会到，水利工作要适应经济社会发展的新形势、新要求，实现工作方式、发展模式的创新和建设规模的突破，就必须坚持以人为本，以习近平新时代治水方针为指导，不断丰富和完善治水思路；必须坚持把发展作为第一要务，以项目作支撑，不断提升水利工作的水平；必须坚持深化改革，以创新发展机制为重点，不断增强水利行业的发展活力；必须坚持依法行政，以制度建设为核心，不断提高依法执政、服务社会的能力。站在水利发展七十周年的历史节点上，我们将不忘初心，励志前行，继续筑梦新的征程。

（酒泉市水务局　供稿）

治水节水开新局　生态文明谱新篇

——张掖市水利七十载回顾与展望

黑河，中国第二大内陆河。她汇聚了祁连山圣洁的冰雪融水，跨高山、越平原、穿戈壁、入居延，经年流淌，生生不息，蜿蜒928千米，流域面积达到14.29万平方千米，是青海、甘肃、内蒙古三地各族人民的生命之源、生态之基。千百年来，在创造辉煌的中华西部文明和流域文化的同时，润泽大漠绿洲，滋养田畴沃野，创造了河西走廊灿烂的农耕文明。新中国成立以来的70年，这条古老的长河，见证了一代又一代水利工作者恪尽职守，改造山河，建设家园的奋斗历程。从地表水到地下水，从灌溉到调水，从引水到蓄水，从灌溉到防洪，从农区到牧区，从农业到工业，从生产到生活，进行了全面保护、系统治理和开发利用。通过实施黑河流域综合治理，在节水型社会试点建设、农村饮水安全、大型灌区续建配套与节水改造、病险水库（水闸）除险加固、小型农田水利工程建设、水生态文明试点建设等项目投资带动下，建成一批以农村饮水安全和灌区节水改造为代表的民生水利工程。党的十八大以来，在国家治水、兴水的战略中坚定贯彻“五大发展理念”和“绿水青山就是金山银山”的绿色发展理念，积极践行新时期治水思路，以节水、治水为统揽，着眼于重大项目的争取和实施，坚持把全流域生态保护作为黑河流域综合治理的出发点，大力实施民生水利、生态水利、防灾减灾等项目，全面推进河湖长制和水利综合改革，水资源管理水平稳步提高，水利基础设施进一步夯实，谱写了黑河治理的新篇章。

黑河流域治理夯基础

张掖市地处黑河中游，集中了全流域95%的耕地、91%的人口和80%以上的国内生产总值，是黑河流域综合治理的重点和关键区域。2001年2月，国家启动《黑河流域近期治理规划》，张掖项目划分为84个单项工程，通过灌区节水工程改造，水资源统一管理和调控、经济结构调整、生态建设和水源保护等措施，实现当黑河莺落峡多年来水15.8亿立方米时，正义峡下泄9.5亿立方米的分水目标，遏制下游生态恶化趋势。该项目于2001年8月开工建设，2010年6月竣工，历时10年，完成投资15.38亿元。项目的实施使中游农田基础设施条件明显提升，干、支渠系衬砌率达到70%，渠系水的有效利用率由过去的59.4%提高到了64%，13个灌区农业水利基础设施条件明显改善。同时，有力促进了节水型社会建设和中游经济社会的发展。确定了主攻农业节水，推进城市节水，深化全社会节水的方向，把中游节水的定位放在大力发展高效节水农业，促进经济结构调整，实现农业生产方式根本转变。在全国率先开展了以水权制度改革和水资源高效利用为核心的探索实践，水资源的利用效率和产出效益显著提高。

节水型社会建设开先路

2001年7月，张掖市被水利部确定为全国第一个节水型社会建设试点和示范市。全市立足机制创新，从明晰水权入手，采取多种措施，改革水资源传统管理模式和配置方式，积极构筑与水资源优化配置相适应的管理模式、经济结构、水利工程三大体系，形成了“总量控制、定额管理、配水到户、公众参与、水票流转、水量交易、城乡一体”的节水型社会运行模式。先后制定出台20多项地方性管理办法，围绕两套指标体系，组建农民用水者协会768个，促进民主参与式管理，明确用水总量，逐级落实用水指标，全市70%的灌区实行了水量、灌水时间、灌水面积三公开的水票制供水管理。2006年试点顺利通过了水利部的验收，同年11月，水利部授予张掖市“全国节水型社会建设示范市”称号。

农业节水坚持“因地制宜、集中连片、示范带动、逐步实施”的原则，积极发挥辐射带动效应，统筹考虑灌溉水源、地势地貌、作物种植、产业布局等综合因素，把高效节水与脱贫攻坚、改善农业生产条件、发展现代农业相结合，集中打造高效节水示范带，在膜下滴灌、喷灌、高标准低压管灌等高新节水技术试验示范推广方面取得突破。全市发展高效节水面积163万亩，年节水量达到2亿立方米，有效提高了项目区灌溉水的利用率和保灌面积。建成万亩以上灌区25处，其中大型灌区9处，全市灌区水利基础设施得到了改善，水资源管理进一步规范，农业综合生产能力逐步增强，抗御自然灾害的能力有所提升，发挥了较好的经济效益和社会效益。

以节水技术推广、节水器具普及、节水文化宣传、节水制度建设等为主要内容的节水示范创建活动在城市各领域展开，着力健全节水制度、加强计量管理、改造节水工艺、推广节水器具、提高循环利用、加大污水治理。全市企业万元工业增加值取水量降低到55立方米，工业用水重复利用率提高到70%；用水计量率达到93%，节水器具普及率提高至80%以上。一系列改革与实践的嬗变，全社会节水意识明显提高，突出的水资源供需矛盾得以有效缓解。

黑河跨省区调水促和谐

2000年8月，黑河实施第一次“全线闭口、集中下泄”统一调度，自此，拉开了黑河跨省区统一调度的序幕。全市各级政府、水利部门和广大干部群众讲政治、顾大局，牺牲局部利益，发扬团结治水的精神，建立行政决策、业务指挥、水情会商、监督检查等互为联动的黑河分水体系，克服诸多不利因素，全力完成黑河水量跨省区统一调度任务。截至2019年，中游张掖市克服重重困难，加强组织领导，严肃调度纪律，充分发挥行政首长责任制，严格配水计划，连续20年完成黑河水量调度任务，累计向下游输水229.1亿立方米，占莺落峡来水总量378.8亿立方米的60.5%，东居延海水域面积保持在45平方千米以上。下游沿河生态环境明显好转，地下水位逐年回升，林草和植被面积逐年提高，生物多样性增加，取得了显著的生态效果和社会效益，有效促进了全流域和谐稳定和可持续发展。

最严格水资源管理制度形成刚性约束

把实施最严格水资源管理制度作为经济发展方式转变和推进生态文明建设的战略举措，探索符合区域实际的治水思路，科学划定用水总量、用水效率、限制纳污“三条红线”，分解完成县级行政区用水总量、用水效率和水功能区水质达标率等控制指标。先后出台一系列制度及考核办法，严格用水总量控制，督促县区确定年度用水计划，并将计划指标分解至各行业、灌区和用水户，建立年度计划用水指标体系，提高水资源利用效率。全面推进地下水超采区治理，明确了年度的治理目标、具体措施、任务要求。通过实施节水工程、再生水利用工程、水源置换等工程措施，供水工程体系和计量设施日趋完善。通过准确计量和价格杠杆激励节水增效，全市用水总量控制在限定范围内。

农业水价综合改革激发内生动力

立足本地区农业用水及水资源实际，全面推进“六位一体”的改革探索。将可用水权总量层层分解配置到县区、灌区、乡镇、协会（村社）、农户，建立分级负责的水权分配机制，实行“先确权、再计划，先申请、再配水，先充卡（买水票）、再供水”的基本程序，将有限的水资源从高耗水、低效益，向高效益、低耗水转变。各县区对农业供水成本进行了测算，按照一次核定、分步实施原则，对农业用水价格进行了调整。目前，全市六县区农业用水价格全部调整到位，并开始执行新价格，农业用水价格基本达到运行维修成本水平，精准补贴和节水奖励机制促使“要我节水”到“我要节水”意识逐步转变。深化小型水利工程产权制度改革。把斗渠（包括斗渠）

以下的工程管理权交给用水协会，明确了末级渠系工程的所有权、使用权。加大对水价综合改革项目、水权分配、终端水价落实、奖补机制建立、产权制度改革、水权交易回购、农民承受能力调查等方面的督查检查力度，确保农业水价综合改革任务全面得到落实。

民生水利惠及千家万户

农村饮水工程建设经历了起步、加快发展、全面推进和巩固提升三个阶段。起步阶段：即20世纪八九十年代，主要以改造涝池、分离人畜饮水为主，重点解决部分偏远乡村农户吃不上水的问题。通过修建过滤池、人工打井等常规措施，初步解决了20多万人吃不上水的问题。加快发展阶段：2000年，国家启动农村饮水解困项目，主要以修建集中供水工程、实现供水到户为主，重点解决部分乡镇农户远距离取水、饮用高氟水等问题。截至2004年底，全市共建成饮水解困工程161项，解决了60个乡镇、39.4万人的饮水困难问题。全面推进和巩固提升阶段：2005年至2015年底，全市共建成集中连片农村饮水安全工程351项，解决了6县区88.5万农村人口和14.49万学校师生的饮水安全问题，农村自来水实现全覆盖。2016年以来，通过实施精准扶贫农村饮水安全巩固提升项目，建立了从“源头”到“龙头”的农村饮水安全工程体系，农村自来水普及率、水质达标率达到100%以上，农民群众喝上更加方便、稳定和安全的饮用水。

大力实施防灾减灾工程，综合治理中小河流168千米，新建堤防135千米，完成50座病险水库除险加固任务，基本消除了水库存在的安全隐患，其蓄水能力和防洪调度能力明显提高。启动实施山洪灾害防治县级非工程措施项目，建立完善基层群测群防体系，防灾减灾信息化预警体系基本完善，防洪减灾保障能力进一步增强。

水生态文明构筑生态安全屏障

2013年7月，张掖被水利部确定为全国首批水生态文明建设试点城市之一。全市立足水情、地情实际，着眼于做好黑河“水文章”，高标准谋划、高起点定位，确定了涵盖防洪抗旱、水资源安全保障、城乡水生态保护与修复、最严格水资源管理、水文化建设五大体系及二十项建设任务，将区域水资源可持续开发利用、水生态环境保护与经济社会发展有机融合。全市用水总量控制在22.54亿立方米，农田灌溉水有效利用系数提高到0.578，用水计量率达到93%，水功能区水质达标率达到87%，森林覆盖率提高到19.64%，湖泊湿地面积达到827.71平方千米，治理水土流失面积104.4平方千米。着力构建祁连山及黑河生态环境问题长效监管机制，已建成水电站生态基流下泄监控、水库管理监控、干支渠管理监控、河长制信息管理、防汛抗旱预警监控、监控信息系统综合管理、应用服务支撑等七个主要板块。通过系统的保护修复和治理，全市水生态环境明显改善，产业结构进一步优化，公众的生态文明意识明显提升。张掖，已成为西北干旱区宜居宜游的旅游文化城市。

河湖长制开启生态治理新篇章

将全市212条河流、山洪沟道纳入河长制管理范围，建立了由市、县区党委、政府主要负责同志担任总河长的“双河长”工作机制和市、县、乡、村四级河长体系。对重点干支渠道、水库按照属地管理的原则建立了渠长制，由相应层级的负责同志担任渠长。加大湖泊水资源保护和水污染防治及湖库水环境综合整治力度，对全市81座湖泊情况进行详细调查，按照分级管理与属地（业主）负责相结合的原则，全面建立起湖长体系，努力建立河湖统管、体系互通、监管合一的一体化河湖长体制。各级河长认真履职尽责，积极开展巡河行动，总河长、各河流河长带头徒步巡河，现场办公，对河流存在的废污水直排、河道垃圾、围垦、采砂等方面的问题，及时安排部署，严格督查整改。全市共完成划界1659.4千米，其中划定黑河岸线299千米、梨园河149千米，埋设界碑73块、界桩3400个，形成纵向到底、横向到边的“网格化”管理格局。在重点河流河段、排污口、河流交汇处、水库、渠道安装视频监控设备和水质监测设备，实现对重点水域24小时监控，适时开展水质监测，制定了张掖市河湖日常巡查监管制度，建立完善了河流生态环境的监管监控长效机制，全力维护河流生命健康和生态环境的长治久安。

（张掖市水务局　供稿）

节水优先行稳致远　绿色发展呵护民生

——武威市水利七十载回顾与展望

武威绿洲，依靠祁连山冰雪融水和降水浇灌农田，没有祁连山的水源，就没有河西的农业，因此，广大劳动人民惜水如命，付出了艰辛的劳动。至明清，灌溉系统渐臻完备。清代中叶以后，政治腐败，水事慢无督率，农田水利失修，渠道残破不堪。民国时期，水源及水利设施破坏更甚。

七十年高岸深谷，七十年沧海桑田，武威水利建设事业在中国共产党各级党委和人民政府的正确领导下，认真贯彻执行国家有关水利建设的方针政策，充分依靠广大人民群众和水利人员，不忘初心、牢记使命，充分发扬“愚公移山、改造山河”的精神，艰苦创业，坚持不懈地大搞水利建设，开创了水利建设新纪元。武威水利建设实现了历史性跨越，水利投入逐年增加，最多时一年达到16亿元，水利基础设施建设全面加快，科学治水依法管水不断完善，水利改革发展取得新突破。特别是党的十八大以来，坚持“节水优先、空间均衡、系统治理、两手发力”的治水思路，落实最严格水资源管理制度，推行水权水价改革，强化依法治水管水，全力推进节水型社会建设；加快推进重点水利工程建设，完善区域供水和节水工程体系，防洪抗旱减灾能力不断提升；完成各类水利投资162.51亿元，占新中国成立以来水利投资的99.3%，水利改革发展成效明显，水利面貌也发生了翻天覆地的变化，取得了令人瞩目的成就，为打造生态美、产业优、百姓富的和谐武威提供了强有力的水利支撑和保障。

水利基础设施

“装点此关山，今朝更好看。”七十年来，我们一直为建设一个山川秀美的新武威而不懈努力；展望未来，美丽武威的图景更加令人憧憬。

从新中国成立到1957年，水利事业得到了迅速的恢复和发展。这一时期的水利工作是在全面恢复旧有灌溉渠道的同时，因地制宜地兴办了一些小型农田水利工程；并在废除封建水规制度的基础上，建立新的管理机构、灌溉体系和规章制度，以适应农村社会经济的恢复和发展。

从1958年第二个五年计划到1966年掀起了水利建设的高潮，兴建了曹家湖、黄羊河、金塔河、红崖山、金川峡等水库及一批小提灌、小水电站、打井、截引地下水、人畜饮水工程。高标准衬砌了西营河二干渠和东大河二坝引洪渠，改建了古浪河、西营河渠首工程。

从1966年到“文化大革命”时期，水利建设事业受到极大的干扰和破坏，水利机构瘫痪，水利工程建设停滞。

1969年，生产秩序有序恢复，水利建设又迈开了步子。完成了金川峡、黄羊河、大靖峡、曹家湖、十八里堡水库的除险加固工程和南营、西营、西大河等水库的建设及加固工程；完成了“四好”农田规划工作，金川峡水库电站、金强河水电站、古浪龙沟电站以及西大河水库电站建成投产。此外，牧区水利和农村的人畜饮水工程以及病改水工程的建设，有效地改善了人畜饮水条件。

1978年党的十一届三中全会以后，全市认真贯彻“加强经营管理，讲究经济效益”的水利方针，坚持“科学技术是第一生产力”的观点，集中精力抓水利队伍的建设，对人畜饮水、田间渠系配套、旧井更新改造、渠道衬砌改建、小水电建设等都进行全面发展。特别从1983年起，国务院“三西”农业专项建设资金给武威市水利建设以重点支持，推动了全市水利事业的迅速发展。大力兴修了人畜饮用水工程，修水窖，集雨节流；修管道，引洁净泉水、河水；打机井、修水塔；建病改水淡化站等措施，基本上改变了历史遗留下来的吃水难的问题。着力解决了黄羊河、大靖峡、曹家湖、南营等水库工程的病险问题，并有计划地新建和改扩建了皇城滩、龙潭河和红崖山水库的二、三期加高加固工程。进行了各级渠道改建衬砌工程，突出地抓田间渠系配套。

辉煌凝结着奋斗的艰辛，成就映射着时代的变迁。十八大以来，武威市认真贯彻落实党的十八大、十九大精神和习近平总书记“节水优先、空间均衡、系统治理、两手发力”的治水思路，巩固和提升石羊河流域重点治理成果，坚持“走生态优先、绿色发展之路，努力建设经济强市、生态大市、文化旅游名市，全力打造生态美、产业优、百姓富的和谐武威”的总体思路，坚持以水定规模、以水定产业、以水定结构，全力推进水利事业发展。在全国范围内率先实施国家节水行动，落实最严格水资源管理制度，推进水价改革和水管体制改革，激发节水内生动力，依法管水治水，努力改善水生态环境，年度用水总量大幅下降，全市用水总量控制在16.46亿立方米以内，地下水开采量控制在4.84亿立方米以内，民勤蔡旗断面过水量保持在2.9亿立方米以上。石羊河流域重点治理任务全面完成，提前6年实现国家规划确定的2020年生态治理目标。重大节水供水工程建成投运，建成了景电二期向民勤调水渠延伸工程、古浪县生态移民暨扶贫开发黄花滩项目水利骨干工程、南阳山片下山入川生态移民小康供水工程、红崖山水库加高扩建工程、石门河调蓄引水工程、二道墩注入式水库等。一批重点水利工程建设加快推进，开工建设了古浪县生态移民暨扶贫开发黄花滩调蓄供水工程、红崖山水库至青土湖连通生态输水工程、金强川灌区水源保障工程和农村饮水安全巩固提升工程等。河湖长制全面建立，河长湖长责任有效落实，切实推动了河长制湖长制由“有名”向“有实”转变。区域供水和节水工程体系逐步完善，水利基础设施建设逐步完善，抗旱防洪减灾能力不断提升，水利改革发展成效明显，可持续发展能力进一步增强，武威市被水利部命名为“全国节水型社会建设示范区”，民勤县被水利部认定为“节水灌溉示范县”。

全市已建成水库25座，其中：大型水库1座，中型水库4座，小型水库20座，设计总库容2.98亿立方米。建成跨流域调水工程2处。累计建成塘坝74座，窖池1.37万座。水利工程总供水量达到14.79亿立方米。建成农村集中供水工程416处，其中千吨万人以上水厂24个，分散供水工程12080处，受益农村人口147万人。灌溉面积累计达到24.15万公顷，其中：耕地灌溉面积21.48万公顷，林草果灌溉面积2.67万公顷。节水灌溉面积累计达到18.41万公顷，其中：喷灌0.358万公顷，微灌6.425万公顷，低压管灌3.266万公顷，其他工程0.859万公顷。水土流失综合治理面积87.03万公顷，新增水土流失综合治理面积7.778万公顷，减少水土流失综合治理面积2.301万公顷，新增小流域综合治理面积0.19万公顷。建成小水电站23座，泵站31座，水闸160座。建成机电井23472眼，其中：规模以上机电井15087眼，规模以下机电井8385眼。规模以上灌区20个，规模以上灌区渠道13671.2千米，农民用水合作组织达到864个。

石羊河流域重点治理

石羊河流域重点治理是国家确定实施的重大生态工程。为加快石羊河流域治理、改善流域生态环境，2007年12月，经国务院同意，国家发改委、水利部印发了《甘肃省石羊河流域重点治理规划》(以下简称《规划》)。《规划》批复实施以来，在国家发改委、水利部等相关部门的大力支持下和甘肃省委、省政府的有力领导下，武威市全力推进规划实施，重点治理各项措施全面落实，治理任务全面完成，成效显著。

面对极端恶劣的自然条件和极端脆弱的生态环境，武威市历届市委、市政府不忘初心、久久为功，一代代武威人从不言弃、接力传承，以“功成不必在我”的境界和“功成必定有我”的担当，一张蓝图干到底，以钉钉子精神，脚踏实地抓成效，积小胜为大胜，兴水治沙、保卫家园。2010年，民勤蔡旗断面下泄水量达到2.61亿立方米，顺利完成规划近期目标，2012年达到3.01亿立方米，提前8年完成了规划远期目标，2019年达到4.01亿立方米，超约束性目标约1.1亿立方米。自2012年以来，民勤盆地地下水开采量均在规划控制目标0.86亿立方米以内，提前完成了规划目标。2013年，武威市被水利部命名为“全国节水型社会建设示范区”。

2007年以来，民勤县青土湖地下水位呈逐年上升趋势，地下水埋深由4.02米上升到2.92米。青土湖地下水位埋深小于3米的旱区湿地约106 平方千米，局部地方地下水埋深小于1米，提前6年实现《规划》确定的北部湖区出现旱区湿地70平方千米左右的生态治理目标。2010年以来，武威市连续有计划地向青土湖下泄生态用水，使干涸51年之久的青土湖形成26.67平方千米的水域面积，昔日遍地黄沙的青土湖湖区，如今水光潋滟，芦苇摇曳，水鸟成群，一派生机盎然，成为一些鸟类迁徙途中的重要停歇地和栖息地。夹河乡黄案滩关闭的96眼灌溉机井中有7眼成自流涌泉，黄案滩自然封育区芦苇、白刺、梭梭、沙枣等10万亩植被群落逐步恢复，植被覆盖度由2007年前的28%提高到现在的45%；青土湖芦苇等湿生植物逐年增加，连片封育面积达到20多万亩，植被覆盖度由2007年前的5%～20%提高到40%以上。流域植被大幅增加，森林覆盖率由12.1%提高到19.7%，民勤地下水位持续回升，基本实现采补平衡，青土湖半个世纪后"起死回生"，生态恢复效果明显。生态治理成效得到了各级组织和领导的充分肯定和高度评价。

2016年年底，甘肃省发改委、甘肃省水利厅、水利部发展研究中心对石羊河流域重点治理规划实施情况进行了评估。评估认为："石羊河流域重点治理的成功实践，对探索生态与经济融合的发展模式，破解旱区生态修复与经济社会协调发展，从源头扭转生态环境恶化趋势，推动生态文明建设提供了珍贵样本。"

农村饮水安全

水利万物而不争，水是生命的源泉，"民以食为天，食以水为先"做好水的文章就是为民谋利的工程。小小一滴水，窥见大民生。农村饮水是农民群众最关心、最直接、最现实的利益问题。农村饮水安全事关农村人民群众身体健康，事关乡村振兴，是重要的民生福祉。为破解农村饮水问题，让农村居民不仅能"喝上水"，还能"喝好水"，一场农村饮水攻坚战在武威大地全面打响。

从20世纪90年代开始，全面贯彻落实以人为本、人水和谐的饮水安全理念，突出服务经济、服务社会、服务民生三大主题，将解决农民饮水安全作为民生水利建设的重中之重，民生为上、治水为要。武威市农村饮水安全历经"121"雨水集流、氟病改水、人饮解困、抗旱应急、农村饮水安全工程五个阶段，截至目前饮水安全巩固提升工程阶段，初步实现了农村饮水工程全覆盖。水，还是一道关乎生存与发展、脱贫与致富的千年命题。2005年开始农村饮水安全工作，2015年开始农村饮水安全巩固提升工作，解决了37万户147万人的饮水安全问题。目前全市累计建成集中供水工程416处（凉州区15处、天祝县148处、古浪县14处、民勤县239处），县级水质检测中心4个，"千吨万人"规模水厂（工程）24个，服务人口千人以上供水工程82个，形成了以集中供水工程为主、分散供水工程为辅的农村供水体系，集中供水率达到92.5%，自来水普及率达到91.7%，供水保证率超过90%。2019年实施的16项脱贫攻坚农村饮水安全巩固提升工程完工后，将巩固提升10.17万户43.72万人的饮水保障水平。通过一系列农村供水工程的实施，让百万农村居民得到了实惠，极大改善了吃水条件，自来水，滋润着武威人民的心田。饮用水更加卫生、方便、稳定和安全，被广大群众誉为“德政工程”“民心工程”。

最严格水资源管理

武威生态环境脆弱，水资源严重匮乏，全市多年平均自产水资源总量14.94亿立方米，石羊河流域武威属区多年平均水资源量11.27亿立方米，人均占有水资源约700立方米，仅为全省的1/2、全国的1/3；耕地亩均水资源约220立方米，仅为全省的1/3、全国的1/9，是典型的资源性缺水地区。水资源严重不足成为制约石羊河流域生态环境保护的首要问题和关键因素。

一腔豪情愚公志，百战风沙绿河山。面对严峻的水资源、水生态、水环境形势，武威市委、市政府高度重视，七十年来在破解水资源难题的实践中，对水资源利用发展不断深入，对水生态建设规律的把握不断深化，探索出一条管水、治水的绿色发展之路。根据《规划》确定的流域水资源配置方案，全市推行了水权制度改革，界定了县（区）、行业初始水权，建立了市、县（区）、乡（镇）、用水户协会、农户的水量分配机制和管理体系。全市14240眼农业灌溉机井全部安装了智能化控制计量设施，加强地下水开采计量管理。组建农民用水户协会867个，强化用水的末端管理。搭建水权交易平台，建立水权交易制度，培育水市场，初步建立了以水权管理为核心的水资源管理体系。

2012年，水利部与甘肃省政府联合批复《甘肃省加快实施最严格水资源管理制度试点实施方案》，将武威市确定为河西内陆河为代表的试点市，率先推进最严格水资源管理制度。试点以来，市政府相继出台了《武威市实施最严格水资源管理制度试点方案》《武威市实行最严格水资源管理制度考核办法》，下达了《武威市县级行政区2015年 2020年 2030年水资源管理控制指标》，全面建成市、县两级水资源管理“三条红线”（水资源开发利用控制红线、用水效率控制红线、水功能区限制纳污红线）控制指标体系，开展了水资源管理绩效考核，加强了水资源监测监控基础设施建设，水资源管理能力和水平全面提升。

通过实行最严格水资源管理制度，全市水资源管理工作取得积极成效。全市用水总量从2010年的16.58亿立方米减少到了2019年的14.47亿立方米，减幅12.42%。全市万元GDP用水量由2010年的724立方米降低到了2018年的297立方米，下降58.98%；万元工业增加值用水量由2010年的137立方米降低到了2018年的77.88立方米，下降43.2%；农业灌溉水利用系数由2010年的0.55提高到了2019年的0.633。全市14个江河湖泊水功能区水质达标率控制目标为85%，水质达标率实际值为93%。《石羊河流域重点治理规划》确定的蔡旗断面过水量2.9亿立方米以上目标，自2012年以来稳定实现。2018年、2019年分别为3.85亿立方米、4.01亿立方米。民勤县青土湖地下水埋深2.92米，较2007年同期上升1.1米，形成水面26.67平方千米，北部湖区旱区湿地达到106平方千米。

实施国家节水行动

水是事关国计民生的基础性自然资源和战略性经济资源，是生态环境的控制性要素。为认真贯彻落实习近平总书记“节水优先、空间均衡、系统治理、两手发力”的治水思路和党的十九大精神，巩固提升石羊河流域重点治理成果，武威市率先启动实施国家节水行动，大力实施农业节水、工业节水、城镇节水、水权水价改革和水管体制改革、水资源精细化管理、完善制度体系等六大节水行动，推进县域节水型社会达标建设，以水资源利用方式根本转变推动绿色发展，以有限的水资源保障了区域经济社会可持续发展和生态环境不断改善。

勒紧裤腰带，过节水紧日子。2019年1月，武威市委、市政府出台《关于实施国家节水行动的意见》，提出实施“六大节水行动”。5月召开全市实施国家节水行动动员大会，对实施国家节水行动进行安排部署，进一步统一思想、明确目标任务、靠实各级责任，强力推动落实。印发实施农业节水、工业节水、城镇节水行动方案，市委、市政府主要领导多次督导调研实施国家节水行动重点任务落实情况。

制定实规划，思节水新战略。邀请水利部水规总院专家团队深入调研，高起点、高标准编制《武威市实施国家节水行动规划》，以规划引领和推进节水。将《武威市节约用水条例》列入2019年立法计划，委托甘肃政法学院、兰州大学专家团队起草，正在按立法程序推进。

选树排头兵，走节水新路子。围绕打造沿山、沿川、沿沙三大特色产业带，发展牛、羊、鸡、菜、果、蔬、菌、药八大产业，调整优化种植业结构，大力发展节水高效产业，2019年全市优质蔬菜、中药材、藜麦、食用菌等高效节水作物达到135万亩，扶持实施“粮改饲”面积3万亩，饲草料种植面积达到75万亩。加快推进农业重点项目建设，海升集团水果胡萝卜种植加工，伊利乳业液态奶项目开工建设，德青源金鸡项目投入运营，农业节水增效不断推进。协调推进工业、城镇节水，紧紧围绕发展生态工业，大力推进工业节水技术改造，加快污水处理设施改造提升，鼓励工业园区统一供水、废水集中处理和循环利用，健全企业节水制度；全力加快城镇供水管网改造，开展节水器具换装，在宾馆、饭店、医院、机关等单位全部安装或更换节水器具，推进全社会节水。

擦亮冲锋枪，用节水新方式。把水价改革和基层水管体制改革作为节水的“牛鼻子”，重点推进。深入调查研究，开展价格核算和成本监审，制定印发《武威市水价改革实施方案》。各县区启动编制《水价改革方案》《水管体制改革方案》，全力推进水价改革和水管单位分类改革。

铺开广宣传，提节水新高度。制定《武威市实施国家节水行动宣传工作方案》，武威电视台和武威日报开设专题专栏，播放节水公益广告，解读实施国家节水行动政策。利用“世界水日”“中国水周”，积极开展节水进机关、进学校、进企业、进社区、进农村等教育活动，加强节水形势宣传、普及节水知识。以丰富多样的宣传载体，使节水理念不断深入人心，逐步从影响观念到影响行为，形成了全民节水的良好社会氛围。

水生态建设

“良好的生态环境是最普惠的民生福祉”，深入贯彻落实习近平生态文明思想，全面推行河长制湖长制，强化统筹协调、狠抓责任落实，切实推进河湖生态保护和修复，促进河湖休养生息、维护河湖健康生命。2018年6月全面建立河长制，同年12月全面建立湖长制，形成了市、县（区）、乡（镇）、村四级河湖长制工作体系。全市共设立市级河长10名、县区级河长41名、乡镇级河长197名、村级河长845名，设立市级湖长6名、县级湖长14名、镇级湖长21人、村级湖长18人、业主湖长14人。市、县区级河长制办公室全部组建，市、县区财政拨付河长制工作经费全部到位。建立了10项制度，印发了《武威市实施湖长制工作方案》《武威市总河长令（第1号）》、市级河流“一河一策”方案等，开通了“武威河长制”微信公众号。2017年以来，武威全市上下以水资源保护、水域岸线管理、水污染防治、水生态修复、水环境治理、河道治理恢复、水行政执法监督为重点，扎实开展河湖“清四乱”冬季攻坚行动，市级总河长、河长率先垂范，徒步巡察河道，协调解决重大问题，督导问题整改，推动河长制湖长制由“有名”向“有实”转变。因地制宜实施水系连通项目，进一步改善河湖水动力条件，提升河湖水环境容量，增强城乡供水保障能力，提升区域防洪除涝能力。

（武威市水务局　供稿）

治水兴水润民生　人水和谐谱华章

——白银市水利七十载回顾与展望

水是生命之源、生产之要、生态之基。白银市地处黄河上游，内陆腹地，特殊的地理位置和气候条件，使水在白银具有举足轻重的地位。新中国成立70年来，在甘肃省水利厅的大力支持和帮扶下，全市水利工作在历届市委、市政府的正确领导下，坚持"三水"（天上水、地表水、地下水）齐抓，大中小并举，以民生水利为重点，以项目建设为支撑，全力推进民生水利、资源水利、生态水利建设，谱写了"人水和谐"新华章。

兴水惠民，大力发展高扬程灌溉

干旱缺水一直是制约白银经济社会发展的主要因素，黄河虽然流经白银，且占黄河甘肃段的28.3%，但由于地高水低，开发难度大，远离黄河20多千米的旱塬区，土地肥沃、地势平坦、适宜耕作，因干旱缺水生态环境脆弱，土地沙漠化严重。自20世纪六七十年代开始，历届省、市党委政府高度重视黄河两岸水土资源开发利用，着力解决白银水低地高问题，大力倡导发展高扬程灌溉，相继建成了一批大中型高扬程电力提灌工程，彻底改善了区域内落后的农业生产条件、恶劣的生存条件和生态环境。截至2019年底，全市共建成万亩以上灌区31处，其中：大型提灌工程3处（省属景电，市管靖会、兴电），重点中型提灌工程4处，一般提灌工程13处，自流灌区11处。扬程最高的靖远双永工程提水高度达910米，装机容量最大的景电工程总装机容量达25.97万千瓦，泵站级数最多的靖会工程提灌级数达38级，使白银成为全省乃至全国高扬程灌溉最为集中的地区。全市共建成泵站229座，装机1171台套，装机容量51.97万千瓦，修建干支、斗渠6808条12736千米，设计提水流量81立方米每秒，发展有效灌溉面积169.12万亩。高扬程灌区的发展不仅解决了项目区120万人的农田灌溉和城乡居民的供水问题，还使百万亩灌区与"三北"防护林带连成一片，形成了100多平方千米的绿洲，有效地阻止了腾格里沙漠的南侵，经济、社会、生态效益显著，为全市经济社会的稳定协调发展和决胜脱贫攻坚战提供了强有力的支撑和保障。

甘肃省景泰川电力提灌工程，建成泵站43座，总装机容量25.97万千瓦，控制灌溉面积120万亩，分三期建设。一期工程1969年开工建设，1974年竣工，设计提水流量10.6 立方米每秒，年提水量1.48亿立方米，装机容量6.7万千瓦，总扬程472米。设计灌溉面积33.12万亩；二期工程1984年开工建设，1999年竣工，设计提水流量18立方米每秒，年提水量3.63亿立方米。装机容量19.27万千瓦，总扬程713米，设计灌溉面积64.45万亩；三期工程为民勤调水工程，1995年开工建设，2001年3月开始向民勤输水，设计提水流量6立方米每秒，年调水量6100万立方米，恢复灌溉面积22万亩。三期工程现灌溉面积100万亩，解决了甘肃、内蒙古两省景泰、古浪、阿拉善左旗等七县（区）50万人的生产生活用水。

靖会电力提灌工程，始建于1971年，1973年建成通水，建成泵站38座，设计提水流量为12立方米每秒，年取水许可量9600万立方米，设计扬程593米，实际扬程529米，设计灌溉面积30.42万亩，解决了靖远县南部及会宁县北部的10个乡（镇）23.6万人（其中靖远县6.9万人，会宁县16.7万人）的生产生活用水。

兴堡川电力提灌工程，始建于1976年，1984年建成通水，建设泵站9座，设计流量9.6立方米每秒，年取水许可量12000万立方米，设计扬程477.8米，设计灌溉面积30.18万亩，解决了靖远县4个乡（镇）、平川区2个乡（镇）以及宁夏回族自治区海源、中卫4个乡（镇）共18.3万人（其中移民7.6万人）的生产生活用水。

兴水节水，大力发展农业节水灌溉

近年来，白银市水利工作认真贯彻落实习近平总书记对甘肃重要讲话和指示精神，围绕中央、省、市重点工作，以“节水优先、空间均衡、系统治理、两手发力”治水思路为指引，积极践行“水利工程补短板，水利行业强监管”水利改革发展总基调，通过实行最严格的水资源管理和改善灌区基础设施，着力解决了灌区设施老化、用水效率低下等问题。甘肃省政府批复了《白银市节水发展规划》，及时制定了《白银市实行最严格水资源制度考核办法》《白银市节约用水管理办法》《白银市水权转让与交易管理办法》等规章制度，明确了各灌区初始灌溉定额，全面实行总量控制、定额管理、超定额累进加价制度，建立了有利于节约用水和产业结构调整的差别水价体制机制，促进了节约用水、科学用水和高效用水。靖远县、白银区、平川区县域节水型社会达标建设通过省级验收，景泰县正在等待省级评估和验收。争取实施了61.8万亩高效节水项目，对7处大型泵站116座泵站进行更新改造，完成14处中型灌区续建配套与节水改造，积极在各县区推进小农水重点县、水价改革，五小水利、中央维修养护和中央土地出让金等项目建设，使全市的灌区基础设施得到极大的改善，用水效率进一步提升。2015年至2019年，全市的有效灌溉面积由152万亩增加至169.12万亩，用水总量由9.47亿立方米减少至8.06亿立方米，万元GDP用水量由218立方米下降至152立方米，农业灌溉水利用系数由0.563提高至0.579。特别是随着总投资41.76亿元的甘肃中部生态移民扶贫开发供水工程开工建设，必将进一步提高白银市的农业节水灌溉利用效率。

兴水治水，提高防洪安保能力

黄河汛期洪涝一直是威胁全市人民生产生活的主要灾害之一，2012年黄河发生3000立方米每秒以上的汛情，导致白银市黄河沿岸4县区16个乡镇65个村2.1万农户9.23万人不同程度遭受损失，农田受灾10.57万亩，共造成直接经济损失4.02亿元。灾后，为了提高黄河堤防防洪能力，保障黄河沿岸人民群众生产生活，白银市水务局及时邀请黄委会水资源所专家对黄河白银段防洪能力进行全面调查评估，同时由省水利厅启动了黄河干流甘肃段防洪治理工程初设编制工作。2015年7月，甘肃段防洪治理工程初步设计经国家、省发改委批复，核定总投资33.97亿元，白银市段投资9.55亿元，并被列入全国172项节水供水重大水利工程计划，2015年10月白银段项目开工建设，2018年年底完成全部建设任务，新建护岸92.49千米，新建堤防15.06千米，完成投资9.55亿元，项目建成后，经受住了汛期2018年黄河流量超2500立方米每秒以上53天和2019年3860立方米每秒最大洪峰考验，彻底改善了黄河两岸居民生产、生活条件。同时，全力加快中小河流治理、山洪灾害防治非工程措施等，治理中小河流20条，江河主要支流（祖历河）1条，山洪治理6条，建成市县监测预警平台和视频会商系统6套，极大提高了全市的防洪安保能力。

兴水润民，加快农村饮水安全建设

新中国成立70年来，在省水利厅的大力支持和指导下，白银市历届市委、市政府领导一直将解决农村居民饮水问题作为重要工作，先后实施了“121”雨水集蓄工程，农村饮水解困工程、农村饮水安全工程，使全市的农村饮水条件得到极大的改善。特别是习近平总书记提出“不能把饮水不安全问题带入小康社会”以来，全市水利部门认真对照脱贫攻坚“两不愁三保障”总体目标，全面加快农村饮水巩固提升工程建设步伐，持续加强水源保护和水质监测工作，使全市的农村居民饮水条件进一步改善。截至目前，全市累计投入资金17.77亿元，共建成农村集中供水工程183处，受益人口125万人，建成县级区域农村饮水安全工程水质监测中心5个，具备40项指标的检测能力，规模集中供水工程水厂水质检验室27个，具备9项常规检测能力，对128处千人以上农村饮水工程落实了水源保护措施，全市的集中供水率达98%，自来水普及率达82%。对照《甘肃省脱贫攻坚农村饮水安全验收实施细则》验收标准，全市农村人口安全饮水全部达到脱贫摘帽标准。及时出台《白银市农村供水工程运行管理规范化指导意见》，明确农村饮水安全工程管理体制、运行机制、水源水质供水管理、水价核定、水费计收等管理责任，初步形成了县农村饮水管理站、工程管理所、村组集体、受益农户组成的“四级”管理网络。

兴水管水，全面落实河湖长制

自河湖长制工作开展以来，白银市始终把全面推行河长制工作作为贯彻落实绿色发展理念的主要抓手，制定《市级河长会议制度》《联席会议制度》等9项制度，在全市范围内设立总河长124名、河长995名、湖长91名，明确各级河湖长工作职责和目标任务，各级河湖长累计巡河3640余人次，建立了以市、县、乡、村四级河（湖）长为主体的河长制、湖长制责任体系；扎实推进河湖“清四乱”专项行动，排查梳理河湖“四乱”问题327个，清退非法围垦河湖、占用水域滩地602亩，补植树木190亩，清理生活、建筑垃圾10.73万立方米，打捞沟、河、渠等水面漂浮物3125立方米，清理水库水面漂浮物4448立方米，疏浚河道132.42千米，清理砂场弃料38.1万立方米，平整砂坑等恢复河道原貌1939.5亩，清理非法采砂船5艘，拆除乱建码头3个；积极与市检察院联合开展“携手清四乱 保护母亲河”专项行动，加大对水利部、黄委会、省水利厅暗访反馈问题的整改，完成河湖“四乱”问题整改351个，拆除涉河违法建筑9处，疏浚河道34.8千米；结合扫黑除恶专项斗争，加大非法采砂治理力度，取缔非法采砂厂59家，清理砂厂弃料34.8万立方米；及时与市公安局开展河湖联合执法专项行动，查办行政案件24起。

兴水保土，大力发展生态治理

按照“南保水土、中建绿洲、北御风沙”的治理思路，坚持“预防为主，保护优先”的水土保持方针，贯彻“绿水青山就是金山银山”的生态发展理念，以流域治理为单元，以梯田建设为重点，以国家水土保持重点建设工程为依托，严格落实水土保持“三同时”制度，先后制定出台《白银市水土保持区划》《白银市水土保持“十三五”规划》《白银市水土保持规划（2019—2030）》等专项规划，加大人为水土流失治理，使生态环境恶化的趋势得到初步改善。截至2019年底，全市累计完成水土流失治理面积7327.16平方千米，兴修梯田259.09万亩，水土保持林389万亩，荒坡种草218万亩，封山育林45万亩，封坡育草38万亩；争取实施重点示范小流域治理、坡耕地水土流失治理、国家水土保持重点建设、国债治理、生态修复试点等项目135个，累计治理水土流失面积720平方千米，完成投资7.23亿元。编报水土保持方案240多件，征收水土流失危害补偿费7640多万元。同时，按照水利部、省政府关于鼓励民间资本参与水土流失治理的有关政策，采取“谁开发、谁保护，谁投资、谁受益”的原则，吸引民间资金投入水土保持治理，完成投资7600多万元，治理水土流失面积2340公顷，为民间资本参与水土流失治理起到示范带动作用。

兴水利民，加快水利改革发展

紧密结合白银市水利工程类型多、管理体制不顺、运行困难的现状，按照省、市水利改革试点方案要求，加大水利改革力度。组建县级水利建设管理站、质量监督与安全管理站、抗旱防汛服务队各5个，乡镇水利站69个，配备人员310人；按照“迈小步，勤迈步”的原则，在23个灌区有序推进水价改革，通过水价成本核算、调研、听证、座谈、申请等程序，每立方米水价上调0.03 ～ 0.08元，实现了新一轮水价调整平稳过渡；水权分配、小水工程产权制度改革已按计划基本完成任务；白银区实施农村水价综合改革试点项目，取得了可复制、可推广的有益经验。积极推行配水制度改革，减少中间环节，收费到户，杜绝水费收缴中的搭车收费，减轻农民负担，保护了农民利益。实施水价、水量、水费三公开，供配水手续四配套等，加强了灌区用水管理。为了盘活水利资产，加大水利投入，成立了白银市水务投资（集团）有限责任公司，甘肃中部生态移民扶贫开发供水工程依托市水投公司成立项目法人公司，为解决全市水利建设投入不足，拓宽融资渠道开辟了新路子；按照《关于分类推进事业单位改革的实施意见》，完成市水电勘测设计院的转企改制工作；持续深化水管单位社保改革，兴电工程退休和在职职工养老保险全部纳入社保，靖会工程退休和在职职工身份重新进行了认定，兴电、靖会运行困难问题初步缓解。

兴水活水，推动黄河流域生态保护和高质量发展

2019年，全市水利系统以“把黄河建成造福人民幸福河”为总目标，认真学习习近平总书记在黄河流域生态保护和高质量发展座谈会议上的讲话精神，及时成立白银市水务局黄河流域生态保护和高质量发展工作推进领导小组和白银市黄河流域生态保护和高质量发展水利专责组，由局领导带领全局10名高级职称以上人员分县区广泛开展调研，在全面摸清水利底数的基础上，通过开展研讨、参加论坛、接受培训等方式，全面厘清了白银市水利行业黄河白银段生态保护和高质量发展思路和方法。并对照省水利厅“16641”工作思路，结合白银“两区四基地”建设，以突出“北部腾格里沙漠南缘防风固沙、中部沿黄高效节水生态经济带建设、南部黄土丘陵沟壑区水土保持”三大片区治理为目标，按照水利专项规划服从和支撑国家、省、市综合规划的原则，以水资源集约利用、小流域综合治理、水土流失治理、水生态治理与修复、现

代化灌区建设、防洪减灾能力提升、祖厉河流域泥沙治理等为重点，组织编制完成了《白银市黄河流域生态保护和高质量发展水利规划（初稿）》，匡算总投资410亿元。同时，及时启动编制“十四五”水利规划，为黄河流域生态保护和高质量发展起好步、带好路。

（白银市水务局　供稿）

兴水促和谐　治水惠民生

——天水市水利七十载回顾与展望

一座座水库碧波荡漾，一条条渠道纵横交错，一缕缕清泉流进千家万户，一幅幅蓝图落地生根，一张张笑脸写满喜悦。城乡供水紧张矛盾有效缓解，农业用水方式深刻变化，渭河干支流险工险段基本治理，昔日荒山旱塬变成万顷良田，每一条河流都有了河长，水晏河清的图景正在天水大地徐徐展开……

新中国成立七十年来，全市水利投入大幅增加，治水理念持续深化，水利基础设施加速建设，水利防洪保安、水资源保障、水环境保护和服务民生能力显著提升。特别是党的十八大以来，在习近平新时代中国特色社会主义思想指引下，积极践行“节水优先、空间均衡、系统治理、两手发力”治水思路，全市水利建设实现大突破、大提速、大发展、大跨越，为全市扶贫攻坚和经济社会协调健康发展提供了坚强水利保障。

新中国成立七十年来，是全市水利发展史上民生项目最多、固定资产投资最大、建设成效最好、农民群众受益最多的七十年。全市共完成水土流失治理面积7027.5平方千米，新修改造高标准梯田491.89万亩，发展节水灌溉面积54.81万亩，新修改造堤防1072.37千米，保护了136.49万人和70.93万亩耕地，建成集中供水工程375处，解决了全市271.04万农村人口饮水不安全问题，最严格水资源制度全面落实，河湖长制全面运行见效，水生态环境日益向好，深化水利改革稳步推进。

——引洮河之水解天水之“渴”。天水因“天河注水”而得名，然而天水却是一个资源型缺水和工程型缺水并存的城市，属全国400个缺水城市之一。随着天水国家级社棠工业园区、二十铺工业园区和三阳新区的深度开发，建设天水百万人口大城市的步伐不断加快，城区缺水矛盾日趋突出，危及到了这座历史文化名城的生存。历届市委市政府高度重视，多方开辟水源，挖潜区域水资源。紧抓全省实施引洮供水工程的大好机遇，市委市政府高瞻远瞩，审时度势，在水利部门的协调努力下，启动实施了天水水利发展史上最大的民生水利工程，全省首个采用市场化融资模式建设的重大水资源配置工程——天水城区引洮供水工程及配套工程，总投资19.2亿元，管线全长130.5千米，年供水规模5548亿立方米。配套工程于2016年6月已开展联合运行，主体工程于2018年全线贯通，工程建成后城区70多万人将喝上甘甜、安全、稳定的洮河水，将有效解决城区供水紧张难题。

——开源节流优化水资源配置。天水地处六盘山、陇中黄土高原和秦岭山地交接处，地跨长江、黄河两大水系，以西秦岭为分水岭，中北部渭河水系属黄河流域，南部嘉陵江水系属长江流域，水资源分布极不均匀。新中国成立七十年来，立足水资源现状，统筹谋划、科学布局，大力推进中小型骨干水利工程建设，兴建了一批抗旱引调提水工程，建成了天水城区应急供水工程，完成了张家川东峡、石峡水库除险加固，开工建设了秦安县小湾河水库、张川县富川水库、秦州区关峡水库、清水县城区供水和城区自来水管网扩建等区域供水工程，启动实施了惠及秦安、甘谷、武山3县33乡镇105.41万人的引洮供水二期天水配套工程、甘谷县城乡引洮供水城区工程和曲溪城乡供水工程，重点开展了白龙江引水、张家川东部供水等重点水源工程前期工作。水资源配置能力显著提升，有效应对了各类极端干旱灾害，保障了全市城镇居民生产生活用水需求，为全市经济社会发展用水提供了可靠保障。

——水润民心圆百万群众“饮水梦”。新中国成立七十年来，举全市之力致力于解决饮水困难问题，先后实施了“121雨水利用”、氟砷改水、人饮解困、农村饮水安全及农村饮水安全巩固提升项目，建成水窖7.33万眼，建成集中供水工程375处，解决了271.04万人饮水不安全问题，农村饮水实现从“面的覆盖”迈向“质的提升”，从“有水喝”到“喝好水”的跨越，解决了边远山区广大农民世代做梦都不敢想的吃水难题。特别是党的十八大以来，围绕“两不愁三保障”，全面解决了建档立卡的1034个贫困村22.42万户105.43万人饮水不安全问题。2018年，在市级财力十分紧张的情况下，按照《天水市加快推进农村饮水安全巩固提升工程实施方案》，两年配套了3.1亿元用于农村饮水安全巩固提升工程建设，力度之大前所未有、全省罕有。经过全市上下不懈努力，全市农村供水体系基本建成，极大改善了农村生产生活条件，对促进农村经济社会发展，加快精准脱贫起到了重要推动作用，被广大群众誉为“德政工程”和“民心工程”。

——夯实农田水利助推农业大产业。新中国成立七十年来，通过引水上山，大力发展高效节水灌溉，使昔日干旱贫瘠的黄土地，昔日的不毛之地，成为山区土地走向“三变”改革的助推器，成为农民增收致富的金山银山。立足全市山多川少，水资源短缺、农田水利基础设施薄弱的实际，以实现农业增效、农民增收、农村发展为目标，先后实施了武山、秦安、甘谷小型农田水利重点县项目、高效节水灌溉、五小水利、灌区渠系及配套建筑物工程、农田水利设施和公益性水利工程维修养护等工程，完成了武山南河、老北、东梁，甘谷安丰、渭济，麦积渭惠、柴坪、新阳，秦州西川，张家川东峡等万亩灌区的续建配套及节水改造，建成有效灌溉面积78.93万亩，发展节水灌溉面积54.81万亩。农田灌溉体系进一步完善，农业生产条件得到有效改善，发展了一批高收益的经济林果蔬菜产业区，为打造麦积花牛苹果、秦州大樱桃、秦安蜜桃、武山蔬菜、甘谷蔬菜、清水核桃等农业产业品牌提供了有力的水利支撑，促进了现代节水农业的发展。

——治水除患保一方安澜。治好一条河流可以激活一个地区，治好一条河流可以开启一个时代。天水沟道纵横，洪涝灾害频发，对城乡尤其是城镇和农田保护区防洪安全构成了严重威胁。新中国成立七十年来，抢抓国家启动实施大江大河主要支流和中央加快防洪薄弱环节建设政策机遇，修建堤防1072.37千米，有效保护了136.49万人和70.93万亩耕地安全，建成市级山洪灾害监测预警信息管理和共享系统1个，县级山洪灾害监测预警平台7个，初步建立了覆盖全市的山洪灾害监测预警体系，全市渭河干流及支流大部分险工险段得到了有效治理，山洪灾害监测预警能力显著提升，防洪减灾体系日臻完善，有效应对了历次特大暴雨洪水灾害，防汛工作取得全面胜利，保障了人民群众生命和财产安全，书写了河流治理、兴水除害的新篇章。如今，一条条堤防护卫着群众安澜，一条条河流变成了生态乐园，天水众多河流沿线群众的生活、城镇布局、产业规划因为河流治理而正在悄然发生巨变。特别是秦州区娘娘坝灾后移民集中安置点，新建了全省第一处生态混凝土堤防，沿河两岸1.75万人民群众直接从中受益，原来的老河道通过清淤、拓宽和整治，沿河两岸绿化成为一道生态风景线，开启了全省生态堤防建设的先河。

——水土保持增绿水生态环境。天水境内山大沟深，自然条件恶劣，水土流失严重，成为制约全市经济社会发展和广大群众脱贫致富奔小康的重要因素。新中国成立七十年来，始终把水土保持生态建设作为改善农业生产条件，促进农业产业发展和农民脱贫致富的重要基础工作常抓不懈，以小流域为单元，以兴修梯田为抓手，山水田林路系统治理，打破地界、村界，实行整村、整乡、整流域集中建设，使昔日的荒山旱塬变成了高产田、生态沟、风景区，走出了一条综合防治水土流失促进特色产业发展的新路子。先后实施了“长治”、藉河示范区、小流域治理、坡耕地综合整治等重点治理项目。通过规模化治理、产业化开发，创建了一大批精品示范工程，发展壮大了一批区域性特色产业基地，有力加快了“一乡一业、一村一品”发展步伐，治理区民生条件得以改善，水土流失得到初步遏制，生态环境步入良性循环，农民收入快速增长，有力推进了全市脱贫攻坚工作。综合治理小流域223条，治理水土流失面积达到7027.5平方千米，水土流失治理程度达到70.65%。特别是1998年实施的藉河生态示范工程，已成为我国第一个流域性的大型水土保持生态示范工程，开创了全国第一个试行了项目法人责任制、全面推行项目监理制的水土保持治理典范。由于藉河示范区建设成就突出，2004年2月，天水市被水利部命名为“全国水土保持生态环境建设示范城市”，2009年6月，天水藉河示范区项目被水利部命名为全国第一批示范区。先后有河南、陕西、内蒙古等省（自治区）的20多个地（州）市组团前来参观考察，为黄河流域乃至全国水土保持生态环境建设发挥了良好的示范辐射效应。

——河湖长制助推河湖展新颜。党的十八大以来，积极践行“绿水青山就是金山银山”的发展理念，制定印发《天水市全面落实河长制实施方案》和《天水市全面落实湖长制实施方案》，全面建立了市、县、乡、村四级河湖长体系、落实河湖长主体责任，健全河湖长会议、督查、巡查等各项工作制度，实现了工作方案到位、组织体系和责任落实到位、相关制度和政策措施到位、监督检查和考核评估到位，全市水资源管理保护、河湖水域岸线管理保护、水污染防治、水环境治理、水生态修复、执法监管工作等都得到了进一步加强。严格水资源开发利用、用水效率控制、水功能区限制纳污“三条红线”指标控制，全面落实最严格水资源管理制度工作。全市万元GDP取水量达到64.5立方米，万元工业增加值用水量从28.2立方米降低到24.5立方米，全市重要江河湖泊功能区水质达标率达到70%以上，用水总量控制在红线以内。集中开展河道综合整治，着力推进“一河一策”系统治理，建立“一河一档”，规范河湖管理，扎实开展“清四乱”“全域无垃圾”等专项行动，全力整治河道“四乱”顽疾。2017年以来，关闭拆除砂场220家，累计投入资金1895万元，机械设备2713台次，清理垃圾199.5万立方米，整治平复河道1003.77千米，共解决及整改各类问题137个（件）。全市河湖面貌得到极大改观，“河畅、水清、岸绿、景美”的水生态环境逐步显现。

（天水市水务局　供稿）

兴水润平　惠泽民生

——平凉市水利七十载回顾与展望

新中国成立以来，党和国家高瞻远瞩，高度重视水利事业发展，把水利作为农业的基础和命脉，赋予了水利行业兴水利、除水害的艰巨任务和光荣使命，水利人在“敢教日月换新天”的豪情壮志鼓舞下，战天斗地，移山改水，人力会战，筑坝蓄水、开山平地、挖渠灌溉，兴利除害，用汗水甚至鲜血为水利事业的发展奠定了坚实的基础。党的十一届三中全会以来，改革开放的春风又为水利发展带来了新的历史机遇，国家不断放宽放活和扶持农业农村发展，每年的中央一号文件都把水利放在推动“三农”工作的基础地位进行部署安排。特别是2011年，中央一号文件《关于加快水利改革发展的决定》，首次把水利发展作为开年的第一要务，放在事关经济安全、生态安全、国家安全的高度进行部署，强调指出“水是生命之源、生产之要、生态之基”。党的十八大以来，习近平总书记明确提出“节水优先、空间均衡、系统治理、两手发力”的治水思路，特别是党的十九大把水利作为“转方式、调结构、促增长、惠民生、保稳定”的重点，摆在九大基础设施网络建设首位进行安排，提出了保持基础设施领域补短板力度的指导意见。

七十年来，全市水利工作在省水利厅的指导支持下，在历届市委、市政府的正确领导下，坚持以兴利除害、兴水富民为总体目标，以“改土、兴水、抓生态”为主攻重点，引水开源、疏洪防灾、改善生态、灌溉增收、供水惠民，兴修了大量的蓄水灌溉、防洪保安、农村饮水和水土保持等工程，有效缓解平凉市水资源时空分布不均的问题，在防御水旱灾害、服务提升工农业生产和城乡生活发展方面发挥了坚实的支撑和保障作用。

七十年来，全市水务系统工作者和广大人民群众一道，不断克服自然环境恶劣、施工机械落后、项目投资不足等多方困难，同心同德，同向同行，积极开展水利工程建设。全市共争取下达和落实各类投资80多亿元，累计建成各类水利工程2658处，其中：中小型水库35座（中型2座，小型33座），塘坝10座，泵站21座，规模以上机电井2243眼，万亩以上灌区19处，农村集中式供水工程185处，水闸工程141座，水电站1座。累计发展有效灌溉面积60.21万亩，节水灌溉面积59.91万亩，治理河堤

916.95千米。治理水土流失面积7102平方千米，兴修梯田411.72万亩。有效缓解了阶段性、区域性水资源分布不均的问题，在防御水旱灾害、改善生态环境、增强水利支撑保障能力、不断满足人民群众对美好生活，特别是人与自然和谐共生美好环境需求等方面发挥了重要作用。

七十年来，我们持续加快骨干水源工程建设，为全市经济社会发展提供了坚实支撑和保障。立足解决全市工程性、资源性缺水等问题，把重点骨干工程建设作为夯实水利基础和保障经济社会可持续发展的重要举措，努力提高水资源的开发利用和配置能力。全市先后建成了崆峒水库、庄浪县竹林寺水库、崇信铜城、华亭石堡子、庄浪花崖河、崆峒北杨涧等35座中小型水库；灵台新集水库、引洮供水二期静宁县城乡配套工程和庄浪梁河水库等正在抓紧建设。积极推进崆峒水库改扩建、泾川盘口、华亭后河等9座中小型水库和白龙江引水工程项目前期工作。全市35座中小型水库共新增水源调节能力1.87亿立方米，年供水能力达3.7亿立方米，既有效解决了农田灌溉问题，还为城镇生活和工业生产用水提供了有效的水源保障。

七十年来，我们着力提升防灾减灾能力，最大限度地降低了灾害损失。完成了庄浪红崖湾、崆峒水库、华亭小川、静宁东峡、灵台蒋家沟、泾川吕家拉、平凉八里庙等30座病险水库除险加固任务；实施了中小河流治理、江河重要支流治理等一批河堤治理工程，共治理河堤916.95千米；实施了平凉纸坊沟、泾川合志沟、灵台县城北山、华亭西华沟等山洪沟道防洪治理工程，县城防洪能力均达到20年一遇洪水设防标准，平凉中心城区达到50年一遇标准；建设了泾川南塬、崇信铜城水库、散花沟及左营沟水厂、静宁威戎武高、城关五台山及东峡水库、庄浪赵墩等18处抗旱应急水源配套工程、山洪灾害防治非工程措施及补充完善项目，建成了7县（市、区）山洪灾害“户户知”工程和市、县山洪灾害监测预警信息平台，全市山洪灾害易发区预防预警体系基本建立；组建了县级抗旱服务和抗洪抢险服务队，建立了抢险物资储备、值班值守、应急抢险等体制机制和抗旱、防汛、突发应急、防震、防恐等预案体系，初步实现了由被动救灾向主动防灾的转变。

七十年来，我们聚力推进农村饮水工程建设，全面解决了广大群众的吃水困难。面对全市广大山塬区群众吃水问题，通过新中国成立初的山溪沟泉、高原深井，20世纪90年代雨水集蓄、氟病改水、人饮解困和2005年以来的饮水安全、饮水安全巩固提升工程及当前的脱贫攻坚农村饮水安全工程，全市累计建成集中式农村饮水安全工程185处，农村饮水安全覆盖面达100%，入户率达98%以上，农村饮水实现了从“有没有”向解决“好不好”的跨越，农村群众享受到了从吃不上水到吃得上水和吃好水的优质惠民服务，彻底改变了过去进山下沟、肩挑畜驮远距离找水拉水的困难局面，用上了快捷、干净、安全、有保障的自来水，不但解放了农村群众因水束缚的劳动生产力，改善了生产生活面貌，而且缩小了城乡生活差距，带动促进了农村经济的发展，让广大农村群众深切感受到了党和政府的关怀和温暖，共享了改革发展的成果。

平凉市水务局先后于2002年、2004年被水利部授予“全国农村饮水解困工作先进集体”和“全国人饮工程建设先进集体”称号。

七十年来，我们努力补齐农田水利短板，推动了农业生产连续稳步增长。坚持把农田水利设施建设作为改善农业基础条件、推进水资源高效利用、强化设施农业示范引领、推动节水战略构建节水型社会的重要抓手和关键措施，依托大中型灌区、集雨节灌、节水灌溉示范工程、小型农田水利重点县、“五小水利”工程、高效节水灌溉等项目，建成灵台达溪河、庄浪阳川、泾川黑河等万亩灌区19个，集雨水窖24.45万眼，规模以上机电井2243眼，泵站21座，累计发展有效灌溉面积60.21万亩，节水灌溉面积59.91万亩，并通过逐年的灌区挖潜配套改（扩）建和节水改造项目，不断提高农田灌溉水有效利用系数，已由新中国成立之初的大水漫灌提高到当前的0.515。全市农业生产基础条件得到极大改善，为平凉推进农业集约化、产业化发展，提高产业化经营和农业现代化水平提供了坚强的水利支撑和保障。

七十年来，我们不断加强水生态治理，营造和守护了绿水青山的美好家园。面对沟壑纵横、水土流失严重的地质条件和脆弱的生态，坚持山水林田湖草系统治理，平田整地、筑坝拦淤，加快实施了水土保持重点项目和流域综合治理，变往日跑土、跑水、跑肥的“三跑田”，为保土、保水、保肥的“三保”水平梯田，使水土流失严重的荒山裸沟成为综合施治山青水秀的生态小流域。相继实施了坡耕地水土流失综合治理、农业综合开发梯田建设、国家水土保持重点建设、巩固退耕还林成果基本口粮田、重点退耕还林地区基本口粮田建设等项目，1998年庄浪县被水利部授予“中国梯田化模范县”称号，全市累计新修梯田411.72万亩，占宜修坡耕地总量的75.1%。先后实施了黄土高原水土保持综合治理、全国生态修复试点项目、小流域水土保持综合治理、农业综合开发黄土高原塬面保护、生态清洁型小流域建设等一大批流域治理项目，泾川县茜家沟、庄浪县堡子沟等31条小流域被水利部命名为“全国水土保持生态环境建设‘十、百、千’示范小流域”，建设了泾川田家沟、庄浪庙龙沟、灵台杜家沟等坝系工程。全市水土保持治理面积累计达到7102平方千米，占全市水土流失总面积的80.5%，其中梯田411.72万亩、条田6.135万亩、沟坝地4800亩、水保造林539.15万亩、荒坡种草48.12万亩、封山育林育草64.89万亩，群众生产生活条件得到了显著改善，水土流失严重、生态持续恶化的局面基本扭转，山青水美地平的生态效应初步显现。

七十年来，我们围绕添活力抓改革，水利管理改革深入推进。积极地推进水利工程管理单位体制改革，逐步加大了“两费”的落实力度，全市7县（市、区）79个水管单位公益性人员共落实经费3250.89万元，落实公益性维修养护经费1233.4万元。不断加强基层水利服务体系建设，探索建立了县（区）水利管理总站—乡（镇）管水委员会—基层水利管理单位—村社管水小组—农民用水户“五级管理网络”，共组建“五站一队”136个，成立乡（镇）管水委员会101个，组建村社管水小组1467

个。全面启动全市农业水价综合改革，崆峒区被列为省级改革试点。小型农田水利产权改革、农民用水者协会改革大力推进。不断加快水利投融资体制改革，庄浪、崆峒、华亭、灵台、静宁5县（市、区）同省水投签订了合作协议，一定程度解决了水利工程建设资金短缺问题。全面推行河（湖）长制工作，市、县、乡、村四级河（湖）长体系全面建立，市县（区）“一河（湖）一策”方案全面印发实施，“一河（湖）一档”全面建立，河湖岸线管理确权划界、河湖健康评估、河湖岸线利用规划等工作全面启动，各类涉河事务管理逐步规范推进，水清、河畅、岸绿、堤稳的河道自然生态不断恢复。

七十年来，我们坚持强监管抓管理，水资源管理能力逐步增强。把强化水资源管理作为水利工作的重中之重，严格落实好流域分水指标，促进水资源从粗放管理到精细化、制度化管理。华亭、灵台、庄浪、静宁先后列入全省节水型社会建设试点。全面落实最严格的水资源管理制度，出台了市、县（区）2015年、2020年、2030年水资源管理控制指标，《平凉市最严格水资源管理制度实施方案》《平凉市实行最严格水资源管理制度考核办法》和《平凉市“十三五”水资源消耗总量和强度双控行动工作实施方案》印发实施。扎实推进水环境保护和水生态治理相关工作，以水政执法、河道管理、水保预防监督为重点，加大了水行政执法力度，依法开展了水资源许可管理年审、河道采砂许可管理年审、建设项目水资源论证和防洪安全论证，河道采砂管理、入河排污口整治、农村饮水水源地保护等工作扎实开展。共计封堵入河排污口85处，关闭自备水源井453眼，年压减自备水源地下水开采量约600万立方米，压减重点企业年地下水开采量1402万立方米，督促企业年回用城市中水由80万立方米增长到150万立方米，全市水环境得到显著改善。

站在新的历史起点，平凉水利人将以习近平新时代中国特色社会主义思想为指导，坚持新发展理念，认真践行总书记视察甘肃时“八个着力”和“共同抓好大保护、协同推进大治理，推动黄河流域高质量发展”的指示精神，团结一心，持续发力，务实进取，创新突破，努力为建设绿色开放幸福美好新平凉和两个一百年奋斗目标做出新的更大的贡献！

（平凉市水务局　供稿）

新时代水利人治水兴水的中国梦

——庆阳市水利工作回顾与展望

晶莹飞舞的雪花，是苍天降下的吉祥；汹涌澎湃的海浪，是充满激情的奔放；温柔细密的雨滴，是春意盎然的流淌；叮咚不息的山泉，是拥抱春天的畅想。

他们拥有一个共同的名字——水，孕育万物的生命之源。五十万年前，赤县神州升起北京人的炊烟，从此，水就伴随人类发展的步履蹒跚向前；九曲黄河，塑造了龙的传人的优秀品格；浩浩长江，哺育了华夏儿女的忠肝义胆。

水曾洗涤出春秋的青铜宝剑，水也亲历了战国的烈火硝烟。一台水车，踩出了一千八百年的丰收；一泓碧水，让中华民族的航船行驶到今天。

善治国者必先治水，沿着伟人指点的方向，新中国的拓荒者，书写了水利建设的恢弘画卷。

30年来，改革的春风再度吹遍陇原大地，悠久的庆阳重新焕发生机，美丽的庆阳迎来千载难逢的发展契机。

这里，有全国最大的黄土均质坝，“朝可观东山日出，夕可赏平湖晚霞”的高原明珠——巴家咀水库，凝聚和见证着近半个世纪庆阳水利蓬勃发展的巍巍丰绩。

这里，有“黄河之水天上来，涓涓清流过家门”的扬黄人饮工程，工程的实施让千百年来在干旱和缺水中挣扎的环县人民看到了生存和发展的希望。

这里，有高原起平湖，不是仙境胜似仙境的“天湖”工程，那是董志塬最亮丽的一道风景线，它开创了城市雨洪资源利用的先河。

如今，漫步或驱车在庆阳这块神奇的土地上，一泓泓山峦间荡漾的碧波，一座座高耸林立的水塔，一处处气势如虹的提灌工程，还有随处可见的集雨窖场，都流淌着生命之水、幸福之水、科学之水、和谐之水，浇灌着广袤无垠的山川大地，滋润着老区人的心田。这是庆阳水利近三十年脚踏实地、一步步艰难发展的巨变。

而这些沧桑巨变里也浸含着水利设计人员的辛勤汗水，更是凝聚和饱含了老、中、青三代水利设计人员的心血和智慧。正是水利工程勘测设计人员几十年来头顶烈日、冒严寒、斗酷暑，翻山越岭，跋山涉水、筚路蓝缕在广袤的山塬沟壑间规划测绘、定线设点、打井建塔、引流开渠、挡水筑坝、铺管供水，双脚踏遍了庆阳的山川河流沟壑；用几十个春去秋来、无数个宁静的夜晚，老、中、青三代水利人，凝心聚力，奇思妙想，呕心沥血，用智慧和汗水、用勤奋和无悔的付出，终于在一张张白纸上绘制出了一幅幅水惠万家、治水兴水的蓝图，让一泓清水润泽了庆阳—陇东黄土高原上的这片高天沃土，结出了累累的水利工程硕果。

作为一名多年奋战在水利设计事业战线的青年战士，深刻认识到水利事业的发展迎来了治水兴水的新局面，党的十八大以来，以习近平同志为核心的党中央把治水兴水作为实现“两个一百年”奋斗目标和中华民族伟大复兴中国梦的长远大计来抓。在党中央、国务院的坚强领导下，治水兴水高潮迭起，水利工作亮点纷呈。同时，还提出了水利事业发展的目标：主动适应我国社会主要矛盾新变化和经济高质量发展要求，着力解决水利发展中存在的不平衡不充分问题，到2020年建成与全面小康社会相适应的水安全保障体系，到2035年建成与基本实现社会主义现代化相匹配的现代水治理体系，到21世纪中叶把我国建成现代化水利强国。

作为一名新时代的水利人不得不深思，面对水利事业发展的新局面，如何抢抓水利事业发展的大好机遇，践行新时代水利工作方针和治水新思路，我深深意识到：只有深刻领会习近平总书记治水兴水重要思想的丰富内涵和精神实质，发展才能方向明确、步履坚定。

（1）主动适应经济发展新常态，水利基础设施保障水平跃上新的台阶。

（2）始终坚持以人民为中心的发展思想，大规模开展民生水利建设。

（3）牢固树立绿水青山就是金山银山理念，全面落实最严格水资源管理制度，城乡水生态文明建设迈出重大步伐。

（4）坚决贯彻中央全面深化改革战略部署，蹄疾步稳推进水利重点领域改革攻坚，水治理体制机制逐步健全。

（5）紧紧围绕全面依法治国和创新驱动发展战略，加快水法治建设和水利科技创新步伐，水利公共服务能力大幅提升。

从习近平总书记治水兴水重要思想中可以深刻领会到水利发展的侧重点发生了根本性转变：以提高水利基础设施保障水平和民生水利建设为重点，同时牢固树立社会主义生态文明观，强化水生态空间管护，保障河湖生态流量水量，开展流域系统治理和生态修复，加强城乡水生态文明建设，全面推进水生态环境保护和修复，打造水清岸绿、河畅湖美的美丽家园。这就为今后水利发展指明了重点和方向。

“灌溉水渠田间过，丰收在望小康家；绿水青山绕城郭，涓涓清流进万家！”一幅绿水青山、人水和谐的优美画卷在中国特色社会主义新时代的陇原大地徐徐展开，这正是一名新时代水利人的治水兴水的中国梦，这更是千千万万水利人的中国梦！

不忘初心筑新梦，砥砺奋进正好时，
治水兴水迎好时，求实创新攀高峰，
忠诚担当水利人，兴水惠民进万家，
家国情怀中国梦，携梦前行新时代！

（庆阳市水务局　供稿）

砥砺奋进七十年　水利事业谱新篇

——定西市水利七十载回顾与展望

定西市干旱少雨，水资源短缺，自然条件严酷，水利基础设施非常薄弱。新中国成立以来特别是改革开放以来，定西市各级党委、政府坚持水利改革发展服务经济社会建设，水利基础设施日趋完善，供水保障能力有效提升。特别是党的十八大以来，全市上下全面贯彻习近平新时代中国特色社会主义思想，积极践行“节水优先、空间均衡、系统治理、两手发力”的治水思路，定西市水利工作按照建设民生水利、资源水利、生态水利三大任务要求，不断完善和提升防灾减灾、防汛抗旱、供水保障、服务民生、水资源管理和行业管理能力，为建设幸福美好新定西提供了有力的支撑和保障。

——水利基础设施明显改善。新中国成立以来，国家先后投入各项水利建设资金91亿元，共建成中小型水库21座，总库容1.06亿立方米；引水工程483处，提水工程659处，集雨水窖32.59万眼；建成农村人饮集中供水工程250处，分散供水工程12.2万处；修建防洪河堤795千米；建成机电井731处，泵站336处。建成万亩以上灌区14处，有效灌溉面积81.6万亩，发展高效节水灌溉面积16.9万亩。这些水利工程的兴建，极大地改善了农业生产基本条件和城乡供水保障能力，提高了粮食单产和总产量，在抗旱保粮和防洪减灾中发挥了非常重要的作用，为全面建成小康社会奠定了坚实基础。

——水资源保障能力显著提高。2006年11月引洮供水一期主体工程开工后，定西市组织实施了引洮供水一期支渠及配套工程，设计解决安定、通渭、陇西、渭源、临洮5县区145万城乡居民的生活用水，发展灌溉面积16.1万亩，总投资22.29亿元。工程于2010年开工建设，2014年年底基本完工，建成安定、陇通、东峪沟、西南部4项农村供水工程，定西、陇西2项城市供水工程，安定、陇西、渭源、临洮4项田间配套和12条支渠工程、16.1万亩田间配套项目，与主体工程同步通水运行。引洮供水一期工程年设计调入水量1.73亿立方米，水资源紧缺现状得到有效解决。目前，受益区176.8万城乡居民吃上了引洮水，占设计人口（145万人）的122%，18.9万亩农田灌上了引洮水，占设计面积（16.1万亩）的117.4%，有效解决了定西水资源严重匮乏的瓶颈，工程效益初步发挥。2018年，经省、市研究决定，建立扶贫和生态供水机制，在2018—2020年扶贫攻坚期间，逐年按2000万立方米、3000万立方米、5000万立方米的水量，分三年向定西境内输送扶贫和生态用水。2018年输送生态水2000万立方米，2019年输送6164万立方米，2020年力争输送1亿立方米左右。该举措维护了河道生态基流，解决了西河、关川河常年断流现象，增强了河道自净能力，改善了水功能区水质。

——农村供水保障水平明显提升。农村安全饮水一直是各级党委政府主抓的头等大事。1995年省上安排实施“121雨水集流工程”后，定西市投入1.09亿元，建成水窖20.5万眼，硬化混凝土集流场850万平方米，解决了53.52万人的饮水困难。2000—2004年，国家加大农村饮水工程建设力度，先后安排一期、二期农村饮水解困工程、氟病改水工程、抗旱应急工程投资1.87亿元，共建成集中供水工程219处；完成农村饮水水窖工程 2.6万眼，混凝土集流场175.45万平方米；解决了218乡、1004村、10.53万户、50.04万人的饮水困难。从2005年启动实施农村饮水安全项目起，截至2015年年底共建成农村饮水安全集中供水工程76处，累计完成投资13.6亿元，解决了规划内209.93万人的农村饮水安全项目建设任务。自2016年起，围绕脱贫攻坚“两不愁、三保障”农村居民吃水问题，巩固提升农村供水工程，2016—2017年已投入5.82亿元、实施15项工程基础上，2018—2019年再投入3.37亿元、实施19项工程，切实解决制约工程正常供水的不稳定因素。2020年，实施13项总投资2亿元冲刺清零后续行动项目，进一步提高农村饮水保障能力。目前，全市农村集中供水率93%、自来水普及率91%、自来水稳定通水率96%。全市农村供水以自来水供水为主、集中供水点供水和分散供水工程为辅的农村供水保障体系基本建立。

——防洪减灾能力日趋完善。相继在洮河、渭河、漳河、关川河、牛谷河、迭藏河等重点河流实施江河支流治理、中小河流治理、岷县“5.10”特大冰雹山洪泥石流灾害、岷县漳县“7.22”地震灾后恢复重建堤防工程，累计修建河堤795千米，重点城市主要城区防洪能力达到20～50年一遇标准。稳步推进病险水库除险加固工作，投入资金0.65亿元，完成了14座水库的除险加固任务。从2010年开始，投入资金0.6亿元，在6县1区实施了山洪灾害防治县级非工程措施项目（即山洪灾害预警“户户知”工程），搭建县级监测预警平台7个，乡级平台112个，建设自动雨量站433个，简易雨量站527个，自动水位站9个，自动气象监测站27个，村级无线预警广播站591个，建立了群测群防体系，基本做到了重点山洪灾害易发区监测预警全覆盖，实现了国家—省级—县级—乡镇四级数据互联互通，雨情信息自动发布，极大地提升了防灾减灾能力。

——水生态文明建设初显成效。牢固树立“绿水青山就是金山银山”理念，按照“533管治建”“五水共治”要求，全面推进水生态建设。2018年，河长制全面组建，市、县、乡河长制工作方案及7项配套制度全部建立，机构全部组建。共确定市级河长5名，县级河长79名、警长7名，乡级河长570名、村级河长3497名，搭建了从上至下的河长制工作体系，全力推动河湖长制从“有名”向“有实”转变，及时排查解决了一大批河道“四乱”、违法采砂、河道违建等方面的突出问题，确保了各项工作有人抓、有人问、有人管。从2012年开始，实行最严格水资源管理制度，下发了《定西市实行最严格水资源管理制度实施方案》，对全市2015—2030年全市县级水资源开发利用、用水效率、水功能区限制纳污“三条红线”指标执行总量控制，将目标任务分解落实到各县区，建立用水总量台账，实行取水许可制度，积极推进水资源消耗总量和强度双控行动，每年实行政府责任考核，压实县区政府主体责任。严格落实水电站最小下泄流量，37座水电站全部完成了水资源论证复核评估并批复，32座电站全部安装引泄水计量在线监测系统，并纳入省级监控平台。

——农田水利建设成果显著。改革开放以来，各级政府和水利部门加快以节水为中心的灌区续建配套与改造，通过实施引洮一期田间配套工程、中央财政小型农田水利重点县、“五小水利”、高效节水等农田水利工程建设，配套完善农田水利设施。目前，全市共建成万亩以上灌区14处，有效灌溉面积81.6万亩，发展高效节水灌溉面积16.9万亩。同时，结合农村“三变”改革，盘活农田水利基础设施“三资”，大力发展高效节水灌溉，“十三五”期间全市计划新发展高效节水灌溉面积15万亩，到2020年高效节水灌溉面积达到31万亩。

——深化水利改革有序推进。2015年，在全面摸清全市水利改革发展现状，客观分析存在突出问题的前提下，市委制定出台了《定西市关于进一步深化全市水利改革的意见》，印发了《定西市水务一体化实施方案》，进行了水务一体化改革，通过调整归并涉水职能，盘活水利存量资产，实现了资产变资金、资金变资本，组建成立了定西市水务投资（集团）有限责任公司，搭建了投融资平台。积极推进基层水利管理体制改革，7县区全部组建了“三站一队”，其中：水利建设管理站7个、水利工程质量与安全监督管理站7个、基层水利站112个、抗旱防汛服务队7个，基层水利管理体系进一步完善。同时，进一步理顺体制，对引洮配套工程，按照水源保障性骨干工程和跨县区工程由省、市管理，承担单一县区供水任务的城乡供水工程、含支渠以下的农业灌溉工程由县区管理的原则，划定管理责任范围。另外，制定印发《定西市2018年农业水价综合改革工作计划》，积极推进农业水价综合改革，完成了试点村初始水权分配并建立了台账，共颁发水权证书（试点）3758本。

——工程质量安全监管持续强化。按照“市级监管、分级管理、逐级负责”的原则，建立了职责清晰、上下协作的质量安全体系，逐级、逐层、逐人靠实工作责任，明确了县区党委、政府的主体责任，市级水务部门的行业监管、协调指导责任和县区水务部门的建管责任。按照“四制”建管要求，着重从落实项目法人责任、规范项目招投标行为、强化参建各方责任入手，不断提升建管水平。成立了市、县质量与安全监督管理站，积极推行第三方质量检测，进一步完善了工程质量安全监管体系。按照

“分级管理，分工协作，权责一致，全面覆盖”的原则，加强在建水利工程建设质量督查力度，有效提升了工程质量。开展在建水利工程市场主体行为专项整治，加强市场监管，规范施工、监理、设计等市场主体行为。通过“走出去、请进来”的方式，每年定期举办2～4次质量管理培训，进一步提升工程建设和管理人员水平。并通过历年来重点水利项目的建设，建成了一批骨干工程、培养了一批技术骨干，形成了较为完备的工程质量监管体系。

——行业队伍能力建设不断加强。全市水利系统认真开展干部队伍建设，加强干部职工政治理论和业务素质培训，切实提升全市水利干部职工技能，保障全市水利改革发展稳步推进，提高水利建设管理水平。全市共有水利单位147个，其中：行政机关8个、事业单位65个、水利企业12个、水利社会团体（用水者协会）19个、乡镇水利管理单位43个。水利从业人员2601人，其中：行政机关466人、事业单位1203人、水利企业450人、水利社会团体32人、乡镇水利管理单位265人；水利专业技术人员835人，其中：正高级工程师2名，高级工程师130人，工程师251人，助理工程师370人；水利从业人员硕士研究生14人，本科生350人，专科生514人，中专及以下1723人。

（定西市水务局　供稿）

兴水利民　造福陇南

——陇南市水利七十载回顾与展望

新中国成立以来，陇南市委、市政府认真贯彻落实中央和省上关于加快水利改革发展的一系列重大决策部署，秉持绿水青山就是金山银山的发展理念，立足陇南水利工作实际，持续改善群众取用水条件，全面加强防洪减灾工作，积极开展水土流失治理，不断加快水利基础设施建设，从严依法治水管水，全面推进河长制工作，水利发展成果惠及全市人民群众，治水兴水迈入了新时代。

一、基本情况

陇南市位于甘肃东南部，东邻陕西，南接四川，地处东经104° 01′～106° 36′，北纬32° 36′ ～34° 32′ 的中国大陆二级阶梯向三级阶梯的过渡地带和秦巴山区、青藏高原、黄土高原三大地形交汇区域，西部向青藏高原北侧边缘过渡，北部向陇中黄土高原过渡，东部与西秦岭和汉中盆地连接，南部向四川盆地过渡，整个地形西北高东南低。西秦岭和岷山两大山系分别从东西两方伸入全境，境内形成了高山峻岭与峡谷盆地相间的复杂地形。海拔在550～4187米，是甘肃省唯一的长江流域地区。陇南市属大陆性季风气候和北亚热湿润、暖温半湿润、高原湿润等气候过渡带，四季分明，温暖湿润，年平均气温5～15℃，无霜期193～256天，干旱指数1.8～2.4，年降水总量173.7亿立方米，降水量400～1000毫米，多年平均降水量622.5毫米，蒸发量在900～1300毫米，是甘肃省乃至西北地区降水最为丰富的地区之一。

陇南自然资源丰富，地形地貌复杂，地域差异明显，被地质学家李四光称为“复杂的宝贝地带”。全市辖武都区、文县、康县、宕昌、成县、徽县、西和县、礼县、两当县 1 区 8 县，195个乡（镇），3422个村（居）委会，分布着汉、回、藏、蒙等29个民族，总人口283万人。总土地面积2.79万平方千米（4175.80万亩），其中耕地面积824.2万亩（基本农田面积660.1万亩，人均耕地面积3.15亩）。2011年，全市9县（区）整体列入秦巴山区国家扶贫圈，是全国、全省最贫困的地区之一。

陇南境内有白龙江、白水江、嘉陵江、西汉水四大河流，属长江流域嘉陵江水系，在甘肃省属水资源相对丰富区。全市共有大小河流9382条，其中年径流量大于1亿立方米的河流有24条。全市水资源总量68亿立方米，占全省282亿立方米的24%，人均占有量2595立方米，水力资源可开发量260万千瓦，约占全省的1/3。但由于水资源时空分布不均，加之受自然条件的制约，陇南又是水问题比较突出的地方，干旱、暴洪、泥石流等自然灾害频繁发生，特别是干旱灾害尤为突出，基本上是“十年九旱”，对全市经济社会发展造成较大影响。

二、主要工作及成效

（一）农村安全饮水

全市山大沟深，立地条件差，大部分群众生活在干旱半干旱山区。改革开放以前，大部分群众饮用山溪、山泉水，季节性缺水问题比较突出，供水稳定性差，尤其冬春季节，群众背水驮水，争水抢水现象比较普遍，部分干旱山区群众饮用水窖水，水质较差，安全性和可靠性差，农村自来水普及率低，取用水极不方便。改革开放后，国家重视农村群众生活用水，投资兴建了一大批供水工程。尤其是2005—2012年实施农村饮水安全项目以来，全市累计建成农村饮水安全及巩固提升工程996处，稳定解决74.5 万人的安全饮水问题，农村饮水安全自来水普及率由2005年的12.7%提高到2012年的43.1%。

党的十八大以来，市委、市政府把农村群众吃水问题作为精准扶贫精准脱贫的重头戏来抓，通过持续实施农村人饮工程，基本上解决了干旱半干旱山区群众的吃水难问题。对因地理条件限制不能实施农村饮水安全巩固提升工程的地区，以户为单位兴建了一批水窖，安装了水窖净水设备。2012—2019年累计共建成农村饮水安全及巩固提升工程2788处，安装净水设备3729套，解决了51.6万户、230.5万人。到2020年年底，建立从“源头”到“龙头”的农村饮水安全体系，全面解决贫困村人口安全饮水问题，使贫困村群众喝上方便、稳定和安全的饮用水。

（二）高效节水灌溉

陇南市水利灌溉工程大部分修建于20世纪六七十年代，设计标准低，渠系配套差，工程老化严重。全市农业用水总量仅为2.6亿立方米，占可利用水量的3.8%，水资源利用率很低。全市824.2万亩耕地中，水浇地面积很小，许多地方存在“水在河中流，苗在田里旱”的现象。经过几十年的不懈努力，截至2019年，全市建有水库21座（其中：大型1座，中型6座，小型14座），总库容96942.13万立方米，灌溉面积6.53万亩。有礼县红河、苗河，西和县晚家峡3处万亩以上灌区，均为中型灌区；有塘坝64座，容积31.53万立方米，总库容6.47亿立方米；干支渠2586条，4182.81千米；水闸24座，泵站180处，窖池45155个，容积7.1891万立方米。建成灌区704处，形成了以水库、塘坝、井灌、提灌、引水渠道为骨干，渠道、管网相配套的水利建设格局。

近年来，本着水利跟着产业走的原则，把水利建设与特色产业发展相结合，在"两江一水"沿岸和徽成盆地，加快发展水浇地建设，维修配套现有水利工程设施，大力推广高效节水灌溉技术，提高了农业特色产业的质量和效益；在半山干旱区和退耕还林区，以"两亩一窖一场"的集雨节灌工程为主，兴建"五小"（小水窖、小水池、小塘坝、小喷灌、小管引）工程，积极为发展油橄榄、花椒、核桃、苹果等经济林果特色产业创造条件。"十三五"以来，全市新增灌溉面积10.47万亩，灌溉面积累计达到42.41万亩；新增有效灌溉面积7.75万亩，有效灌溉面积累计达到31.07万亩；累计建成集雨水窖（水池）3.14万眼（个）；发展节水灌溉面积5.59万亩，节水灌溉面积累计达到37.17万亩。

（三）防汛减灾

陇南市大部分地方山大沟深，沟壑纵横，地质构造脆弱，水土流失严重，为暴洪和泥石流灾害易发多发区。市委、市政府十分重视防汛减灾工作，成立了由市政府分管领导任总指挥的防汛抗旱指挥部，设立了防汛抗旱办公室，制订完善了《陇南市防汛抗旱应急预案》、9县区《城市防洪抢险应急预案》和《山洪灾害防御预案》。在全省率先建立了市级山洪灾害防治监测预警指挥系统平台和9个县级监测预警平台，建成覆盖全市9县（区）485条流域，面积2.08万平方千米的监测预警体系和群防群测体系，建成了815个自动雨量站、29个自动水位站、1749个简易雨量站、24个简易水位站、1392个无线预警广播站，发放1214台手摇报警器、1717套铜锣，监测预警体系已覆盖全市1392个行政村。全市山洪灾害监测预警指挥系统实现了与气象、国土资源、地震、建设、环保、安监等部门的资源共享，建成了陇南市自然灾害监测预警指挥系统。利用国家实施江河治理和"长治工程"等政策机遇，基本建成了市区和8县县城的城防体系，市区防洪标准达到50年一遇，县城防洪标准达到20年一遇。由于预警准确，反应快速，决策果断，先后成功抗御了2009年"7.17"暴洪灾害、2010年成县黄渚"8.12"特大暴洪等灾害，2015年康县"6.27"暴洪灾害、2017年文县"8.7"暴洪灾害、2018年"7.9"暴洪灾害、2020年"8.12"暴洪灾害，最大限度地保障了人民的生命财产安全。

（四）重点堤防工程建设

新中国成立七十年来，陇南市对嘉陵江、白龙江和西汉水等江河主要干支流和白水江、洛河、岷江等27条中小河流及福津河、游龙河、马莲河、谷峪沟等山洪沟道进行了系统治理，在全市范围内初步形成了较为完整的防洪减灾体系，累计建成各类堤防1630千米，其中达标堤防1325千米。保护全市117万人和30万亩耕地的防洪安全。

党的十八大以来，全市水利项目建设取得丰硕成果：

（1）江河主要干支流治理项目。2012—2019年，全市共实施江河主要干支流治理项目12处，争取投资6.73亿元，完成投资6.99亿元，治理河长225千米。2019年对白龙江武都区和西汉水礼县、成县段进行治理。截至9月底，共争取资金5700万元，完成投资4902万元。已治理河长11.2千米。有效保护0.82万人和1.2万亩农田的防洪安全。

（2）中小河流治理项目。2012—2019年，全市共实施中小河流治理项目42处，争取投资7.52亿元，完成投资7.27万元，建成堤防262.34千米。2019年对文县马莲河和让水河、武都区洛塘河和甘泉河、礼县峁水河和两当县红崖河、两当河等7条河流进行治理，截至9月底，争取投资9998万元，完成投资7518万元。已建堤防22千米。有效保护1.1万人和1.75万亩农田的防洪安全。

（3）山洪沟道治理项目。2012—2019年，全市共实施山洪沟道治理项目7处，争取投资6148万元，先后对宕昌县官鹅沟、康县碾坝河、文县马莲河、武都区福津河、礼县谷峪河和徽县游龙河等沟道进行治理，建成堤防22.5千米，有效保护2.35万人和2.96万亩农田的防洪安全。

（五）水土保持

由于独特的自然条件，陇南市水土流失严重，全市水土流失面积达15248.5平方千米，多年平均侵蚀模数每年为4200吨每平方千米，年侵蚀总量7400多万吨，局部地区侵蚀模数每年高达3.5万吨每平方千米。在全市占长江上游总面积2.78%的区域内，每年输入长江的悬移质约5000万吨，占长江上游宜昌站输沙总量5.15亿吨的9.7%。通过近70年的持续治理，截至2019年年底，全市水土流失综合治理面积达到10644.7平方千米，占水土流失面积的69.8%。治理小流域271条；累计兴修梯田282万亩；治理区水土流失强度降低了1～2个等级，林草覆盖率提高10%～30%以上。

党的十八大以来，全市累计治理水土流失面积9551平方千米，占水土流失总面积的62.6%。其中，累计新修梯田258万亩，发展经果林155万亩，营造水保林406万亩，种草72万亩，实施生态修复541.65万亩，兴建水保工程6176座。新建生态清洁小流域18条。据初步调查，已竣工的重点小流域水土流失面积减少70%以上，基本消灭了荒山荒坡，水土流失强度明显降低1～2个等级，林草覆盖度提高了30%～40%，森林覆盖率达到40.8%。经测算，新增各类措施年拦蓄径流19915万立方米，拦蓄效率达到71.2%；拦蓄泥沙246万吨，仅坡改梯一项，每年可减少土壤侵蚀量112万吨。随着水土流失的初步控制，治理区生态环境发生了翻天覆地的变化，昔日水土流失严重、植被稀少的荒山秃岭，如今树木葱茏，绿意盎然，已呈现出山清水秀、柳暗花明的壮丽画卷。

（六）水资源管理

全市多年平均水资源总量68.61亿立方米（其中：自产地表水资源量68.59亿立方米，地下水资源量0.02亿立方米），人均占有量2407立方米。水能蕴藏量425.76万千瓦，占全省水能蕴藏量1309万千瓦的32.5%，水力可开发量260.42万千瓦。全市境内地表水水化学类型属重碳酸盐类钙组第Ⅱ型水。重点河段达到国家地面水环境质量标准Ⅲ类水质的河段数13个，占测报河段总数的86.5%，其中：Ⅰ类、Ⅱ类优良水质河段占测报河段总数的57.5%，Ⅲ类水质河段占测报河段总数的29.0%；在13.5%的污染河段中，Ⅳ类、Ⅴ类水质河段数分别占测报河段总数的1.5%、12.0%。

2014年陇南市人民政府办公室下达了县级行政区2015年、2020年、2030年水资源管理控制指标的通知，对年用水总量、用水效率和重要江河湖泊水功能区水质达标率等指标分解下达，层层落实，将最严格水资源管理目标落实情况纳入干部绩效考核指标体系。先后制定了《陇南市河道管理实施细则》《陇南市计划用水和节约用水办法》和《陇南市水能资源开发利用管理办法》，进一步规范了河道管理和水能资源开发秩序，从宏观上科学指导水资源的合理配置和可持续利用。建立了覆盖市边界断面和关键控制断面的水资源监测计量体系，市行政区界主要控制断面监测率达到100%，实现了水资源实施监控管理。完善了取水许可管理台账制度和水量账户系统，严格落实了水资源论证和取水许可制度，对全市工业和生活用水的242户取水户核发了取水许可证。通过落实水资源有偿使用制度，充分利用价格杠杆促进水资源的节约利用。开展了长江流域取水工程（设施）核查登记工作，配合长江委检查组和省厅完成了4县区82个取水工程设施的现场核查。督促全市正常运行的164座水电站全部安装了下泄流量监控设施。通过一系列卓有成效的工作，2014年最严格水资源管理制度建立以来陇南市用水总量、万元工业增加值、农田灌溉水有效利用系数、重要江河湖泊水功能区水质达标率等控制指标均全面完成。

2014年，陇南市申请成为了全国45个水生态文明城市建设试点之一，试点主要任务是构建完备可靠的水灾害防御体系、积极有效的城乡基础供用水体系、尊重自然的健康水生态系统维护体系、多功能集成的城乡水景观体系、节水防污生产体系、适应于发展需求的水管理体系、具有陇南特色的“山水文化”体系等，涉及35个重点项目和10个示范项目，共完成投资52.35亿元。2019年8月，完成了国家级水生态文明城市建设试点评估工作，同年12月顺利完成水利部、甘肃省政府组织的验收工作。

（七）重大水利工程

新中国成立以来，对水资源进行了综合开发和利用，修建了一批大、中型水电站和水库，实施了一批城区防洪工程，有力地促进了当地经济社会的各项事业发展。

（1）碧口水电站。坝后式水电站，建成于1976年3月，工程等别为Ⅱ等，建筑物级别为2级，装机容量30万千瓦，额定水头73米，平均发电量146300万千瓦时。

（2）苗家坝水电站。坝后式水电站，2008年12月开工建设，工程等别为Ⅲ等，建筑物级别为3级，装机容量24万千瓦，额定水头99米，平均发电量92400万千瓦时。

（3）橙子沟水电站。引水式水电站，2014年8月建成发电，工程等别为Ⅲ等，建筑物级别为3级，装机容量11.5万千瓦，额定水头17.2米，平均发电量11258万千瓦时。

（4）麒麟寺水电站。坝后式水电站，2008年12月建成发电，工程等别为Ⅲ等，建筑物级别为3级，装机容量11.1万千瓦，额定水头22.5米，平均发电量44700万千瓦时。

（5）汉坪嘴水电站。坝后式水电站，2005年7月建成发电，工程等别为Ⅲ等，建筑物级别为3级，装机容量7.2万千瓦，额定水头64米，平均发电量29000万千瓦时。

（6）红河水库。山丘型水库，建设于1958年12月，工程等别为Ⅲ等中型，建筑物级别为3级，坝高30米，坝长364米。控制流域面积167平方千米，总库容2137.5万立方米。

（7）磨坝峡水库。建成于2019年6月，工程规模为Ⅲ等中型，水库总库容1790万立方米，兴利库容1040万立方米，最大坝高91.4米，设计日供水量4.75万立方米，工程设计供水人口20万人。

（8）晚家峡水库。建设于1965年4月，工程等别为Ⅲ等中型，建筑物级别为3级，坝高32.6米，坝长105米。控制流域面积62平方千米，总库容1008万立方米。

（9）陇南市区防洪工程。白龙江北岸堤防（北长江大道）：堤防全长8600米，始建于1984年，在2007年防洪区改造过程中，加高加宽了堤防，使堤顶宽度达到30米，设防标准50年一遇。白龙江右岸堤防（南长江大道）：堤防全长4000米，设防标准50年一遇。北峪河东、西堤：东堤全长1.244千米，西堤全长2.266千米，堤身为三合土或砂砾土夯筑，迎水面底部采用浆砌块石护坡，上部为钢筋混凝土护坡，设防标准为50年一遇洪水。

（八）河长制湖长制工作

2017年河长制湖长制工作推行以来，全市实行市、县、乡、村四级河（湖）长制。市委书记、市长任总河长，负责全市范围内的河流治理工作；县（区）、乡镇（街道）、村（社区）党政主要负责人任本辖区内的总河长，负责本辖区内的河流治理工作，建立了较为完善的河（湖）长制体系。全市有市级河长6人，县级河长100人，乡镇（街道）河长470人，村级河长6616人。向社会公告了河长名录，引导群众参与治河行动，接受群众监督。因河施策，开展了市级河流“一河一策”编制工作，完善了“一河（湖）一档”。设置县级公示牌101个，乡镇级公示牌114个，村级公示牌208个。开展了河流管理范围划定及岸线保护与利用规划编制工作，全市规模以上12条（段）河流、1281千米已全部完成了技术测绘和划界成果公告，公告率100%；规模以下（设县级河长）的河流81条（段）、2551千米，已完成技术测绘52条（段）、1697.5千米，完成率66.5%，已公告17条（段）、537千米，公告率21.1%。加强巡查力度，积极开展河长治河行动，针对侵占河道、超标排污、非法采砂等突出问题开展专项整治，依法制止河道乱占乱建、乱围乱堵、乱采乱挖、乱倒乱排等现象，全市水事秩序明显好转。

（陇南市水务局　供稿）

勇立潮头方显担当　接续奋斗共创辉煌

——甘南州水利回顾与展望

“十三五”以来，甘南州水务局在州委、州政府的正确领导和省水利厅的大力支持下，以习近平新时代中国特色社会主义思想为指导，坚持解放思想、实事求是、开拓创新、锐意进取，认真贯彻落实中央水利工作方针，持续推进水利发展改革工作，全州水利基础设施建设发生了翻天覆地的变化，一大批水利工程建成并投入使用。

一、民生水利取得历史性突破

紧盯全面建成小康社会宏伟目标，抢抓国家省上支持“三区三州”“两州一县”政策机遇，始终把水利脱贫攻坚作为一号工程，坚持政策向扶贫倾斜、资金向扶贫聚集、项目向扶贫靠拢，坚持一手抓行业扶贫、一手抓社会扶贫，为打赢脱贫攻坚战、巩固拓展脱贫攻坚成果奠定了坚实基础。“十三五”以来，甘南州各级政府将农牧村饮水安全作为脱贫攻坚的重要政治任务，在国家投入的基础上，积极协调有关部门统筹各类资金投入饮水安全巩固提升工程建设，累计投入3.16亿元，巩固提升1097处工程（自饮水安全项目实施以来，全州累计建成饮水工程2070处）。饮水安全率达到100%，自来水普及率达到94%，全面完成了脱贫攻坚巩固提升任务。建立健全了县级专管机构和工程管护机构，争取省级维修养护资金，保证工程建得成、管得好、用得起、长受益；开通了饮水安全举报电话，做到受理一起，办结一起。牵头制定的《甘南藏族自治州城乡饮用水安全管理条例》已由州人大颁布实施，饮用水安全管理的法律体系得到了进一步完善。在抓好行业扶贫的同时，扎实开展社会帮扶工作，针对联系村实际情况，制定了村户帮扶计划，修订完善了“一户一策”帮扶措施，选派干部脱岗开展常态化驻村帮扶工作。

二、重点水利工程有序推进

引洮入潭工程批复总投资1.84亿元，下达投资计划1.84亿元（中央预算内7400

万元，省级配套资金10958万元）。工程于2013年8月开工建设，2016年完成建设任务，2016年10月全面实现供水，解决了临潭县城及周边乡镇6.43万人的饮水安全问题。引洮（博）济合供水工程批复总投资6.397亿元，下达投资计划6.397亿元（中央预算内2.27亿元，省级配套2.6亿元，州县自筹6316万元，银行贷款8954万元），累计完成投资6.197亿元，预计2021年年底通水运行，工程建成后将解决合作市区及周边14.4万人和7万多头牲畜的饮水安全问题。黄河干流玛曲段防洪治理工程涉及齐哈玛乡、采日玛乡、曼日玛乡、河曲马场、欧拉乡、尼玛镇等一场五乡镇，工程批复总投资3.0336亿元，完成投资3.0336亿元，已全面完成建设任务，新建护岸堤防86.15千米，有效遏止了黄河玛曲段塌岸侵蚀草场的趋势，促进了流域生态保护和水生态安全。

三、水旱灾害防御能力取得明显提升

甘南州地处青藏高原、黄土高原和陇南山地相互交叉过渡地带，地形复杂，地貌多样，高寒干旱，受地形地貌、气象水文、人类活动等各类因素影响，极易发生干旱少雨、滑坡、泥石流等山洪自然灾害，呈现出季节性强、破坏性大、成灾速度快等特点。历届党委政府，水利、防汛抗旱部门高度重视，着力加强防汛抗旱和水利防灾减灾工作，把防灾减灾作为民生水利的主要内容之一提上议事日程。健全机构配备人员，加强力量，做好汛期 24小时严防值守，准确掌握旱情、雨情、汛情、灾情的监测预警预报，为领导决策提供准确信息。在工作中严格执行防汛抗旱抢险方针、政策、法规和指令，认真制定山洪灾害防御预案、防汛抗旱应急预案和水库防汛抢险预案、防御洪水方案、抢险救灾方案等并督促指导和实施。始终坚持“安全第一、常备不懈、以防为主、全力抢险”的工作方针，积极适应防汛抗旱体制改革，立足监测预报预警、水工程调度、抢险技术支撑“三大职能”，聚焦防范超标准洪水、水库失事、山洪灾害“三大风险”，着力提升水旱灾害防御水平。全州共建成459个自动雨量站、574个简易雨量站、12个自动水位站、23个图像站、10个视频站、18个水位站、826个预警广播站、237个雨量报警器、88个县级平台延伸，预警系统上传率达到95%以上。

四、水环境治理取得显著成效

甘南州地域辽阔，横跨长江、黄河两大流域，河流、水系密布。“一江三河”流域面积大于 50平方千米的河流有 245条。众多的河流为经济和社会的发展提供了丰富的水能资源，但暴雨、洪水等因水而引发的灾害也威胁着河流、沟谷沿岸群众的生命财产安全。为了保障经济社会持续发展，各级水利部门正确处理改革、发展和稳定的关系，树立绿水青山就是金山银山的绿色发展理念，在水生态环境建设方面积极探索了卓有成效的工作措施和方法。一是实行了最严格的水资源管理制度，保证了境内水资源合理、合法有序开发利用。二是强化水利部门职能、发挥水政监察作用，加大了河道管理力度，解决了河道内违规违法采砂和水电站项目业主追求经济利益不留生态水，生态流量下降的问题。三是全面实施河湖长制管理河湖水系，深入开展河湖“清四乱”专项行动、黄河“清水”专项行动，及时排查解决各类涉水问题。通过整治非法采砂场、疏通疏浚河道、设置河道围栏等措施，进一步规范了境内“一江三河三湖”及其支流水域岸线管理。全州18条规模以上河湖管理范围划定工作基本完成，规模以下河湖划界工作涉及215条河湖，划界长度5067.03千米，完成技术性工作221条、5117.7千米。四是进行中小河流治理和重要城镇、主要河段防洪工程建设。五是实施主要江河支流治理措施、山洪灾害非工程预防措施、病险水库除险加固工程措施。

五、水土保持治理取得生态效益

“十三五”以来，全州共实施国家水土保持重点工程15个，完成治理投资1.01亿元（其中：完成中央水利发展资金7065万元，地方配套资金3028万元），累计治理水土流失面积248.35平方千米；水土保持生态建设的质量明显得到改善，发挥了较好的生态效益、经济效益、社会效益，实现水土资源的可持续利用，促进了农业生态环境的健康发展；通过水土保持工程的实施，有效改善了治理区群众的生产生活条件，治理区林草覆盖率由治理前的35%提高到58%，治理区农业生态环境面貌发生了显著改观。

六、依法行政能力得到不断加强

全面开展水利工程建设、水资源开发利用和河道采砂等水行政执法检查，重点查处河道内乱采乱挖、乱倒乱堆、乱搭乱建、乱占乱放等违法行为，做到及时发现、及时制止、及时处理，确保流域生态安全、水系健康；州水务局、州公安局与州检察院联合印发了《关于进一步推进水行政执法与司法衔接工作的通知》，州水务局与州检察院联合印发了《关于进一步推进“携手清四乱保护母亲河”专项行动实施意见》，持续开展“携手清四乱保护母亲河”专项行动，严厉打击水事违法行为。认真落实工程质量监管主体责任，全面开展水利项目质量监管工作，认真构建项目法人负责、监理单位控制、施工单位保证、政府部门监督的质量管理体系，对建设、设计、施工、监理等单位质量管理体系建设情况进行全面监督检查。

回顾甘南州水利改革开放40年，成绩斐然，成果丰硕。展望未来，我们将以习近平新时代中国特色社会主义思想为指导，进一步弘扬“忠诚、干净、担当，科学、求实、创新”的水利精神，全面贯彻落实“节水优先、空间均衡、系统治理、两手发力”的治水思路，按照省水利厅工作要求和州委、州政府工作部署，在改革中创新，在创新中发展，贯彻新理念，落实新要求，注重新实践，强化新举措，不断推进甘南水利事业健康发展。

（甘南州水务局　供稿）

盛世活水铸丰碑

——临夏州水利七十载回顾与展望

新中国成立以来，临夏水利建设实现历史性跨越，科学治水方略不断完善，传统水利向现代水利加快转变，水利改革发展取得新突破，民生水利惠及广大群众，为临夏州经济社会发展提供了坚强的水利支撑和保障。

一、水利建设成效显著，支撑保障更加有效

多年来，历届临夏州委、州政府高度重视水利事业的发展，立足州情、水情，始终把发展水利事业作为改善农业生产基本条件、加快地方经济发展的关键性措施来抓，牢牢抓住国家战略机遇期，带领全州各族群众艰苦奋斗，锐意进取，进行了大规模的水利建设。截至2019年年底，全州完成水利投资196.48亿元，已建成各类水利设施1833处，其中：建成水库16座总库容60.01亿立方米，塘坝27座，淤地坝21座，水闸165座，泵站1323座；建成万亩灌区42处，发展有效灌溉面积80.4万亩，发展节水灌溉面积66.86万亩，衬砌干支渠1963.79千米，衬砌率60.4%；全州水利工程供水能力达到4.92亿立方米，实际供水量3.88亿立方米，其中地表水3.86亿立方米、地下水0.02亿立方米；建成农村集中式供水工程112处，解决了全州175.35万农村人口的饮水安全问题，农村自来水入户率达99%以上；建成标准堤防530.71千米，保护人口68.29万人，保护耕地50.18万亩；兴修梯田238.46万亩，治理水土流失面积4537.2平方千米，治理程度达到65%；建成大、中、小型水电站64座，年发电量86.15亿千瓦时，6个县（市）实现农村初级电气化，乡村通电率达到100%。初步形成了以供水、灌溉、防洪、发电、水土保持、水资源管理为主的水利体系。

二、民生水利长足发展，基础条件持续改善

临夏州历史上就是一个干旱缺水地区，群众吃水十分困难，全州各级党委、政府把解决山区人畜饮水和防病改水列入政府主要议事日程，通过修建涝池、水窖、引泉以及

兴建农田水利工程，改善了一大批人畜饮水困难状况。临夏州先后建成了临夏县北塬灌区，临夏市南川、东西川、永靖县黑方台等灌区，灌区范围内群众吃水困难问题得到低标准解决。1980年以来实施了雨水集蓄利用工程，1995年实施了“121”雨水集流工程，极大地解决和改善了项目区群众的饮水条件，全州累计完成集雨节灌水窖（池）16.3816万眼（座），解决了5.55万人、6.62万头（只）牲畜的饮水问题。从2000年开始，先后实施了全州农村饮水解困一期、二期、氟病改水和世行贷款改水工程，解决了53.64万人的饮水安全问题，自来水入户率达到34%。2005年，国家实施农村饮水安全项目，按照“实现四个转变，树立三类典型，规范建设管理”的工作思路，建设了和政县北部、东乡县董岭、永靖县盐锅峡、康乐县北部、广河县买家巷、临夏县西南片、临夏市折桥李孟、积石山县中部等27处农村饮水安全工程，解决了60.8万农村人口和2.22万学校师生的饮水安全问题，全州农村自来水入户率提高到65%。2010年以来，坚持“总体规划，规模发展，跨区域调水，按水量定规模，一次统一设计，分期分步实施”的工作思路，打破县、乡、村、社界线，实现跨区域调水，全力推进集中供水工程建设，实施了临夏县北塬，广河县中南部、北部，东乡县中西部、唐汪、永靖县西山、东山，积石山县北部五台峡、南部，康乐县中部、莲麓，和政县南部吊滩，临夏市南龙、折桥等41项农村饮水安全工程和临夏县、东乡县国开行贷款试点县项目，解决了82.36万农村人口和26.94万农村学校师生的饮水安全问题，全州农村自来水入户率达到93%。2016年以来，实施了精准扶贫建档立卡贫困村供水工程和农村饮水安全巩固提升工程，解决了康乐、广河、和政、积石山4个县的42个建档立卡贫困村的饮水不稳定问题，全州自来水入户率达到94%。2019年，扎实开展了农村饮水安全冲刺清零行动，解决了1.12万户、5.25万人未入户和4.57万户、22.82万人的供水不稳定问题，全州农村自来水入户率达到97%。同时，建成了积石山引水、引黄济临等水源保障工程，让全州各族群众喝上了安全、放心的自来水，为促进民族发展、和谐稳定和精准扶贫工作打下了良好的基础。

三、农田水利持续加强，水利基础不断夯实

多年来，临夏州农业灌溉工程实现了从无到有的突破。以柴油机为动力，建设小提灌工程，进而开始建设中小型电力提灌，建成了以永靖三塬、塔坪电力提灌为代表的引黄提灌工程和以农业灌溉为主的11座调蓄水库，总库容2692万立方米。1985年起，北塬灌区总干渠一期、二期改建、扩建工程相继开工建设，灌溉面积发展为18万亩，保障了10万人和5万头牲畜的用水。1995年11月动工建设了总投资5.91亿元的南阳渠灌溉工程，2008年12月基本建成开始试运行并发挥效益，累计灌溉农田面积30万亩，解决了东乡、广河、和政、临夏县8.23万亩的灌溉用水和东乡县13万人口的饮用水问题。近年来，按照“两改一提高”的总体要求，以中小型灌区挖潜改造为重点，大力发展节水灌溉，实施了灌区改扩建、斗渠节水改造、无土渠衬砌、1万～5万亩灌区

节水改造、“五小水利”工程、中央财政项目、公益性维修养护项目等80余项小型农田水利项目，发展有效灌溉面积80.4万亩，发展节水灌溉面积66.86万亩，灌溉水有效利用系数达到0.542，农田水利建设取得了显著成效，实现了旱地变水地的历史性变革，基本形成了粮食产量占主导地位的灌溉农业区，水地粮食产量占到全州粮食总产量的2/3以上，为保障农业生产、粮食安全以及经济社会的稳定发展创造了条件。

四、流域治理加快推进，生态建设全面加强

临夏州是黄河上游水土流失最为严重、生态环境最为恶劣的地区之一，给下游地区人民群众的生命财产安全构成了严重威胁。新中国成立以来，紧紧围绕水土保持预防监督、综合治理、生态修复、监测预报、面源污染控制和秀美家园建设六项工作，以小流域综合治理、国家水土保持重点建设、国家坡耕地水土流失综合治理试点、梯田建设为主的水土保持事业得到了迅速发展，先后组织实施了刘家峡库区水土保持综合治理一期、二期，永靖、广河、康乐、和政4县国家农业综合开发陕甘宁梯田建设项目和临夏县岗沟、东乡县王家沟小流域治理及全省500万亩梯田建设工程，水土保持投入力度不断加大，建设步伐明显加快，累计完成投资11.54亿元，治理水土流失面积4537.2平方千米，治理小流域142条，水土流失治理率达到65％，新修水平梯田238.46万亩。水土保持生态建设为控制水土流失、改善民生、服务“三农”、提高干旱山区群众生产生活条件，促进农业增效、农民增收、保障粮食安全、促进特色农业产业发展，促进全州经济发展发挥了积极作用，取得了明显的社会效益、经济效益和生态效益。

五、河道整治成效明显，防灾能力全面提升

改革开放以来，为彻底根治洮河、大夏河、广通河等河流的水患，先后建设了大夏河临夏市滨河中路、东路段堤防，黄河永靖县小川段和孔寺段堤防、洮河东乡达板舀水段和陈家段堤防，大夏河临夏市农防一期、二期，康乐县三岔河、广河县广通河、和政县牛津河和牙塘河治理等防洪工程，完成了全州10座病险水库的除险加固任务。2010年、2013年中小河流治理和江河主要支流治理项目相继启动，在全州范围内实施了和政县牙塘河大沟桥至钢厂大桥段防洪治理工程、康乐县三岔河堤防工程、积石山县银川河防洪工程等20项中小河流治理项目，以及洮河临夏州广河县新民滩至卧托段堤防工程、大夏河干流临夏县双城至马九川段治理工程等6项江河主要支流治理项目。2015年10月，开工建设了黄河临夏段防洪治理工程，先后实施了康乐县苏集河苏集段堤防、积石山县银川河居集段堤防治理等5项工程，临夏县牛津河黄泥湾段堤防工程列入灾后薄弱环节中小河流治理项目。全州累计新建

加固堤防530.71千米，保护人口68.29万人，保护耕地50.18万亩，有效减轻了临夏州重点城市、县城和部分村庄的防洪威胁，减少了洪灾损失。

六、防汛抗旱扎实有效，减灾体系逐步完善

临夏州委、州政府历来高度重视防汛抗旱工作，1984年7月，州政府成立了防汛抗旱指挥部，形成了集中统一领导、分级分部门负责的格局，持之以恒地组织干部群众恢复、整修、扩建和兴建了大量灌溉和抗旱工程设施，实施了抗旱规划引调提水项目、山洪灾害防治项目、州级山洪灾害监测预警信息管理系统和山洪灾害防治“户户知”工程等防汛抗旱项目，建成了国家、省级、州、县联网的四级信息共享平台，初步形成了涵盖全州8县（市）的山洪灾害监测预警系统和群测群防体系。改革开放以来，面对年复一年的干旱和突如其来的暴雨洪水灾害，科学分析旱情、汛情，未雨绸缪，提前部署，科学调度，坚持以水抗旱，落实防汛抗旱应急措施，积极争取防汛抗旱资金，进行了艰苦卓绝的抗灾减灾斗争，战胜了一次又一次的旱洪灾害，为全州经济社会发展和人民生命财产安全树立了一道坚实的屏障。

七、水电开发科学有序，促进经济社会发展

多年来，临夏州的地方小水电经历了从无到有、从小到大，并逐渐走向辉煌的历程。从全州第一座地方小水电站——西川民生水电站建成开始，到第一、第二、第三批电气化县建设，再到小水电代燃料和增效扩容，采取独资、合资、入股、招商引资、社会集资等多种融资形式，加快水电开发建设步伐，呈现出了强劲的发展势头。全州已建成大、中、小型水电站64座，总装机容量达到269.36万千瓦，年发电量86.15亿千瓦时，初步形成了“以国有大中型水电站为主体，地方小水电站为辅助”的产业格局，对增加全州经济总量、培植地方财源、提高区域内供电量、带动相关产业发展起到了积极的推动作用，为实施综合开发、实现节能减排、建设生态文明注入了新的活力。

八、全面推行河长制，水生态环境明显改善

河长制工作开展以来，认真贯彻落实中共中央办公厅、国务院办公厅《关于全面推行河长制的意见》，临夏州及8县（市）制定了全面推行河长制工作方案，成立了河长制办公室，制定了信息报送、督导检查、部门联系会议等制度，编印了《河长制工作手册》，建立了州、县、乡、村四级河长体系，黄河干流、大夏河等10条重点河流分别由州委、州政府分管领导担任河长，全州共确定河长1925名，配备警长50名。州、县、乡、村四级河长积极开展了巡河、认河、知河、护河、治河行动，开展巡河护河

1142人次，设置河长公示牌241块，编制完成了“一河一策”实施方案和河道采砂管理规划，全面清除了河道垃圾和各类行洪障碍物，河道非法采砂行为得到彻底遏制，河流水域岸线治理保护工作进一步加强，各主要河流基本实现了河畅、水清、岸美的目标。

九、立足新时代新起点，谱写水利发展新篇章

面对新形势，立足新起点，履行新使命，水利工作要在习近平新时代中国特色社会主义思想的指引下，紧扣州委“六抓”思路举措，全面加快建设节水型社会，完善水利基础设施建设，推进水生态文明建设，健全水利科学发展体制机制，提高民生水利发展水平，构建与全面建成小康社会相适应的水安全保障体系。“十三五”期间，全州规划实施298个水利项目，规划总投资294.59亿元，重点实施“六大”重点水利工程。实施农村供水改造提升工程，加强水源地保护、水质监测和工程运行管理水平，全面解决全州农村饮水安全不稳定问题，逐步建立从“源头”到“龙头”的农村饮水安全工程体系和供水网络，保证水量，提高水质，使各族群众喝上更加方便、稳定和安全的饮用水；实施水资源配置和城乡供水保障工程，尽快全面建成引黄济临供水工程，开工建设和广城乡供水小峡水源保障、康乐县城乡供水石板沟水源保障、临夏县城乡供水卧龙沟水源保障、东乡县城区供水等工程，解决临夏市、和政县、康乐县、临夏县、东乡县等县城、城镇的发展用水需求；实施江河主要支流及中小河流治理和水生态文明试点建设工程，完成黄河干流临夏段防洪治理工程，推进洮河、湟水河等江河主要支流及中小河流治理等工程建设，实施大夏河流域综合治理与水生态文明试点建设工程、广河县广通河、和政县大南岔河、积石山县吹麻滩河、康乐县苏集河、三岔河等水生态景观工程，新修防洪堤250千米，河道水生态修复50千米；实施防洪减灾工程，加快推进抗旱应急水源项目和防洪减灾非工程措施项目建设，建立健全防汛抗旱减灾工程体系；实施农村水利工程，大力推广管道输水、喷灌、滴灌、微灌等节水灌溉技术，实施高效节水灌溉工程，有序推进临夏市东西川、临夏县韩集、和政县达浪、永靖县等灌区配套与节水改造工程，加快广河县、和政县中央财政小型农田水利建设；实施水土保持工程，加大生态综合治理力度，加快水土流失、坡耕地、小流域治理和小水电代燃料项目建设，重点实施国家水土保持重点建设、国家坡耕地水土流失综合治理工程。

多年来，水利改革发展的辉煌成就，既凝聚了几代临夏水利工作者的心血和汗水，也为未来临夏水利的美好前景奠定了坚实的基础。我们将积极践行新时代治水兴水新思路，艰苦奋斗，真抓实干，以坚若磐石的信心、只争朝夕的劲头、坚忍不拔的毅力，谱写新时代水利改革发展新篇章，为建设幸福美好新临夏和全面建成小康社会作出积极的贡献！

（临夏州水务局　供稿）

专题篇

重大水利工程 >>>

引水润荒原　绿染景泰川

——景电工程建设发展回顾与展望

甘肃地处祖国西北内陆，水资源短缺且时空分布不均，旱洪灾害频发，资源性、工程性、指标性缺水并存，水资源始终是制约甘肃经济社会发展的主要瓶颈。位于黄河以西、腾格里沙漠南缘的景泰、古浪等县万顷荒漠戈壁，荒旱连年，百姓一贫如洗。黄河水流经这片本不适应人类生存的亘古荒漠，河低地高，无法浇灌，当地群众只能望河兴叹。解决水的问题，始终是人们最迫切的心愿。

1969年，在经济条件十分困难的情况下，中共甘肃省委重民生、察民情、顺民意、解民忧，从甘肃中部地区的实际出发，决策兴建景泰川电力提灌工程。伴随着黄河岸边的隆隆炮声，景电一期工程宣告开工建设。以李培福等为代表的老一辈景电人积极响应党和政府的号召，满怀一腔报国热血，住地窝、啃干粮、喝凉水，不畏严寒酷暑，“自己设计、自己施工、自造设备、自筹资金”，征山战水、顽强拼搏，克服了一个又一个困难，相继组织建设了景电一期、二期工程、景电二期延伸向民勤调水工程。这一跨省区、高扬程、多梯级、大流量的电力提灌工程，在方圆数千平方千米的戈壁大漠上崛起，从根本上改变了灌区人民群众生存生产生活条件，使黄河水成为造福一方百姓的幸福之水。经过50年的发展，景电工程已成为近50万人民群众脱贫致富奔小康不可或缺的重要依托；成为经济社会生态发展不可替代的命脉；成为综合指标评价突出的“中华之最”，被灌区人民誉为“救命工程、翻身工程、致富工程、生态工程、德政工程”，生动诠释了中国共产党为人民谋幸福、为中华民族伟大复兴而奋斗的初心和使命。

景电工程为灌区经济社会发展奠定了坚实基础。灌区折算面积已发展到近120万亩，超设计20%；全灌区累计产生直接经济效益213亿元，是工程总投资8.56亿元的近25倍。景电二期工程平田整地、渠系配套、植树造林等10多项田间工程，获得了联合国粮食计划署援助，质量效益得到了联合国世界粮食计划署和我国多部委的充分肯定。如今的灌区，经济蓬勃发展，社会和谐稳定，群众安居乐业。

景电工程为甘肃中西部扶贫开发提供了有力保障。景电工程建设运行以来，甘肃、内蒙古两省（自治区）的景泰、古浪、天祝、会宁、永靖、东乡、左旗等7县（旗）

向灌区搬迁移民近50万人，为灌区的发展奠定了坚实的基础。党的十八大以来，灌区坚持节水优先，合理配置资源，改造输水瓶颈，强化综合调度。向新增的古浪县黄花滩移民搬迁区、景泰县黄崖坝扶贫开发区实施供水，保证了祁连山区6.4万贫困群众搬得出、稳得住、能致富。走出大山的群众，正以崭新的精神面貌，开创新生活，奔向致富路。灌区受益县民勤县、景泰县、古浪县已经整体脱贫。

景电工程为甘肃生态安全屏障建设作出了积极贡献。百万亩灌区与蜿蜒茂盛的“三北”防护林带纵横交错，既保障了祁连山生态安全，又对武威、兰州、白银等地构建起生态屏障。为了保卫民勤绿洲、缓解石羊河流域生态恶化危机，1995年甘肃省委、省政府决策兴建景电二期工程延伸向民勤调水工程。自2001年投入运行以来，累计调水15.6亿立方米，实现了黄河与石羊河的连通，阻止了腾格里沙漠和巴丹吉林沙漠的合拢，干涸了半个世纪的民勤青土湖重现生机，形成了约106平方千米的湿地，为河西走廊战略大通道的生态安全，提供了重要的水资源支撑。今天的景泰川风小了、沙少了、天蓝了、地绿了，景电工程的生态效益得到了充分的体现。

景电工程为沿黄高扬程电灌工程建设管理积累了宝贵经验。成功研制并使用了直径达1.4米的混凝土预应力管、高扬程电力提灌泵站远程自动化控制系统、沙漠流沙区长距离大跨度输水暗渠等。总结形成了一整套高扬程电力提灌工程运行管理制度，工程效益和水的利用效率得到了明显提升。先后获得了国家级、省部级科技奖项，以及全国文明单位、最具魅力灌区等荣誉称号，被水利部确定为国家级水利风景区、国家水情教育基地，被省委确定为爱国主义教育基地。

景电工程为水利行业锻炼了建设管理队伍。锻炼成长了一批作风务实、经验丰富的干部人才；培养形成了一支工程管理、灌溉管理、机电运行管理队伍；为勘测设计、施工建设、技术攻关等，提供了重要的先行先试平台。

景电工程孕育形成了“依靠科技、敢为人先、艰苦创业、造福于民”的景电精神，成功走出了一条在贫困干旱地区建设高扬程电力提灌工程、推进扶贫开发、改善生态环境、造福灌区群众的新路子，谱写了我国高扬程电力提灌工程建设的壮丽篇章。

“共产党亲，黄河水甜。”站在新的起点上，景电人将继续坚持以习近平新时代中国特色社会主义思想为指导，不忘初心、牢记使命，改革创新、锐意进取，奋力谱写景电改革发展新篇章，为实现“两个一百年”奋斗目标和加快建设幸福美好新甘肃、不断开创富民兴陇新局面作出新的更大贡献！

（甘肃省景泰川电力提灌水资源利用中心　供稿）

引来大通水　润泽秦王川

——引大入秦工程建设发展回顾与展望

引大入秦工程基本情况

引大入秦工程是将发源于青海省木里山的大通河水跨流域调入兰州市以北60千米的秦王川地区的大型水利工程。工程跨甘肃、青海两省的四市六县（区），支渠以上渠线长达1265千米，概算总投资28.33亿元，设计引水流量32立方米每秒，年引水量4.43亿立方米，规划农业灌溉面积66万亩、生态灌溉面积7.34万亩，安置移民5.64万人，供水范围覆盖兰州、白银、景泰、皋兰、永登、天祝和兰州新区等地区，受益区人口达到200多万人。2011年2月，甘肃省政府作出由引大入秦工程承担向兰州新区开发建设供水的重大决策，标志着引大入秦工程进入了新的发展阶段。2012年8月国务院正式批复设立兰州新区，为引大入秦工程持续健康发展带来了重大历史机遇、注入了新的活力。

引大入秦工程建设成就辉煌

引大入秦工程于1976年开工建设，曾经历“两下三上”的曲折建设历程，1987年全面复工，1994年建成通水，2015年完成竣工验收。20世纪七八十年代，引大入秦工程依靠世界银行贷款，借助当时先进的水利技术手段、管理模式和管理理念，广泛运用新技术、新工艺、新材料，攻克了复杂地质条件下隧洞施工等世界性难题，创造了多个亚洲之最和世界之最。引大入秦工程是新中国成立以来甘肃省最大的外流域调水工程；是改革开放以来甘肃省第一个引进外资、国际招标、外国人参与建设的项目；是甘肃省迄今为止唯一一项被写入国务院《政府工作报告》的水利项目；是全国首批爱国主义教育基地之一，被誉为“西北都江堰”和“人工地下长河”，也被称为“德政工程、民心工程、生存工程和发展工程”。

引大入秦工程是甘肃省改革开放成果的一个“名片”；是世界银行贷款援建项目的样板，其建设成就载入史册。由日本（株）熊谷组承建的全长15.7千米的盘道岭隧洞，为当时国内和亚洲最长的输水隧洞；由意大利CMC公司承建的30A、38号两座隧洞，在国内率先采用世界最先进的双护盾全断面掘进机（TBM）施工，创造了日成洞进尺75.2米和月成洞进尺1400米的纪录；先明峡倒虹吸长524.8米、最大工作水头107米，水磨沟倒虹吸长567.96米、最大工作水头65.5米，由两根直径2.65米的钢管并排组成；庄浪河渡槽全长2194.8米，横跨庄浪河、兰新铁路、312国道及汉、明长城遗址，为国内长大渡槽之一。

引大入秦工程主要包括渠首引水枢纽、总干渠、东一干渠、东二干渠、电灌分干渠、黑武分干渠、61条支渠和分支渠、石门沟水库、英武水库、尖山庙水库、武川水库和永久管理设施等，具体为：①总干渠全长86.81千米，其中渠首引水枢纽1座，隧洞33座75.14千米，渡槽9座0.98千米，倒虹吸2座1.01千米，明（暗）渠9.68千米，节制退水闸7座，排洪渡槽及车桥15座；②东一干渠自总干渠香炉山总分水闸分水，由原永登县东干渠改扩建而成，长49.97千米；③东二干渠自总干渠香炉山总分水闸分水，长54.31千米；④东二干电灌分干渠自东二干渠桩号39+239.20处分水，全长18.67千米；⑤黑武分干渠自东二干渠末端开始，长44.87千米；⑥支渠和分支渠61条，总长766千米；⑦调蓄水库4座，分别为石门沟水库总库容630万立方米、英武水库总库容310立方米、尖山庙水库总库容90万立方米、武川水库总库容840万立方米。

引大入秦工程综合效益显著

近年来，紧紧围绕灌区脱贫攻坚和农民脱贫致富、兰州新区开发建设及兰白都市圈发展、供水区生态环境改善“三大用水需求”，引大入秦工程管理局始终把增强工程运行的可靠性、输水供水的安全性作为头等大事，建立健全各项管理制度，落实各级安全管理责任，工程实现了安全运行目标；以扩大供水总量为突破，以提升工程综合效益为目标，着力优化供水结构，努力开拓供水市场，非农供水与农业供水比例从1 ： 9调整为4.5 ： 5.5，水费收入逐年稳步提升，2019年完成引水量2.93亿立方米，实现各类供水收益6136万元，为工程通水以来最高水平。引大入秦工程累计向灌区及周边城镇供水42亿立方米。工程的建成运行实现了国务院提出的“改变秦王川地区农业生产条件、改变贫困面貌、安置贫困山区移民”的“三大”目标，同时工程的生态效益、社会效益和经济效益逐年提升，为兰州新区开发建设、兰白都市圈经济社会发展提供了强有力的水资源支撑和保障。

——历史性地改变了灌区农业生产条件。引大入秦工程使秦王川昔日旱砂田变成了水浇地，彻底摆脱了靠天吃饭的历史，粮食亩产量由通水前的60千克提高到400千克，人均占有粮食由通水前的300千克提高到600千克；特色种养业有了一定规模，初步形成了多业并举的农业综合发展新格局。以兰州新区秦川镇榆川村为例，共有蔬菜大棚320座，有效面积达300亩，种植辣椒、茄子、豆角、番瓜、西红柿等。农产品一半供应秦川镇和新区市场，一半供应东部、和平、安宁桃海市场，产供销服务正在加速完善。2015年榆川村荣获甘肃省“美丽乡村”称号，2016年被评为甘肃省文明村。

——历史性地提高了灌区人民生活水平。引大入秦工程的建成通水解决了主灌区40万人和20多万头（只）大小牲畜的饮水困难，特别是为宕昌、东乡、永靖、天祝及永登、皋兰、榆中、七里河等县（区）贫困山区搬迁的5.64万移民摆脱了贫困、解决了温饱、开辟了致富途径。人均住房面积由原来的14平方米增加到近30平方米，农民人均纯收入由178元提高到2019年的10000元以上，有力地助推了供水区脱贫攻坚致富奔小康的进程，人民生活水平得到显著提高。

——历史性地改善了区域生态环境。随着灌区和兰州新区生态绿化面积的不断扩大，区域生态面貌发生了可喜变化，渠路田间防护林网建设逐年发展，造林20多万亩，森林覆盖率由通水前的0.8%提高到15%以上，小气候明显改善，风沙天气逐年减少；降雨量由通水前的280 毫米增加到现在的350毫米。昔日“十里不见树”“电杆比树多”的荒塬，如今变成了“粮田万顷、瓜果飘香”的新型灌区和“绿树成荫、湖光水色”的生态秀美新区。特别是近年来，兰州新区按照打造“产业强城、生态绿城、多湖水城、现代新城”的战略思路，坚持生态建设与产业发展、城市建设同步推进，以建设宜居宜游的绿色活力新城为目标，着力优化生态环境，大力推进生态文明建设，全力发展绿色产业，开展土地绿化和生态环境保护提升工程，全面实施道路绿化、绿化造林、空闲地复绿、生态修复等各项绿化工程，城市绿地率达到35%、达到国家园林城市标准，空气优良天数达330天以上。自2012年8月国务院正式批复设立兰州新区至今，这短短的7年时间，一座绿色生态、产城融合的现代化新城正在古老的秦王川大地上崛起。

——有力促进了兰州新区经济社会持续健康发展。水是生命之源、生产之要、生态之基。水利是现代农业建设不可或缺的首要条件，是经济社会发展不可替代的基础支撑。没有引大入秦工程，就没有兰州新区，更没有兰州新区的快速发展。近年来，兰州新区依托引大入秦工程强有力的水资源支撑，积极践行新发展理念，紧抓“一带一路”建设、新时代西部大开发、黄河流域生态保护和高质量发展等战略机遇，各项动能快速释放、综合效应加速显现，新兴产业加快培育，实体经济快速发展壮大，绿色化工、新材料产业、先进装备制造、大数据产业、新能源汽车、生物医药等现代产业迅速崛起发展，呈现出经济高质量快速发展、生态环境优美的崭新局面，2019年地区生产总值增长18.5%，成为西北经济最活跃的地区。

引大入秦工程发展前景展望

引大入秦工程是中国水利工程建设的经典之作，是甘肃水利人弘扬“人一之我十之、人十之我百之”甘肃精神的时代产物；不论是过去、现在，还是将来，在区域经济社会发展中具有不可替代的重要地位和作用。未来5～10年，引大入秦工程力争供水总量达到设计目标，水费收入突破1亿元，供水结构不断优化，工程运行安全可靠，经过齐抓共管、共同奋斗，努力走出一条质量更高、结构更优、效益更好、优势更强的发展之路。

（1）质量更高。工程运行的可靠性保障率进一步提高，运行管理的信息化现代化程度更高。

（2）结构更优。做大供水增量，盘活供水存量，用好、用活、用足、用优水资源，供水结构比例更趋合理。

（3）效益更好。统筹协调供水区生态效益、社会效益、经济效益的有机统一，水资源利用率对效益增长的贡献率逐步提高，工程的公益属性更加显现。

（4）优势更强。水资源优势、区位优势、人力资源优势、宝贵精神财富优势充分释放巨大潜能。

“雄关漫道真如铁，而今迈步从头越。”引大入秦工程在新时代的新征程上，将继续以习近平新时代中国特色社会主义思想为指导，认真学习贯彻习近平总书记对甘肃重要讲话和指示精神，深入落实“节水优先、空间均衡、系统治理、两手发力”的治水思路，贯彻落实新发展理念，以强化工程安全运行为主线，以保障“三大用水需求”为重点，以扩大供水总量为突破，以提升工程综合效益为目标，以全面从严治党为保证，以弘扬引大精神为动力，着力提高科学化信息化现代化管理水平，为兰州新区开发建设、兰白经济区发展和供水区全面建成小康社会提供强有力的水资源支撑，不断开创新时代引大高质量发展新局面，为加快建设幸福美好新甘肃作出新的更大的贡献！

（甘肃省引大入秦水资源利用中心　供稿）

坚守初心　接续奋斗

——引洮工程回顾与展望

陇中之地，多旱少雨，墚峁沟壑，拗陷突兀。党中央、国务院一直牵挂着这里的父老乡亲，引洮工程伴随着新中国进步而诞生并砥砺前行。2013年2月3日，习近平总书记专程来到引洮供水一期工程总干6号隧道进口工地，实地考察工程建设情况，并就工程建设作出重要指示："引洮工程是造福甘肃中部干旱贫困地区的一项民生工程，工程建成后可解决甘肃六分之一人口长期饮水困难问题，工程的建设具有非常重大的意义。民生为上、治水为要，要尊重科学、审慎决策、精心施工，把这项惠及甘肃几百万人民群众的圆梦工程、民生工程切实搞好，让老百姓早日喝上干净甘甜的洮河水。"

一、初心不改筚路蓝缕，栉风沐雨滋润九畹

"缺水干旱是制约甘肃经济社会发展和人民生活改善的一个重要难题"，以定西、会宁为代表的甘肃中部地区年平均降水量300～400毫米，蒸发量却达到1500毫米以上，是降水量的5倍。人均可利用水量只有全国平均水平的6%。每遇旱情，禾苗枯萎，水窖干涸。历史记载中，大旱成灾之年，民众逃荒求生，苦不堪言。水资源严重匮乏导致气候干燥，土地贫瘠，焦灼的村庄、绵延的山峦、厚重的黄土，似乎一切都在渴盼甘露泽润。打开尘封的历史，勾起的是辛酸的记忆，看到的是多年来陇中人民为水而奔的画面。

洮河发源于甘肃、青海两省交界的西倾山北麓，由南向北流经甘肃碌曲、永靖等12个县，一路汇聚飞瀑流溪，滚滚滔滔直落刘家峡水库，多年平均径流量49.2亿立方米，润泽陇原。然而，地形复杂、沟壑密布的甘肃中东部，地高水低，望水兴叹。"引洮河清流、解陇中之渴"成了甘肃的世纪之梦。

20世纪50年代，甘肃省委做出了引洮河水上陇东董志塬的决定，动员了全省十几万民工投入工程建设。1961年，终因财力、物力、技术条件的限制全线停工，引洮工程被迫下马。1992年，甘肃省委、省政府将引洮工程列为甘肃中部地区扶贫开发的重点

项目重新启动。2002年9月18日，国务院总理办公会议通过了《引洮工程项目建议书》。2006年7月5日，国务院常务会议审议通过了《引洮项目的可行性研究报告》。

二、使命担当脚踏实地，与时俱进争创一流

2006年11月22日，甘肃历史上最大的跨流域调水工程——九甸峡水利枢纽及引洮供水一期工程拉开建设的序幕。工程建设协调领导小组成立，并组建甘肃省引洮工程建设管理局（以下简称“省引洮建管局”），承担工程建设的组织管理工作。

引洮工程建设备受各界关注，甘肃省委、省政府高度重视，主要领导多次深入工地调研指导，省引洮项目协调领导小组多次召开会议，研究解决重大问题，省水利厅加强督促协调，受益区市县各级政府和人民群众大力支持、积极参与，骨干工程和田间配套工程同步建设，全面推进。

省引洮建管局作为项目法人单位，肩负职责使命，主动担当作为，按照“一流工程、一流管理、一流质量、一流效益”的要求，带领广大党员和全体职工，团结拼搏、锐意进取，扎根崇山峻岭，坚守荒郊野外，克服难以想象的困难，以愚公移山的精神，完成了历史重任，铸成了时代丰碑。

科学、高效、有序的工程质量、安全和进度管理体系为引洮供水一期工程建设固本强基。省引洮建管局把质量控制作为项目建设的根本，从源头上严把“入口关”，先后制定了80多项管理制度；工程建设坚持“公开、公平、公正、依法、择优”的原则，通过公开招投标，确定了甘肃省水利水电工程局、中铁十三局、中国水电四局、意大利CMC公司等国内外优秀的施工企业；在施工过程中监督跟进严把“标准关”，建立了专家咨询、项目法人、设计、监理和施工单位会商机制，全面贯彻“政府监督、法人负责、监理控制、企业保证”四级质量管理制度，环环相扣、层层把关，认真落实“三检制”和“报验制”；切实加强现场管理，重视对驻地监理的管理，严格执行监理程序，确保对重点工程部位、关键工序、隐蔽工程执行全过程的旁站监理，使工程质量始终处于良好的受控状态；深入开展工程质量“回头看”活动，坚持定期和不定期的质量巡查，召开现场检查评比会，及时总结通报施工质量情况；严把物资供应关、工程材料进场关、质量验收关，对工程质量达到立体式、全方位有效管控。

省引洮建管局把安全管理贯穿始终，制定防灾减灾应急预案，定期排查安全隐患，落实安全生产责任，创建文明工地，连续3年被甘肃省水利厅评为“全省水利安全生产工作先进单位”，工程建设期间从未发生重大质量安全事故。严格投资控制，实行民主决策，严把合同管理、财务管理、设计变更、签证索赔、概算调整等关口，建立跟踪审计、监察监督机制，严格落实党风廉政建设和反腐倡廉各项规定，有效控制项目建设投资，确保了工程安全、资金安全和干部安全。

引洮工程总干渠3号隧洞长13.3千米，穿越西秦岭山地与陇西黄土高原，最大埋

深773米，隧洞掘进中发生岩溶管道压力涌水，最大涌水量达到1640立方米每小时。建设者采取“堵排结合、以排为主的”的抢险措施，历时12个月奋战，艰难通过涌水段。

引洮工程总干渠9号隧洞长18.3千米，是第一长隧洞，在22个月的隧道掘进机（TBM）的施工中，科学管理、全力攻坚，数千名建设者放弃节假日，常年奋战在工地一线，冒酷暑、抗严寒，承受着地质灾害多发等压力，不断攻克难点，创造了双护盾TBM掘进月进尺1464米的国内纪录，实现了施工的高科技、高速度、高质量。

15号隧洞是处于饱和水的黄土隧洞，在施工中遇到冒顶塌方、突泥、涌水等地质灾害。通过新增两个平支洞，实施洞内排水、洞外地表降水、长大管棚法、固结灌浆等综合措施，突破了危险洞段，实现了全线贯通。

2012年年底，引洮工程总干渠96千米的18座隧洞贯通17座。7号隧洞全长17.29千米，是引洮总干渠第二长隧洞，施工中遭遇了罕见的涌水涌沙地质灾害，成为引洮总干渠全线贯通的“拦路虎”，被国内专家称为“世界性地质难题”。在这最艰难的时刻，习近平总书记视察引洮工程，叮咛水利部领导派出专家解决工程难题，勉励甘肃把这项惠及几百万群众的民生工程、圆梦工程搞好。总书记殷切期望感人至深、催人奋进，成为引洮工程建设中最响亮的动员令。引洮工程建设者没有辜负总书记嘱托和期望。经过专家组现场勘察论证，决定采取“冻结施工”方案解决涌水涌沙地质灾害，攻克了引洮工程遇到的“世界性地质难题”。2014年10月7日，引洮工程7号隧洞终于贯通。水平冻结和垂直冻结，创造了国内大型水利工程在240多米以下首次进行隧洞冻结施工的先例。7号隧洞施工中采用国内自主研发的单护盾TBM岩石掘进机，在进口段12千米的掘进中，创造了月进尺1869.4米的世界纪录。经过数千名建设者8年的艰苦鏖战，引洮总干渠18座隧洞全线贯通。

三、百年圆梦陇原欢庆，继往开来再谱新篇

2014年12月28日，引洮供水一期工程开始通水试运行，这项永载陇原水利史册的世纪工程，感动现场数千名建设者和当地群众。工程沿线的老百姓翘首以待，鸣放鞭炮，年逾古稀的老引洮人含泪相迎。

清澈、甘甜的洮河水从九甸峡出发，进入100多千米长的地下长河（总干渠），流经18座隧洞，跨越洮河、渭河、祖厉河3个流域，穿越西秦岭山地、兴隆山、马衔山山地及陇西黄土高原，注入定西市安定区内官水厂。奔腾千万年的洮河，改变了以往自然流淌的方式，陇原儿女用科技的力量，以坚忍不拔的斗志谱写了时代的华章。

引洮工程从九甸峡水库引水，设计流量32立方米每秒，加大流量36立方米，引洮供水一期工程建成总干渠109.42千米，3条干渠145.58千米，18条支渠214.87千米，

2条城市供水专用管线28.43千米。配套建成内关、首阳、马河、麻家集、东峪沟、新堡子、河坪、兴隆等8个水厂，发展灌溉面积19万亩，总投资50.16亿元，解决了定西市、白银市、兰州市所辖7县区225万人口的生产生活用水。为受益区脱贫攻坚，实现小康插上腾飞的翅膀，也为建设幸福美好新甘肃注入蓬勃生机与活力。

问渠那得清如许，为有源头活水来。引洮供水一期工程为灌区内农业发展插上了翅膀，19万亩农田种植结构已开始大幅调整，果树栽培、蔬菜和中药材种植取得明显效益，一些种植养殖大户迎来了前所未有的致富机遇。定西市安定区鲁家沟和陇西、通渭部分受益乡镇养殖业、庭院经济发展势头良好，用水量也在不断增加。依托引洮工程效益，白银市会宁县全面启动蔬菜产业建设，全县蔬菜种植面积规模达10万亩以上。各地大力推进经济林、生态林供水，加快水生态文明建设，加快水土流失治理，加强水源涵养和生态修复，实现经济林、生态林节水灌溉，引洮水源覆盖区林业经济方兴未艾。

让这项民生工程惠及沿线更多群众，是省引洮建管局的奋斗目标。2019年年初，省引洮建管局党委通过调研和分析研判，利用引洮工程向安定关川河、会宁祖厉河、临洮东峪沟、渭源秦祁河、陇西大咸河、榆中宛川河、兴隆峡输送生态扶贫水。可持续循环利用水资源彰显绿色发展理念，生态输水充分发挥了引洮工程综合效益，极大改善了受益区沿线河道流域生态环境，遏制了地下水位快速下降的趋势，并逐渐回升，为区域人居环境改善，城乡发展、建设水清、岸绿、景美的幸福河湖注入了强大动力。2019年9月27日，天水市城区引洮供水工程通水，清冽甘甜的洮河水穿山越岭进入天水，不仅从根本上解决长期困扰80万天水城区人民生活质量和发展的用水问题，而且为把天水建成省域副中心城市、建设幸福美好新天水提供坚强的水利支撑。

踏遍青山人未老，敢教日月换新天。甘甜的洮河水正在开启焦渴山川的生命之源，冲洗荡涤着“苦甲天下”的历史尘烟，汩汩的清泉伴随千家万户的欢歌笑语，描绘出新时代锦绣田园的美好画卷。生机盎然的蔬菜基地，丰收在望的千亩果园，规模壮观的养殖场……如今的陇中大地处处欣欣向荣，演绎着人水和谐发展的精彩故事。未来，引洮工程的公益性、基础性和战略性地位必将进一步显现，必将在推动黄河流域治理保护和高质量发展、建设幸福美好新甘肃中发挥更大作用，作出更大贡献。

（甘肃省引洮工程水资源利用中心　供稿）

流域综合治理

绿色疏勒河的“生态画卷”

——疏勒河流域生态环境保护工作回顾与展望

初秋的河西走廊，天高云淡，瓜果飘香。

位于库姆塔格沙漠边缘的敦煌西湖自然保护区，新归束的河道里河水翻滚奔流，涌向玉门关外，引来荒漠野生动物前来饮水和迁徙的候鸟停歇。

这一幕生态优先、绿色发展的景象，是疏勒河水利人加强流域生态环境保护的一个掠影。截至目前，已累计向下游河道和自然保护区排放生态水2.37亿立方米，到达双墩子断面的生态水量0.89亿立方米，提前完成《敦煌规划》下泄生态水量目标。

重任在肩，不忘初心，疏勒河流域水资源局始终牢记保护生态环境的重大使命，树立和践行绿水青山就是金山银山的理念，像保护眼睛一样保护生态环境，以实际行动贯彻落实习近平生态文明思想，全面推进水环境保护和水生态修复，写下了一篇可圈可点的“绿色文章”。

如今，疏勒河两岸的天更蓝了、山更绿了、水更清了，环境更优美了。绿色已成为疏勒河水利事业发展的“主色调”，一副水清岸绿、河畅景美的生态画卷正徐徐展开。

用最严格制度保障生态文明建设

解决日益复杂的水资源问题，实现水资源高效利用和有效保护，最根本的是要靠最严格的制度和最严密的法制，让制度成为刚性的约束和不可触碰的“高压线”。

从优化水资源调配入手，疏勒河流域水资源局牢牢抓住落实最严格水资源管理制度这个“牛鼻子”，把绿色发展理念融入水资源开发、利用、治理、配置、节约、保护各个领域，健全落实水资源消耗总量和强度双控指标体系，从制度上推动经济社会

此文刊发在2019年4月9日《甘肃日报》，曾在《中国水利报》《黄河报》刊发。

发展与水资源水环境承载能力相适应。

坚持以水定需、量水而行，科学下达“蓄、调、引、灌、放”计划，通过总库容4.72亿立方米的三座水库的联合调度，配套建设1100多千米的干支渠和4050千米的末级渠系，强化疏勒河干流地表水资源统一管理，“三条红线”约束作用充分显现，灌溉用水与生态保护、防汛抗旱与发电生产实现科学合理供水。

坚持依法治水、依法管水，积极配合地方环保和水务部门，对流域内水源保护、水土保持和环境保护开展常态化的监督巡查、专项检查和日常监测，河道日常管理规范有序，涉河项目管理更加严格，入河排污整治行动成效明显，全河流域实现了入河（渠、库）排污零排放、水污染事故零容忍管理目标。

以“全域无垃圾三年专项治理行动”为契机，以全面推行河长制为抓手，持续抓好河道环境整治，清垃圾、防污染、保水体。严格落实电站生态基流下泄保障、涉河环境卫生整治、生产废油集中回收处理等措施，积极配合地方党委政府推进农村人居环境整治，全力打造水清岸绿、河畅景美的美丽家园。

按照《地表水环境质量标准》（GB 3838—2002）评价，目前，疏勒河昌马渠首以上河段达到Ⅰ类水质，双塔水库以上河段达到Ⅱ类水质。

甘甜的水质、清新的空气、优美的环境，灌区50多万人民群众的愿望和期待正在变为现实。

在水资源利用上过紧日子

疏勒河流域属内陆干旱性气候，年平均降水量不足70毫米，蒸发量达3000毫米以上，戈壁荒漠及沙化土地占流域国土面积的67%，生态环境极其脆弱。

如何把稀缺的“生命之水”科学有效的利用起来，“挤出”生态用水排往中下游河道，是疏勒河水资源管理的头等大事。

在全民实施国家节水行动的大背景下，疏勒河流域水资源局牢固树立在水资源利用上过紧日子的思想，以创建“百亩实测、千亩示范、万亩推广”节水示范区为重点，全面落实渠道衬砌、激光平地、大地改小等常规节水措施，建成大田常规节水面积107万亩，积极推广滴灌、管灌、温室大棚等高新节水技术，新建高效节水灌溉面积17万亩，亩均节水260立方米。

作为全国7个水权试点之一和6个水流产权确权试点之一，以推进水利综合改革为重点，在疏勒河灌区确定农业用水确权面积117.4万亩，确定灌区用水控制指标5.02亿立方米，颁发水权证204本。水流产权确权试点全面完成了流域水资源和水域、岸线等水生态空间确权工作。灌区群众有了自己的水权，可以根据农作物长势合理确定灌水时间，彻底解决了以往“庄稼好种水难浇”的老大难问题。

2017年12月，疏勒河水权试点顺利通过国家验收；2019年5月，疏勒河水流产权确权试点通过水利部和自然资源部的评估，为全国干旱区水资源合理利用和水利改革发展提供了可复制、可推广的成功经验。

目前，疏勒河灌区共建成698个斗口计量点，安装87孔测控一体化闸门和28个干渠主要分水口雷达水位计水量，集成近年来建成的斗口水量实时监测系统、示范区全渠道控制系统以及水权交易平台等子系统，实现了“一张图、一个库、一门户、一平台、一张网”的信息管控平台，全灌区104个协会、16.37万人、121万亩农田灌溉用水实现了自动观测、自动传输、自动存储以及电脑、手机APP终端查阅水情功能。灌区老百姓打开手机，就可以随时随地查询实时水量，计量精度实现了从“厘米级”到“毫米级”的递进。

随着“阳光水务”的广泛普及，“互联网+水务”管理的全面推行，“十日会”、水务公开、行风评议等措施的有效落实，灌区用水群众真正用上了“明白水”，交上了“放心钱”。2019年4月，疏勒河昌马灌区被水利部、国家发改委评为全国8个“区域灌区水效领跑者”之一。2019年10月，疏勒河灌区被中国灌区协会评为“最具时代精神的魅力灌区”。

通过一系列高效节水、科技兴水举措的落地见效，疏勒河灌区水资源利用效率和效益不断提升，把有限的水资源节约出来，在确保灌区老百姓生产生活用水需求的同时，最大限度保障中下游生态用水，改善流域生态环境。

疏勒河流域正在绿起来美起来

自古以来，疏勒河流域就是丝绸之路的必经之地，她将两岸星罗棋布的绿洲串联起来，孕育出举世闻名的敦煌文化，被誉为“敦煌的母亲河”。

为解决好敦煌生态问题，2011年7月，国务院批复了《敦煌水资源合理利用与生态保护综合规划》，投资12亿余元，治理疏勒河水系，阻止库姆塔格沙漠东侵。

在疏勒河河道恢复与归束工程建设现场，一道宽30米、深3米的“人工河道”由东向西延伸，从双墩子至玉门关建成了一条近100千米的“水上长城”，将疏勒河水连绵不断地输送到敦煌西湖国家级自然保护区。工程建设四年多来，近千名工程建设人员在敦煌西北的荒漠戈壁顶酷暑、冒严寒，加班加点、风雨无阻，保质保量完成了建设任务。

目前，总投资12.3亿元的《敦煌规划》疏勒河干流项目主要项目建设内容已基本完成，完成灌区节水改造面积102.78万亩，改造干、支渠411千米、建筑物1236座，恢复与归束河道90.01千米。

注重抓好生态环境保护项目的“源头”管理，把严格落实环保法规贯穿到水利工作的各个方面，为《敦煌规划》疏勒河河道恢复与归束、双塔水库除险加固等一批重点水利工程项目，办理了环境影响评价报告、生态影响专题报告、水土保持方案等涉及环保方面的前置手续，以环保政策法规的刚性约束确保水利工程项目发挥好生态效益。

按照《敦煌规划》中“水源绿洲稳定、经济生态均衡”的布局要求，自2013年以来，累计向下游输送生态用水27.8亿立方米，年平均下泄水量5.1亿立方米，达到了《敦煌规划》确定的双塔水库下泄生态水量指标，实现了“北通疏勒”规划目标。

着力在“增绿”“护蓝”上下工夫。近五年来，通过水利工程向玉门市、瓜州县城市绿化区、人工湖、防风林带提供生态用水2.85亿立方米。疏勒河流域内的敦煌市成功举办了三届丝绸之路国际文化博览会，玉门市成功创建国家园林城市，玉门市玉泽湖公园、瓜州县草圣故里文化产业园跻身国家4A级旅游景区行列。

如今，疏勒河水沿着归束的河道一路西行，已流过玉门关。河道两岸和下游自然保护区内的天然植被进一步恢复，胡杨、红柳、野生枸杞、罗布麻、芦苇、骆驼刺等植被已形成规模，鹅喉羚、红隼、天鹅等国家一级、二级野生保护动物和候鸟在中下游湿地内迁徙、繁衍……

2017年12月，疏勒河作为全国干旱区河流代表，成功入围首届寻找十条“最美家乡河”榜单。2019年10月和11月，疏勒河流域生态建设成效先后被中央电视台《新闻联播》栏目和《人民日报》宣传报道。

伴着建设“丝绸之路经济带”的劲风，疏勒河流域交出了一张“生态画卷”，迈上了共建美丽中国的生态发展之路。

（甘肃省疏勒河流域水资源利用中心　供稿）

长河潮起浪有声

——黑河流域管理局工作回顾与展望

大漠孤烟直，长河落日圆。

在祖国的版图上，第二大内陆河黑河宛如悠远的长诗镌嵌在西北腹地。千百年来，纵亘在青海、甘肃、内蒙古三省（自治区）的这条神奇长河，被刻在简牍、写入诗词、融进良田、浸透草香，滋养了绿洲、草原、古道、边塞，邂逅着卡约文化、古昆仑文化、大地湾文化、河西文化。祁连、张掖、黑城、居延……一个个锁钥名城、边关要塞、互市商道，守望着千年的烜赫繁盛、铁戈锵锵、岁序更替。

如今，伴随着人水和谐、绿色发展的大道之行，黑河光风转蕙、欢歌千里，成为青海、甘肃、内蒙古三省（自治区）重要的生态之基，丝绸之路经济带的天赋水脉，沿河人民生生不息的执本之要。

浸蘸着生态“笔墨”的黑河水资源统一管理与调度工作伸展向新的诗和远方。

一、昨　日　之　痛

作为一条跋涉在干旱缺水地区的内陆河，水是绿洲荒漠的分隔线，是流域千年繁落的主宰者，亦是黑河自身存亡赓续的“源代码”。

西汉时期，黑河流域修渠筑坝、开荒种地初有记载，“人民炽盛，牛马布野”的同时，水事纠纷、黄沙漫卷频频出现在地方史志之中。

清朝雍正年间，川陕总督年羹尧借军力强权首定黑河“均水制”，但其要旨是戍边屯田，维护封建王朝的统治。沿袭200多年，虽然一定程度缓解了黑河中下游用水矛盾，但激烈的争水纠纷犹如“周期率”终而复始、反复上演。

中华人民共和国成立后，推行现代“均水制”，通过协商协调对甘肃省分水方案进行数次调整，有力促进了黑河流域经济社会发展和人口恢复性增长。

由于水资源禀赋先天不足，工农业发展需水量不断增加，“剪刀差”越来越大，黑河无力承受日益沉重的负荷。

尾闾西、东居延海于1961年和1992年先后干涸，下游河道断流时间不断拉长，直至1999年发展为200多天，唯一生长在沙漠的乔木树种胡杨在下游分布面积锐减近6成。

与此同时，腾格里和巴丹吉林两大沙漠犹如两只“巨钳”步步合拢，夹缝之中的黑河苦苦挣扎。

传诵于众多千古名句之中的大漠长河、弱水流沙恐有湮灭之虞，下游居延绿洲即将成为继罗布泊之后又一个“生命禁区”。

更为严重的是，生态环境的劣变衍生出一系列问题，黑河尾闾额济纳地区成为我国沙尘暴的重要策源地，影响范围波及西北大部和华北北部。

1999年，中央电视台新闻调查节目《沙起额济纳》的播出，使国人为之震惊、世界舆论哗然。《新华词典》（2000年版）将沙尘暴与光缆、互联网、千年虫等新生名词一并收录其中。

二、世　纪　春　早

黑河流域出现的严重生态危机和水资源问题引起了党中央、水利部的高度重视。

一场拯救黑河的“战役”由此拉开，我国第二大内陆河迎来水复其畅的历史机遇。

1999年1月，中央机构编制委员会办公室批复，同意成立水利部黄河水利委员会黑河流域管理局（以下简称“黑河流域管理局”）。

2000年1月26日，黑河流域管理局在甘肃省兰州市挂牌成立，时任水利部黄河水利委员会（以下简称“黄委”）主任鄂竞平出席挂牌仪式；6月18日，黄委成立《黑河水资源问题及其对策》研究工作领导小组，鄂竞平担任组长，主持开展研究工作，提出了黑河流域综合治理“三步走”的思路；11月18日，水利部在北京召开《黑河水资源问题及其对策》专家座谈会，高度评价该报告。

2001年2月21日，国务院第94次总理办公会议，专题研究黑河流域生态问题，通过《黑河水资源问题及其对策》报告，决定开展流域综合治理，实施水资源统一管理与调度；同年8月3日，国务院正式批复《黑河流域近期治理规划》。2004年8月，水利部批复《黑河流域东风场区近期治理规划》。两项规划共安排138个单项工程，合计投资逾27亿元。

三、绿　色　之　路

面对缺乏控制性调蓄工程、调度手段单一、地方干群不理解等一道道“拦路虎”，新生的“黑河人”立即奔赴调水一线，深入分析黑河水资源时空分布规律，开创性利用上游集中来水和中游农业灌溉的间歇期，采取“全线闭口、集中下泄”和“限制引水、洪水调度”等措施，倾力向下游输水。

时间真实见证了黑河腊尽春归的坚实足履。

2000年8月21日，黑河历史上第一次干流省际调水指令发出；10月3日断流多年的下游额济纳旗河段恢复过流。

2002年7月17日和9月22日，黑河下泄水头两次流入睽违10年之久的东居延海，最大水面面积达23.8平方千米。

2003年，成功调水到达西居延海，如期实现国务院要求的逐年增加正义峡下泄水量，到2003年达到国务院分水方案要求的正义峡下泄水量指标。

多舛长河迎来新生，至此仅用3年时间就实现了国务院第94次总理办公会议确定的分水目标。

2004年，黑河水量调度由应急转入常规，周期由半年转为全年，并提出“确保如期完成水量调度任务，确保调水进入东居延海”目标。

2005年，东居延海历史性实现全年不干涸。

2006年，东居延海首次春季进水，生态功能部分得到恢复。

2008年，黑河水量统一调度由常规调度跃升至生态水量调度，提出生态调度指标体系，努力使有限的水资源发挥最大生态效益。

2009年，水利部以部长令的形式颁布《黑河干流水量调度管理办法》，黑河调水有了第一部“量身打造”的部级规章。

2011年，《黑河流域近期治理规划》和《黑河流域东风场区近期治理规划》安排的建设内容全部完成。

长河不舍，凯歌未央。

2016年，流域人民翘望已久的黑河干流首座控制性骨干工程黄藏寺水利枢纽开工建设。同年首次开展融冰期水量调度，实现春季下游东、西河两次全线过水。

2017年，黑河流域管理局首次召开一般调度期水量调度工作会议，该调度年黑河下游断流天数仅为12天，为有资料记载以来最少。

2018年，正义峡、狼心山断面下泄效果，均创统一调度以来最好。还是这一年，黄藏寺水利枢纽实现工程截流，转入全新建设阶段。

2019年，黑河流域生态水量精细化调度模型项目领导小组成立，精细化水量调度实践开启。进入额济纳绿洲水量为统一调度以来同期最多。

四、河　韵　流　长

风雨兼程二十载，初心使命永不变。

20多年来，在党中央、国务院的亲切关怀下，在水利部、黄委的有力指导下，在黑河流域管理局和流域各方的共同努力下，黑河生命归来、重绽芳华。

20多年来，黑河调水走出了一条流域统一管理与区域管理相结合，断面总量控制与用配水管理相衔接，统一调度与协商协调相促进，集中调水与大小均水相统一，联合督查与分级负责相配套的西北内陆河调度新模式。

20多年来，黑河以它并不充沛的水量为两岸及流域相关地区经济社会发展、国防边防稳固、生态文明建设、民族团结和谐、扶贫脱贫攻坚提供了有力支撑。

20多年来，通过黑河水资源统一调度与合理配置，流域供水安全基本保障，下游生态环境恶化趋势有效遏制，区域生态环境明显改善，产生了巨大的综合效益。

（1）黑河健康生命有效维护。实施统一调度后，下游狼心山断面年均断流天数由之前5年的平均250天减少到平均120天，近5年平均断流天数45天，2017年断流天数仅为12天，为有资料记载以来最少。2000—2019年累计进入下游（正义峡断面）水量229.11亿立方米，累计进入额济纳绿洲（狼心山断面）水量128.81亿立方米，年均6.44亿立方米，较20世纪90年代年均增加2.91亿立方米，东居延海实现连续15年不干涸，为下游绿洲用水提供了保障。

（2）流域生态环境明显改善。上游黑土滩和草地沙化治理项目区草地盖度增加近30%，水源涵养能力明显增强。中游基本形成以农田林网和防风固沙林为主体、带片网点相结合、渠路林田相配套的综合防护林体系。下游地下水位普遍回升，沿河两岸濒临枯死的胡杨、柽柳得到抢救性保护，以胡杨林、草地、灌木林为主的绿洲面积增加近200平方千米，东居延海水域面积常年保持40平方千米左右，栖息鸟类90余种6万多只。东风场区生态环境更加优美，神舟飞天、天宫逐梦、长空砺剑，苍穹星汉潋滟黑河灵韵。

（3）水资源配置更趋合理高效。全面落实最严格的水资源管理制度，坚持红线意识和底线思维，在优先保证流域生活用水的基础上，有效控制中游地区农业水量，坚决保障航天发射和国防试验用水，更加注重沿河地区脱贫攻坚用水需求，不断加大中下游生态用水比重。进入下游绿洲水量（狼心山断面水量）占莺落峡断面年度来水量比例由统一调度前的两成增加到四成左右，近几年在植被生长关键期（每年4月、5月）配水近1亿立方米。通过水资源的合理高效配置，有力保障了流域供水安全、粮食安全、生态安全、国防安全、边防安全。

（4）地区发展方式更可持续。按照习近平总书记提出的“节水优先、空间均衡、系统治理、两手发力”的治水思路要求，突出节水优先的先行先导作用，倒逼流域地区经济用水结构和产业结构调整。中游张掖市作为我国第一个节水型社会试点地区，率先开展农业综合水价改革，积极调整农业种植结构，成为国内最大的玉米制种基地，较种植小麦每亩增加收入1500元左右。下游额济纳旗绿洲生态系统恢复，有效促进了当地旅游产业和边贸经济的繁荣，2019年旅游人数达810万人（次），是2000年的271倍，实现旅游综合收入78亿元。策克口岸2018年全年进出口货物1413.1万吨，创口岸开关26年来历史新高。

五、幸 福 和 谐

作为黑河“代言人”，黑河流域管理局将以习近平总书记“9·18”重要讲话精神为总纲领，围绕建设幸福河目标，立足长远、因地制宜，奋力打造幸福黑河。

（1）积极推动黑河保护治理提档升级。做好顶层设计，补齐战略短板。开展打造黑河流域保护治理升级版研究工作，力争推动一批生态保护修复、深度节水控水、提升流域管理能力的重点项目先期实施。结合流域实际和发展趋势，举全力推进《黑河流域综合规划》修订与批复，系统谋划新阶段黑河保护治理发展体系、思路举措。

（2）持续发力补齐发展短板。

1）精细化开展水量调度。加快研发水量精细化调度模型，开发应对枯水期黑河水量调度模型，实现流域水量精细化调度和科学配置。

2）强化薄弱环节，补齐水利工程短板。举全局之力，推进黄藏寺水利枢纽建设，确保2022年按工期建成，尽早发挥控制性骨干工程的调蓄作用加快流域生态保护和修复工程建设步伐，加大下游河道整治力度。

3）加快“智慧黑河”建设，补齐信息化短板。开展“智慧黑河”编制工作，开发黑河一个库、一张图和智慧黑河管理平台。

（3）统筹推动行业强监管。

1）落实水资源最大刚性约束，强化水资源监管。加强中游地区用耗水量监测，严格取水许可审批，实施深度节水控水行动；摸清下游地区生态水量配置合理性；开展黑河生态水量调度后评估、黄藏寺水库调度运行方式等研究。

2）建立监测体系，强化河湖监管。加快完善流域取用水和生态监测系统，为流域水资源管理和调度提供支持。

3）提升综合管理能力，强化监督职能。加大黄藏寺工程质量和安全生产监督，做好小水库督察、水闸工程运行监督；加快黑河流域立法工作，近期推动《黑河水资源管理与调度条例》立法工作，远期争取出台《黑河流域管理条例》；改进水利投资监督管理，提高投资管理水平和投资效益。

（4）积极培育黑河文化。认真贯彻落实习近平总书记在黄河流域生态保护和高质量发展座谈会上关于传承保护弘扬黄河文化的有关精神，大力弘扬“忠诚、干净、担当，科学、求实、创新”的新时代水利精神。启动《黑河志》编纂工作，配合做好《黄河文化丛书》《黄河年鉴》编撰工作，积极打造“黑河水文化”文创品牌。

上善若水，黑河见证。

当前，黑河流域管理局正以习近平新时代中国特色社会主义思想和党的十九大精神为指引，紧紧围绕中央“十六字”治水思路，全面落实习近平总书记“9·18”讲话精神，积极践行“维护黑河健康生命，促进流域人水和谐”治理保护理念，奋力让黑河成为造福人民的幸福河。

倾听新时代的强音，逐梦新征程的荣光，散发出“生态气质”的黑河之光如日方升，令人心驰神往！

（黄河水利委员会黑河流域管理局 供稿）

石羊河流域重点治理工作及成效

石羊河流域是甘肃省河西走廊三大内陆河水系之一，位于青藏高原生态安全屏障的核心区域和北方防沙带的中心地带，下游民勤绿洲地处巴丹吉林和腾格里两大沙漠之间，犹如一只“楔子”，阻隔着两大沙漠的合拢和南移，是河西走廊乃至整个西北地区的重要生态安全屏障，具有极其重要的生态战略地位。流域涉及武威、金昌、张掖和白银4市9县（区），总面积4.16万平方千米，总人口218万人，自东向西由8条河流及多条小沟小河组成，多年平均降水量182毫米，水资源总量16.59亿立方米（其中：地表水15.6亿立方米，与地表水不重复的地下水0.99亿立方米）。流域多年人均水资源量约750立方米，为全省平均水平的2/3，为全国平均水平的1/3，属典型的资源性缺水地区。

一、石羊河流域重点治理背景

20世纪80年代到2007年的近20年里，石羊河全流域人口增加33%，农灌增加30%，粮食产量增加45%，GDP翻了约6倍，但水资源总量却减少约1%，供需矛盾不断尖锐。加之无统一的流域管理机构，各市县（区）用水各自为政，上中游大量使用地表水，致使流入下游水量锐减，下游大力抽取地下水，截至2006年年底，全流域凿井2.5万眼，其中下游民勤1万多眼；流入民勤的地表水由20世纪50年代的5.9亿立方米减少至2005年的0.61亿立方米。地下水采补失衡，水位下降10～20米，植被大面积枯死，防风固沙天然屏障蜕变，荒漠边缘以每年3～4米的速度向绿洲推进，巴丹吉林和腾格里两大沙漠在青土湖握手，出现沙逼人退局面。民勤县2万多人举家外迁，沦为生态难民，罗布泊现象不断显现，民勤绿洲面临消亡危险。

石羊河流域水资源短缺引发的生态环境恶化问题，引起党中央、国务院和省委、省政府的高度关注。2001年省委、省政府在省水利厅设立了石羊河流域水资源局（以下简称石羊河局），作为流域机构，统一管理流域水资源；2005年省政府设立以常务副省长为主任的石羊河流域管理委员会（以下简称管委会），负责宏观指导和监督、研究决定流域重点治理重大事项等工作，管委会办公室设在省水利厅，石羊河局为办事机构；2007年省人大常委会出台《石羊河流域水资源管理条例》，以法律形式确定了流域管理与区域管理相结合，区域管理服从流域管理的水资源管理体制，使流域管理走上了法制化、规范化道路，形成一套完整的水资源统一管理模式，为重点治理的实施提供了保障。

二、石羊河流域重点治理完成情况及成效

2007年12月，经国务院同意，国家发改委、水利部批复《甘肃省石羊河流域重点治理规划》（以下简称《规划》），投资47.49元，通过实施水资源配置保障、灌区节水改造、生态移民试点、水资源管理措施等治理任务，实现农民增收和区域经济社会可持续发展。截至2020年年底，重点治理累计完成投资47.91亿元，150个单项工程已全部建成。

经过10多年艰苦奋斗，重点治理任务全面完成，新建西营河专用输水渠50.3千米、景电二期向民勤渠延伸段20.9千米；武威、金昌、景电二期灌区累计改建干支渠1516.24千米，完成田间节水改造面积296.98万亩；实施民勤湖区、祁连山水源涵养林区生态移民2.4万人；建成水资源调度管理信息系统和2座技术技能培训基地，安装地下水计量设施1.96万套。治理工程和措施得到全面落实，《规划》确定的两大约束性目标，2020年民勤蔡旗断面过水量2.9亿立方米以上、民勤盆地地下水开采量0.86亿立方米以内，分别提前8年和6年实现。石羊河示范河湖建设项目2020年顺利通过水利部验收，流域重点治理被评为2020年全国基层治水十大经验之一。

（一）用水总量明显减少。2020年，全流域用水量24.25亿立方米，比2006年减少3.55亿立方米，减幅12.8%。2020年全流域地下水开采量7.32亿立方米，较2006年减少4.28亿立方米，控制在《规划》确定的目标以内。

（二）用水方式明显转变。通过水权水价杠杆撬动、高新技术试验示范推广、大规模宣传教育，节约用水理念深入人心。流域内发生了生产方式由粗放式向精细化转变，用水由大水漫灌向高效节水转变，由单纯追求经济效益向既追求经济效益又追求社会和生态效益转变。

（三）产业结构明显优化。流域三次产业结构比例由治理前的15 ∶ 58 ∶ 27调整为现在的20 ∶ 37 ∶ 43，三产比重明显加大，经济结构不断优化。单方水GDP由11元增加到37元，经济效益明显提升。

（四）生态环境明显改善。大力实施退耕封育、恢复荒漠植被等生态保护工程，累计人工造林306.56万亩，压沙造林222.76万亩，封育371.37万亩。干涸51年的下游民勤青土湖自2010年重现水面以来，连年扩大，到2020年年底扩大到26.7平方千米，旱区湿地达到106平方千米。

三、下一步工作打算

石羊河流域重点治理的成功实施，初步解决了流域水资源开发利用极不平衡、地下水超采严重等突出问题，初步遏制了生态环境恶化趋势。但因自然条件所限，经济社会高质量发展需求，以及重点治理的阶段性和应急性特征，目前仍存在一些困难和问题，流域绝对水量不足、水利基础条件薄弱、资源性缺水问题严重，是制约流域经济社会高质量发展的最大瓶颈。

习近平总书记于2013年和2019年两次视察甘肃时指出，“特别要实施好石羊河流域综合治理和防沙治沙及生态恢复项目，确保民勤不成为第二个罗布泊”，要“加强生态环境保护，努力构筑国家西部生态安全屏障”。为深入贯彻落实习近平总书记的重要指示精神，在重点治理的基础上，省水利厅党组着眼于未来流域发展对水资源、水安全、水环境的高要求，2020年谋划实施“石羊河流域综合治理项目”，编制了《石羊河流域综合治理框架研究》，初步提出：融入黄河流域生态保护和高质量发展战略，落实“水利工程补短板，水利行业强监管”总基调，在进一步节约用水的前提下，以“生态优先，绿色发展”为理念，以水为主线，围绕上游祁连山水源涵养保护、中游水资源集约节约利用、下游水生态治理、外流域调水补给的思路，实施山水林田湖草沙统筹的石羊河流域综合治理，构建国家西部生态屏障区和高效节水示范样板区、生态农业及循环经济示范区，为流域乡村振兴提供有力的水利支撑。

（甘肃省水利厅石羊河流域水资源利用中心　供稿）

水企改革

“组合拳”打出水利融资新段位

——甘肃省水务投资有限责任公司

甘肃省是全国严重干旱缺水的省份之一，区域型、资源型、工程型缺水问题突出，水利基础设施建设欠账较大，加之省级及多数地方政府财政比较困难，投入水利基础设施建设的资金严重不足，并且随着全省各地经济社会的快速发展和脱贫攻坚行动的深入推进，各地缺水难题更为突出，相应的投资需求越来越大。如何保障甘肃省重大水利工程资金需求，破解融资难题，全面推进甘肃省水利事业是摆在大家面前的一个现实问题。

2012年9月，经甘肃省政府常务会议研究审定，同年10月省委常委会议原则同意，整合甘肃省引洮水利水电开发有限责任公司及省内部分水利优质经营性资产，组建成立甘肃省水务投资有限责任公司（以下简称“甘肃水投”），主要承担全省大中型水利工程项目法人职责，负责为全省重大水利项目开发建设提供投融资保障、开展投融资服务和省政府授权的水利水电工程建设、管理、运营及经营范围内的国有资产保值增值，开展城市供水、水权经营、水土保持、水利旅游开发、水环境治理以及水利工程施工、代建，节水科技研发、水利工程信息化等业务。2013年2月，甘肃水投正式注册成立，注册资金50.8亿元。从成立之日起，甘肃水投就肩负起保障全省重大水利工程融资的重要功能和职责。六年多来，甘肃水投公司秉承“以水为本、服务社会”的企业宗旨，扛牢省级水利投融资平台的使命担当，充分发挥投融资职能，按照“做活融资机制、做实投资项目、做大存量资产、做强资本实力”的思路，坚持培育和拓展水利融资渠道，打出了水利融资的组合拳，用实际行动努力完成了省委省政府和全省广大人民赋予的使命和责任。

内外兼修自创“组合拳”破难题

（1）打基础——重点建立项目融资机制。利用公司作为水利工程项目法人的良好信用和已审批项目的资本金及预期收益，通过银行贷款间接融资，及时保障水利工程建设。做实做活公司建设运营的水利水务项目，分单项和整合打包做项目直接或间接融资，盘活存量资产，利用现金流收益及预期收益等财务资源，用好国家深化水利改革的有关支持政策，为拓展企债、私募、中票、租赁等多途径直接融资渠道打好基础，积极对接甘肃省发改委、省水利厅发行政府专项债等；完善PPP融资模式，利用政府资本对合作项目的注入，由公司对接或自筹社会资本，加上地方政府的特许经营权政策，提高项目融资发展能力。

（2）练内功——盘活现有存量资产融资。根据各地对水利投资的需求，通过与地方政府开展水务一体化合作经营，整合、盘活市县水利存量资产，壮大公司资产规模，扩大现金流收益及预期收益，通过市场机制促进水价改革，激活水资源的商品属性，解冻水价固有体制下的冰封状态，建立水商品价值与价格市场调整机制，发挥政府调控补贴与企业合理收益互补的作用，以提升产业负债融资经营能力，促进供水基础产业项目融资建设和良性运营发展。

（3）提修为——有效利用企业信用融资。充分利用自身优势创造良好的信誉，与各金融机构进行对接洽谈，争取贷款授信，以满足各项业务的拓展；与国家开发银行、农业发展银行等政策性银行和兰州银行、甘肃银行等商业银行进行深度合作，建立企银互助机制，形成及时、便利、充足的资金供应链。

（4）借外力——充分利用国家金融政策。协调地方政府联合申请承接专项债券，特别是中共中央办公厅、国务院办公厅印发《关于做好地方政府专项债券发行及项目配套融资工作的通知》，“开大前门、堵住后门”，为地方举债融资建设基础设施创造了条件，甘肃水投将继续抢抓这一机遇，积极争取。

（5）拓渠道——不断丰富融资模式。2020年10月，甘肃水投利用下属子公司已建成的天水市城区引洮供水工程作为租赁物，与下属子公司作为联合承租人，采取融资租赁方式筹集资金7.5亿元，并将首批到位的4.6亿元全部用于补充公司在建和新建的水务一体化基础设施项目建设资金缺口，其中包括天水市、平凉市、武威市、庄浪县、华亭县等市县（区）污水处理厂提标改造等生态产业项目，有效解决了公司水务基础设施项目建设投资资金短缺问题，融资渠道也得以不断拓宽。

重拳出击服务民生水利显身手

（1）专注国家政策性专项建设基金。2015年8月，由国家发展和改革委员会同国家开发银行、农业发展银行、邮储银行等三家金融机构共同设立国家专项建设基金（即国开发展基金和中国农发重点建设基金），用于支持重点领域项目建设，具体方式是由政策性金融机构国家开发银行、农业发展银行向中国邮储银行定向发行专项建设债券，中央财政按照专项建设债券给予贴息，国家开发银行、农业发展银行利用专项建设债券筹集资金设立专项建设基金，采用股权和债权方式投入，用于限定范围的项目资本金投入、股权和债权投资。截至目前，由甘肃水投及子公司共承接19.32亿元，其中：国开/农发基金公司以公司资本金（注册资本金）入股甘肃水投及子公司资金共计10.24亿元；国开/农发基金公司以委托借款方式项目贷款4亿元；各县（区）平台公司承接国开/农发基金转由子公司使用资金3.98亿元。

（2）心系农村安全饮水。2013年6月，为加快推进甘肃省扶贫开发进程，解决农村饮水安全工程建设资金整体投入不足的问题，甘肃省委省政府决定依托国家农村饮水安全项目，整合扶贫、饮水安全等项目资金，以财政资金为杠杆，撬动信贷资金投入，将财政资金和信贷资金结合起来，放大资金总量，利用国家开发银行贷款加快贫困县农村饮水安全工程建设，确定临潭、临夏、武山、两当、山丹、通渭、东乡等7个县先行试点，采取试点先行、以点促面的方式推进全省农村饮水安全项目建设与管理工作。截至目前，共计贷款16.77亿元，其中国家开发银行7.77亿元，农业发展银行7.19亿元，兰州银行1.81亿元。

（3）情系水利扶贫开发。运用多种筹资方式发挥“组合拳”作用：古浪黄花滩调蓄供水工程概算投资7.1亿元，公司共争取中央和省级补助资金1.37亿元，省、市、县三级地方政府承担项目资本金1.6亿元，政府专项债券1.5亿元，由甘肃水投担保古浪供水公司通过农业开发银行承接PSL贷款1亿元（利率4.45%）。“组合拳”的运用，为工程建设顺利实施提供了有力资金保障，有效降低了融资成本，减轻了运营压力，提高了项目收益。

通过内外兼修，甘肃水投这套“组合拳”把甘肃省水利融资工作段位提高到了一个新高度，也让甘肃省水利事业改革发展和重大水利工程建设全面开花。截至目前，公司累计申报并承接国家政策性专项建设基金（国开/农发建设基金）19亿元；落实项目贷款额度85亿元，其中全省农村安全饮水项目贷款16.7706亿元、天水城区引洮供水工程项目贷款8亿元、兰州新区石门沟2号和3号水库项目贷款3亿元、引洮供水一期榆中县配套工程和榆中县和平镇城镇供水工程项目贷款8亿元，引洮供水二期配套城乡供水工程项目秦安县、静宁县、甘谷县项目贷款额度27亿元。

（甘肃省水务投资有限责任公司　供稿）

传承使命创辉煌　蓄势扬帆再远航

筚路蓝缕启山林，万丈豪情奋翮行。1958年，四海水利英才积极响应国家建设大西北的号召，汇集陇原英才组建成立了甘肃省水利水电勘测设计院，绘制蓝图、引水调水、开渠灌溉、润泽陇原。60多年来，甘肃省水利水电勘测设计院有限责任公司（以下简称省水电设计院）始终坚持改革活院，服从全省水利改革发展大局，为全省经济社会健康快速发展提供了有力支撑和保障。

60多年砥砺奋进，60多年春华秋实。60多年来，省水电设计院全面贯彻落实中央和省委省政府关于国资国企改革的部署和要求，在探索中前行，持续深化改革，先后经历了事业单位企业化改革、企业深化改革等多个改革发展阶段，完成了资源整合、业务集成等工作，实现了由小到大、从弱到强的华丽转变，取得了一系列改革成就。2008年，甘肃省政府批准省水电设计院改制为由省水利厅作为主管部门的全民所有制企业，标志着其正式全面走向市场。2017年，改制脱钩划转至省政府国资委，并正式更名为"甘肃省水利水电勘测设计研究院有限责任公司"。2018年，按照中央和甘肃省委、省政府关于国资国企改革的政策精神和安排部署，先后划转至甘肃国投集团公司、甘肃工程咨询集团股份有限公司，跟随甘肃工程咨询集团整体上市，走上新的发展道路。

坚守初心艰苦创业，打造人才聚集高地。建院初期技术资料匮乏、设备装置简陋落后、工作条件极其艰苦。几经改革发展，一代代省水电设计院人秉承和发扬"坚持科学、实事求是、认真勘察、精心设计"的理念，接续奋斗、实干苦干，使得企业成为全省唯一一家以水利水电工程为主的国家甲级综合性工程勘察设计企业，持有工程设计、工程勘察、工程测绘、工程咨询、工程监理、水土保持、水利工程质量检测等13项甲级资质，新能源、建筑工程等多项乙级、二级资质证书，具有承担大中型水利水电、光伏发电、风力发电、城乡供水等工程的规划、勘测、设计、监理、科研、咨询的能力和丰富的实践经验，在省内处于行业引领者地位。从全国同行业地位来看，公司处于中上游位置，在省级设计院中排在第一梯队。通过吸引优秀人才、自主培养内部力量，公司人才队伍力量逐步壮大。目前，全院共有从业人员1157人，其中：正高级工程师46人，高级工程师346人，中级职称249人，涌现出领军人才、设计大师等一大批优秀专家，成为全省水利水电技术人员聚集的人才高地。

持之以恒辛勤耕耘，全力发挥全省水利改革发展智库支撑作用。多年来，省水电设计院始终站位全省经济社会发展大局，充分发挥智库作用，服务全省水利建设。在全省水利改革发展中，先后完成了各个时期水利发展规划、流域水能规划等综合规划和专项规划编制，为全省水资源合理开发利用、水利水电工程建设布局绘制了科学蓝图。圆满完成了以景泰川电力提灌、引大入秦、疏勒河农业综合开发、九甸峡水利枢纽、引洮供水工程、盐环定扬黄等为代表的重点水利项目，以洮河九甸峡、黑河西流水、黄河柴家峡等为代表的上百座水库电站项目，以石羊河、黑河、疏勒河、党河为代表的流域综合治理项目，以及全省大江大河、中小河流防洪治理、病险水库除险加固、大中型灌区节水改造、大中型泵站更新改造等数百个项目的勘测设计，为省委、省政府推动水利事业健康有序发展和全省重点水利水电工程建设，提供了强有力的智力支撑和技术保障。

高度重视传承创新，技术不断取得新突破。历经60多年的创新发展，省水电设计院积累形成了以高扬程大流量提灌、大型跨流域调水、大型灌区及移民综合开发、长距离穿越沙漠调水、流域水资源综合利用及生态治理、高面板堆石坝、梯级水电站、新能源等为代表的八大独具特色的勘察设计优势技术；1978年以来先后获得省部级以上技术成果奖220多项，其中国家级科技进步奖5项，国家优秀设计奖2项；坚持合作共赢、多元发展的理念，不断拓展新的业务领域。参与了南水北调中线工程、深圳东部供水工程、广西大藤峡水利枢纽、黄河干流防洪等全国和全省具有重大影响的监理工作，实现了监理业务社会声誉和经济效益的双赢；重视技术传承，全面完成重大项目技术总结；大力推动信息化、数字化建设，顺应技术发展潮流，大力推动信息化、数字化建设，公司承担的天水曲溪城乡供水工程BIM协同设计在首届全国水利行业BIM应用大赛中获银奖，在甘肃省第二届BIM技术应用大赛中获设计组一等奖；积极推动办公信息管理系统建设，自主开发了项目管理系统、薪酬管理系统、考核系统，大大提高了公司运转效率。

秉承精心服务理念，市场化经营机制更加灵活高效。在改革发展中，坚持转变经营思路、优化市场布局，经营更加主动积极。加强政策研究，抢抓时代机遇，聚焦战略落实。围绕国家实施脱贫攻坚、乡村振兴、黄河流域生态保护和高质量发展、“一带一路”等国家战略，积极谋划开展高标准保障城乡生活和重点经济区供水安全、筑牢国家西部生态安全屏障、全面提升防洪安全保障水平等综合业务前期工作，坚定不移推动公司业务从传统水利向现代水利转变，促进业务转型升级。坚持“走出去”的发展思路，不断耕耘省外市场，在新疆、重庆、湖北、广东、江西等省（自治区、直辖市）区域不断取得业务突破，市场影响力不断扩大。推行公司领导和经营人员市场划片负责制，制定奖惩激励制度，经营人员积极性大大提高。坚持开放包容、合作共赢的发展理念，与多家大型国有企业开展战略合作，共同谋求发展机遇，夯实发展基础，扩大市场占有率；在持续做好传统优势业务的同时，不断加大水环境综合治理、水土流失治理、园林景观、新能源、移民监督评估、EPC工程总承包等新型业务的培育，延长产业链，做宽市场面，综合实力不断增强。

积极构建现代企业制度，公司运营更加规范。持续深化内部改革，对标上市公司管理要求，完善管理体制机制，积极推进内控体系建设，建立健全现代企业制度。着力固根基、扬优势、补短板、强弱项，从公司实际出发，尊重历史，坚持与时俱进，注重借鉴行业经验，全面修订完善各项规章制度，编制完成内部控制手册，构建完成了系统完备、科学规范、运行有效的制度体系，使制度更加成熟更加定型，公司治理进一步规范。构建的公司职业发展体系、薪酬绩效管理体系、组织和岗位体系，为公司职工打通了多序列职业上升通道。实施股权激励，大大激发了干部职工干事创业的激情，公司发展焕发出勃勃生机。

稳妥解决历史遗留问题，公司发展活力不断迸发。坚持兴利除弊、改善民生，下决心解决多种经营的历史遗留问题，整合各分院，对多种经营四个实体实行“关、转、停、并”，委托专业机构对各实体进行了清产核资和审计，安置富余职工，清理整顿院劳动服务公司、甘肃天成装潢公司、甘肃江河物业管理有限公司等非主业企业，使多种经营有序退出市场，减轻了主业负担。切实增强解决历史遗留问题工作的责任感和紧迫感，坚持问题导向，按照党中央、甘肃省政府国资委要求，推动“三供一业”分离移交，剥离企业办社会职能，完成公司6个职工家属区的分离移交，取得积极成效，极大地提升了企业运转效率和活力。

一以贯之加强党建，企业文化不断丰富。多年来，始终坚持党的领导，高举党的旗帜，把党的建设贯穿到企业发展的方方面面，始终用党的最新理论武装干部职工思想，切实履行管党治党政治责任，努力营造风清气正的良好政治生态。党的十八大以来，深入开展党的群众路线教育实践活动，“三严三实”专题教育、“两学一做”学习教育活动和“不忘初心、牢记使命”主题教育活动，自觉在思想上政治上行动上同以习近平同志为核心的党中央保持高度一致。以培育和践行社会主义核心价值观为主线，大力开展精神文明建设和企业文化建设，加强员工思想道德教育和人文关怀，员工的凝聚力、向心力不断增强。以重大时间节点为契机，举办形式多样的文体益智活动，丰富职工生活。积极履行社会责任，圆满完成环县合道乡陶洼子村和舟曲县东山镇石家山村脱贫攻坚工作。在“8·8”舟曲特大山洪泥石流等重大灾害面前，勇于担当、积极作为，提供坚强技术保障。通过履行脱贫攻坚、灾害抢险等一系列社会责任，历练了干部职工，对外展示了良好的企业形象。

省水电设计院能够取得以上改革发展成就，离不开国家的谋篇布局和省委、省政府的坚强领导，也凝聚着几代省水电设计院人的聪明智慧和辛勤汗水。正是一代代水电设计院人忠诚事业、献身水利、志若磐石的坚强毅力，才取得如今的成绩；也正是一代代水电设计院人同心同德、群体奋斗，才为水电设计院明天的腾飞奠定了基础、插上了翅膀。

当前，国资国企改革加快推进，全省深化水利事业改革和实施重点水利工程进入关键期。省水电设计院作为甘肃水电勘测设计的龙头企业，必将只争朝夕、锐意进取，百尺竿头、更进一步。深入贯彻习近平新时代中国特色社会主义思想和党的十九大及历届全会精神，全面落实“创新、协调、绿色、开放、共享”的新发展理念和“节水优先、空间均衡、系统治理、两手发力”的治水思路，紧扣时代脉搏和全省大局，坚持传承和创新并进，坚定不移从传统水利向现代水利转变，积极适应生态水利、智慧水利、数字技术、项目多元、跨界合作的新变化、新要求，开创发展新机遇、谋求发展新动力、开拓发展新空间，取得改革发展新成就，为全省水利改革发展作出新的更大贡献。

（甘肃省水利水电勘测设计研究院有限责任公司　供稿）

砥砺五十年　奋进新时代

黄河流经甘肃900多千米，千百年来居住在黄河两岸的甘肃儿女望水兴叹，饱受洪涝干旱之苦。为解决农业用水和干旱问题，1969年10月，景泰川电力提灌一期工程（以下简称景电一期工程）动工建设，从四面八方汇集而来的建设者们，白手起家，艰苦创业，组成了水利水电建设大军——甘肃省水利水电工程局（以下简称甘工局）。在极其艰苦的条件下，为兴修水利，一批批甘工局人顶烈日、战风沙、住地窝、睡草铺，风餐露宿、忍饥挨饿，用最简陋的工具，肩挑手推，靠着艰苦奋斗、顽强拼搏、甘于奉献的精神，在一片不毛之地的腾格里沙漠上建成了亚洲第一个大流量、高扬程的提灌工程，实现了“两年上水、三年收益、五年建成”的奋斗目标，使千百年来干旱缺水的景泰川变成一片绿洲，发挥了显著的经济、社会和生态效益。从那时起，甘工局人光荣而自豪地擎起了甘肃水利水电建设铁军的旗帜，鏖战广袤的陇原大地，为甘肃水利水电建设事业做出了重大贡献。1978年5月，时任兰州军区政委的肖华在视察景电一期工程灌区后感慨万千，乘兴赋诗：“荒凉风沙滩，滴水贵如金；人奋牵黄水，地喜见甘霖。条田郁葱葱，林带青蒙蒙；铁牛织锦乡，陇上花正红”。

五十年来，甘工局及时调整企业战略，绘制发展蓝图。计划经济年代，甘工局主要完成省内水利水电建设的指令性任务。1975年，随着景电一期工程的建成，靖远兴堡子川提灌工程、张掖龙渠水电站、岷县刘家浪水电站等中、小型水利水电工程项目也相继开工建设，甘工局人踏着景泰川的足迹，以水利水电建设主力军的姿态进军大河、山川。从景泰川戈壁荒漠到祁连山峡谷，从大通河畔到洮河、白龙江流域，艰苦跋涉的施工足迹遍布陇原大地。他们以最快的速度、最短的时间、最佳的质量，高效安全地完成了各项施工任务，续写了甘肃水利水电建设史上光彩的一页。党的十一届三中全会以后，恢复建设的景电二期工程、引大入秦工程，为企业的发展注入了新的活力，同时也面临从计划经济向市场经济转轨的全新考验。随着建筑市场和水利行业改革的不断向前推进，施工项目招标制、项目法施工管理等一系列改革措施开始实施。刚刚走向市场经济的甘工局，遭受到了经营的压力和转型的阵痛，在此后的多年时间里，习惯于计划经济模式的企业没有把准国家政策的脉搏，进入到一个较长的低谷期，在央企和民企的夹缝中艰难生存，个别年份实现产值不足亿元。但这支从戈壁滩上成长起来的队伍没有被眼前的困难吓倒，以顽强的毅力在困境中奋起。2010年，面对施工任务不足，生产经营滞后的现状，新一届领导班子及时调整经营思路，转变思想观念，不等不靠，主动适应市场，参与市场竞争，做出了“立足甘肃、拓展西北、走向全国”的战略决策，以崭新的姿态，面向市场，迎接挑战，大力实施区域经营发展，先后开发拓展了青海、新疆、宁夏、山西等省（自治区）水利水电建筑市场，分支机构遍布全国29个省（自治区、直辖市），大大提升了社会知名度和水利行业的市场信誉度。

五十年来，甘工局逐步壮大自身实力，追求做优做强。从曾经结构单一的水利水电专业施工队伍发展成为具有水利水电工程施工总承包壹级，公路工程、建筑工程、机电工程施工总承包贰级和专业测绘、建筑试验、混凝土试验、岩土试验甲级、公路试验乙级等资质的综合性大型国有企业。注册资本金从6000多万元增长到现在的1.5亿元，总资产15.43亿元，各类施工设备1289台（套），价值1.93亿元。现有职工1402人中936人拥有各类专业技术职务，其中高级专业技术人员189人、中级专业技术人员297人、初级专业技术人员450人，一级建造师75人，二级建造师291人。2015年被原国家工商局授予“重合同、守信誉”企业、水利部批准为安全生产标准化一级企业；2017年获得了全国水利建设市场主体信用评价AAA级。稳居省内规模最大、实力最强的龙头地位，成为具有丰富施工经验、能够承建各类大中型水利水电、公路、机电安装等工程的施工力量。

五十年来，甘工局全力提升施工业绩，树立企业形象。几代甘工局人坚定不渝的忠于党和国家的水利事业，以苦为荣、无私奉献，舍小家、为国家，克服一切艰难险阻，在环境恶劣、条件艰苦的大漠戈壁、深山峡谷屡建奇功，所建工程遍及甘肃、青海、新疆、宁夏、山西、内蒙古、四川、湖北、广东等省（自治区）。承建了以甘肃景电提灌、引大入秦、疏勒河灌溉、引洮供水和尹中、兰海高速公路，青海湟水北干、贵德拉西瓦灌溉、金沙峡水电站，新疆呼图壁齐古水库、阿勒泰乌拉斯特水库、于田吉音水利枢纽、萨尔托海水利枢纽，山西中部引黄，宁夏宁东供水等为标志的各类水利水电、公路及其他工程1000余项。承建的多项工程荣获大禹奖和省部级金质奖、银质奖、飞天奖、优质工程等奖项，其中景泰川电力提灌溉工程被誉为高扬程大流量的“中华之最”；甘肃省昌马水库枢纽工程、景电二期延伸向民勤调水工程荣获大禹奖；钢筋混凝土箱形暗渠全断面钢模台车衬砌荣获国家级施工工法，多项施工技术荣获国家和省部级科技进步一、二、三等奖，省级工法及“QC”一、二类成果。所建工程都毫无例外地改变了当地工农业生产的基本条件，取得了显著的经济、社会和生态效益，为甘肃乃至全国的水利水电事业做出了积极贡献。

五十年来，甘工局精心打造品牌工程，赢得社会信誉。始终秉承“内强素质、外树形象、强化管理、打造品牌”的经营理念，信守“建一项工程、成一个精品、交一方朋友、赢一片市场”的企业信誉，建设了一大批品牌工程，为企业赢得了良好的社会信誉，创出了甘工局“水利铁军”的金字招牌。在省内，有享誉“中华之最”的景泰川电力提灌工程、引大东二干、疏勒河流域灌溉工程，特别是近几年在引洮一期、二期工程施工中不断创新隧道掘进和混凝土衬砌的月进尺纪录，连续在建设单位每月各项指标的评比中名列前茅；在青海，有湟水北干、拉西瓦灌溉等工程，持续多年被青海省水利厅和建设单位授予“水利建设市场先进企业”“文明工地”等荣誉称号；在新疆，有齐古水库、乌拉斯特水库、吉音水利枢纽、萨尔托海水利枢纽等工程，接连创造了单项工程中标的历史记录，填补了面板堆石坝和混凝土碾压坝施工业绩的空白；在山西、内蒙古、宁夏等省（自治区）同样赢得了当地政府和建设单位的高度赞誉，实现了“进入大市场、对接大业主、承揽大项目”的奋斗目标。水利部原部长陈雷在青海视察由我局承建的拉西瓦灌溉工程标段时，对甘工局的施工质量和管理水平给予了高度评价；《中国水利报》以《来自天山脚下的捷报》为题对甘工局建设齐古水库的事迹进行了报道；《甘肃日报》庆祝改革开放40年专栏以激扬的文字高度评价了奋战在引洮工地的甘工局施工人员：“正是这样一支队伍，以这样的态度，挥洒着青春和汗水，为引洮二期工程打通一个个隧洞，架起一座座渡槽。为了让旱区群众早日用上洮河水，他们在这陌生的大山里，一干就是3年多……面对重重困难，他们给出的答案不仅是一个个提前保质保量完成的工程任务，还有一项项水利工程建设新纪录”。这既是对引洮工程全体施工人员的褒奖，更是甘工局几代人辛勤工作的真实写照。

五十年来，甘工局始终坚持党的领导，培育企业文化。坚定不移贯彻党的基本理论、基本路线和基本方略，用党的最新理论教育武装干部职工思想，把党建工作与生产经营工作紧密结合，切实履行管党治党的主体责任，努力营造风清气正、干事创业、和谐稳定的企业发展环境。特别是党的十八大以来，深入开展了党的群众路线教育实践活动、“三严三实”专题教育活动、“两学一做”学习教育活动和“不忘初心、牢记使命”主题教育，切实树牢“四个意识”，坚定“四个自信”，做到“两个维护”，自觉在思想上政治上行动上同以习近平同志为核心的党中央保持高度一致。以培育和践行社会主义核心价值观为主线，大力开展精神文明建设和企业文化建设，经常在元旦、“五一”“七一”“十一”等重要节庆佳日，开展丰富多彩的文体活动，不断增强职工的向心力、凝聚力和团队精神。荣获了“全国精神文明建设先进单位”，连续多年保持了“全国水利系统文明单位”“甘肃省文明单位”等荣誉称号，2名职工荣获全国劳动模范称号，14名职工荣获省部级劳动模范称号；2018年相继荣获了中华全国总工会“工人先锋号”、全国水利工会“模范职工小家”“甘肃省五一劳动奖状”“甘肃省‘安康杯’竞赛示范单位”等荣誉称号。

五十年来，甘工局积极履行社会责任，勇于担当作为。把打造和谐社会作为义不容辞的神圣职责，自觉履行国有企业所肩负的社会责任，积极参与驻地和工程所在地的社会公益事业。从1976年自筹资金在景泰县马场山架设电视转播塔到牙塘水库工地现场为当地学校捐赠桌椅，从汶川地震灾区的爱心捐助到紧急奔赴舟曲白龙江的抗洪抢险，从每年为社会提供上千个就业岗位到响应甘肃省委省政府号召深入舟曲贫困村开展定点帮扶工作，不论每一次爱心捐助、每一次抢险救灾，还是脱贫攻坚的帮扶，甘工局人都是慷慨解囊、无私奉献，尽自己一点绵薄之力，献一片爱心之情，充分展示了一个勇担社会责任的国企形象，赢得了社会的广泛赞誉。

五十年来，甘工局几经变革，历经沧桑，但初心不改。五十年的发展饱含着每一个甘工局人永远不能忘怀的艰难曲折和为之奋斗的光荣与自豪。广大干部职工风雨同舟、和衷共济、齐心协力，度过了困难时期，熬过了艰苦岁月，投身于改革开放和市场经济的大潮，如今步入了中国特色社会主义新时代的建设之中，始终肩负着为建设甘肃乃至全国水利水电事业、推动社会经济发展的历史重任，用辛勤的汗水和智慧谱写了甘肃水利建设史上壮美的篇章，现已发展成为西北乃至全国水利水电工程建设市场的一支劲旅。这是甘工局几代人艰苦创业、顽强拼搏和不懈努力所取得的成果，也凝聚了历届领导班子励精图治、谋求发展的心血与智慧。

五十年来，甘工局砥砺前行、开拓进取、矢志不移。回顾50年历程，几代甘工局人前赴后继，顽强拼搏，改革创新，经历了起步创业、徘徊求进、振兴崛起的不同历史阶段，走过了从无到有、从小到大、从弱到强的发展之路。五十年的奋斗，锤炼了勇于创新、敢为人先的可贵品质；五十年的求索，形成了锐意进取、严谨求实的工作作风；五十年的建设，传承了攻坚克难、百折不挠的优良传统；五十年的发展，铸就了“团结、诚信、创新、发展”的企业精神；五十年的沧桑巨变，是甘肃水利水电事业发展史的真实缩影，是一部大气磅礴的壮丽史诗。

五十年的奋斗历程，既是企业发展史上的里程碑，也是续写辉煌的新起点。正当企业艰难跋涉走过五十年创业征程之际，恰当其时进入了中国特色社会主义新时代。面对新的征程，甘工局人绝不故步自封，而是以崭新的姿态和更高昂的斗志迎接新的挑战，夺取新的胜利。当前，企业处在非常好的发展时期，党的十九大为国有企业绘就了宏伟蓝图，“一带一路”重大战略的实施为西部企业带来了前所未有的发展机遇。站在历史和未来的交汇点，甘工局人决心担当起时代赋予的重任，毫不动摇地落实省委、省政府和省国资委党委的决策部署，从严治党，依法治企，各级党组织和广大干部职工牢固树立“四个意识”，坚定“四个自信”，做到“两个维护”，用习近平新时代中国特色社会主义思想武装头脑，指导工作；决心不断强化内部管理，夯实企业基础，壮大企业规模，推动公司高质量发展；决心大力实施“科技兴企”战略，加大科技创新力度，推广应用新技术、新材料、新工艺，提高企业核心竞争力；决心注重企业文化建设，提炼企业精神，逐步完善符合发展战略、体现职工根本利益并为全体职工普遍认同的企业文化体系，增强企业的凝聚力；决心不遗余力加强人才队伍建设，营造重视人才、培养人才和使用人才的良好氛围。

甘工局人始终坚信，拥有50年光辉历史的企业，一定能够在新的征程中谱写出水电建设事业的华彩乐章，为实现中华民族伟大复兴的中国梦和建设山川秀美的新甘肃做出更大的贡献！

（甘肃省水利水电工程局有限责任公司　供稿）

节水先锋　禹满陇域

——大禹节水集团股份有限公司工作回顾与展望

大禹节水集团股份有限公司（以下简称大禹节水）自1999年成立以来，一直驰骋在农村水利行业，为深植于陇原大地的节水生力军，在西部大开发的过程中承载着使命，贡献着力量，为西部地区农业农村发展及新型农民的培养起到了至关重要的作用。

一、大禹节水的发展历程及业务模式

大禹节水作为甘肃土生土长的民营企业，它的发展概括起来可以分为三个阶段，其中：①从成立之初到2008年是公司发展的初创阶段，这一时期公司就像嗷嗷待哺的婴儿一样，不断地汲取营养，先有日协项目后有西部项目，市场也仅覆盖甘肃省全境和新疆、内蒙古自治区很少部分。②从2009年到2016年为公司的跨越式发展阶段，这一时期公司进军资本市场并成功登陆创业板，资金、规模、人才、项目有了质的飞跃，并将市场推广辐射到除东南一隅的全国范围内，形成了甘肃、新疆、内蒙古、天津、广西、云南、吉林等省（自治区、直辖市）的九大生产基地，完成了全国范围内的战略布局。③从2017年至今为公司的创新转型阶段，这一时期大禹节水在农业水利行业尝试首次引入社会资本并成功开创了“陆良模式”“元谋模式”“沙雅模式”“通辽模式”等一大批富有成效的创新模式。公司的再融资发行成功，农业水利单体订单突破亿元大关，污水处理项目在探索中不断壮大，运营项目开始步入尝试性运转，海外业务也取得了骄人成绩，公司的经营收入呈现几何增速。同时大禹节水引入阿里巴巴等先进企业的管理理念，创新了价值观考核和政委体系，构建了西北、华北、西南三大区域以及规划研究、资本、设计、工程、智造、智慧水务、农村环境及国际事务八大业务板块，完成了公司由单纯的产品提供商、工程建造者向利用水利三张网、农业区块链以及高附加值运营可溯源管理的农业科技与服务公司的华丽转身。

现阶段大禹节水已成为集诊断、规划、资本、设计、投资、制造、建设到为广大客户提供智能化、信息化的农业物联技术和带来运维管理增值服务的现代农业科技服务公司。

公司的业务模式总体可概括为“两方式三体系”：①基于政府采购而承担建设的EPC模式并进一步拓展为EPC+O、EPC+M模式；②引入社会资本共同投资建设并承担特许经营运维服务的BOT模式；③布局于全产业链条对内对外提供设计服务的运营体系；④利用水利三张“网”全方位服务于现代新型农业发展的智慧水务运行体系；⑤通过全产业链供应与高附加值可溯源运营管理的叠加效应实现现代农业高速发展的科技服务体系。

公司的产品则分为三大类别：①服务于“三农三水”领域的信息化和自动化综合解决方案，包括项目整体规划、农业和水利设计、智能灌溉系统、水肥一体化系统、农田物联系统、工程实施建设、运营维护管理系统等；②服务于农村污水处理领域的污水处理设备产品及工艺解决方案；③服务于农业高效节水领域的高端滴灌管、滴头、首部过滤装置和各类型号系列的灌溉管材、管件等。

二、大禹节水在甘肃水利发展中的主要贡献

在农业高效节水领域，大禹节水通过农业物联技术推广、数字中心建设和全生命周期可溯源管理，培养新型农民，实现脱贫致富，助力农业现代化进程。

大禹节水目前在甘肃地区的高标准农业建设面积超过20多万亩，基本涵盖省内各地州市，在解决农业水利最后“一公里”，助力西部地区脱贫攻坚的伟大壮举中完成了一系列重大高效节水灌溉项目。在甘肃高标准农田建设推广的过程中，公司更是结合当地水资源现状，加快了灌溉技术推广力度，形成了一整套近乎完备的节水技术理论。自2005年以来承担完成“863”计划子课题《滴灌带铺设机具开发》、“948”计划子课题《生态节水内镶扁平紊流压力补偿式滴灌管、滴头高新技术产业化开发》、国家星火计划项目课题《酒泉市棉花滴灌高效节水栽培技术集成与示范》以及农业精量低耗灌溉技术、大型灌区技术推广、铜祛根防负压抗堵塞絮流压力补偿地下灌水器、西部牧区高效节水灌溉技术等重大科研项目40多项，行业发明专利和实用新型专利合计500多项，解决了滴头出水不均、易堵塞、根系入侵、压附吸收、复杂地形易断裂等跑冒滴漏问题，其中《农业精量灌溉装备智能制造新模式建设》获得国家科技进步二等奖。

在农村污水处理领域，大禹节水通过全面推行一体化污水处理技术和智能化面源污染处理平台，彻底改变农村人居环境，实现天蓝地绿水净的美好家园。

在国家乡村振兴、节水行动及脱贫攻坚等战略的落地推进中，大禹节水依据实施天津市武清区农村生活污水处理项目的成功经验，逐步在甘肃酒泉、金昌及玉门等地复制推广，其中：金昌市金川区农村生活污水收集处理PPP项目是采用BOT（建设—运营—移交）的运作方式，由政府和社会资本方合作筹资建设及运营管理。项目总投资2.26亿

元，计划在金川区两镇22个行政村及区园艺场境内新建污水处理站28座，配套污水管网269.9千米，新建公厕19座，提升改造户厕1.16万户，新建300平方米监控管理中心一座。设计处理规模1160立方米每天，采用MBBR生物膜处理工艺，处理后的水质可以达到《城镇污水处理厂污染物排放标准》规定的一级A标准。本项目预计2021年11月全面完工。项目建成后，全区污水处理设施覆盖率和管网收集率可达90%以上，能够从根本上解决全区农村生活污水污染问题，将对农村人居环境整治、建设生态宜居美丽乡村提供积极保障。

在农民安全供水领域，大禹节水通过用水付费方式改革，完善水价确权制度，真正解决农民取水难、饮水不安全等问题，彻底使全国农民喝上放心水，保障农民生命健康。

在过去的岁月里，甘肃由于其境内大多为山地，农民挑水吃，吃水难是普遍存在的现状。为了实现西部经济腾飞，尽快助力农民脱贫致富，历届政府都将农民安全供水作为一项重大战略任务狠抓落实。大禹节水积极响应党中央及甘肃历届政府的号召，在解决甘肃农民安全供水中完成了一项项喜人成果，在甘肃东南部的定西、天水、临洮、庆阳等贫困山区都能看见大禹节水的供水设施。看着一股股清泉进家入户，看着昔日浑浊杂质的饮水变成涓涓细流，看着下沟肩挑崎岖陡峭的行程变得足不出户就能饮水，过惯了艰难岁月的农民喜笑颜开，他们由衷感谢党、感谢政府、感谢为他们带来实惠的大禹节水人。

三、大禹节水的行业地位及今后的发展战略

大禹节水是国内农村水利行业中极具影响力的民营企业，在农业高效节水领域处于领先龙头地位。公司拥有自主创新的能力和技术，树立了较高的品牌和行业知名度，具备业内领先的技术实力、完善的生产体系、工程体系、销售网络和运维服务体系。无论从产品/项目的技术含量、档次、品质和生产规模等，还是从业务订单、资产规模和盈利水平而言，公司在国内节水灌溉行业拥有绝对的优势和强势地位。从节水出发，公司进一步延伸业务至农村污水处理和农民安全饮水领域，通过承接大型农村人居环境建设运营项目在农村污水处理领域逐步形成了一定的影响力；通过逐步健全农户付费用水制度，开创了农村供水项目建设运营模式。

大禹节水通过20年的业务实践树立了领先的行业地位，主要体现在以下方面：

（1）强大的方案整合能力。公司集农水项目诊断、规划、融资、设计、建设、信息化、智能制造能力为一体，是提供产业链综合服务并为终端客户提供农田物联技术和运维管理增值服务支持的现代农业科技服务型公司，能够为各类政府客户和用户提供完整全面的农水领域综合解决方案。

（2）创新的资本统筹能力。公司是农田水利领域引入社会资本投资农田运营项目

的先行者和领跑者，主导首个引入社会资本投资的云南陆良项目并不断丰富为“元谋模式”在全国范围内取得了良好示范性效应。公司具备较强的融资能力和多元的融资渠道，通过引入各类社会资本、借助上市公司平台和投资模式创新，能够与政府形成资本和资源的合力，为社会资本投资运营项目提供相应的资本统筹支持。

（3）专业的运营服务能力。公司是行业内为数不多的全国布局公司，针对不同地域、不同作物在全国范围内陆续拓展不同的特许经营和委托经营具体业务模式，打造了一批农水领域的专业运营服务团队；同时依托水网、信息网和服务网三网融合机制和各类现代信息技术，规模化降低运营服务成本，提升运营服务效率，为所覆盖的运营农田和服务的农民用户提供各类农资和农产品的产业链综合服务。

当前在积极落实乡村振兴战略，践行“节水优先、空间均衡、系统治理、两手发力”的治水思路，响应水利部“水利工程补短板、水利行业强监管”的水利改革发展总基调，坚决打赢扶贫攻坚和支持民营经济发展等大环境背景下，大禹节水始终秉承“让农业更智慧，让农村更美好，让农民更幸福”的企业使命，致力于解决农业、农村发展和水资源分布不平衡不充分问题，积极改善人居环境，提高人民生活幸福指数。大禹节水以农业科技和农业服务为抓手，紧紧围绕“三农三水全三张网、两手发力共担当”的战略方向，依托农村水利基础网、信息网、服务网三网融合技术和服务平台，充分调动政府和市场优质资源，专注主业，创新模式，实现农业水利项目全生命周期可溯源管理，为终端用户提供农田物联技术和增值服务支持。

大禹节水为之奋斗的节水事业是造福人类、恩泽后世的光辉事业。在全国上下打造秀丽山河、民族复兴的伟大壮举下；在甘肃脱贫攻坚，实现西部崛起的进程中，大禹节水必将通过1600多颗承载着中华民族节水文明的灵魂实现大禹人诚信敬业，拥抱变化，昂首阔步，砥砺前行的人生价值。

（大禹节水集团股份有限公司　供稿）

不忘初心育人才　砥砺前行创佳绩

——甘肃水利职业教育改革发展七十载

经济的腾飞离不开千百万能工巧匠，社会的进步离不开数以亿计的高素质劳动者。伴随着甘肃水利发展的70年，甘肃水利职业教育作为水利行业技术技能人才成长的地方，在历经70年的不懈追求，逐渐形成了规模大、专业全的职业教育体系。

甘肃水利职业教育发展的70年是艰难求索的70年。1951年，为了快速填补水利人才缺口，甘肃省政府举办了水利培训班，在此基础上创建了甘肃省水利水电学校，随着办学定位逐渐由水利系统干部培训扩大到全日制教学，特别是自1956年全国招生开始，学历教育成为了人才培养主要渠道；然而，探索尚未见分晓便戛然而止，1976—1979年期间，职业教育被错误认为是“资产阶级‘双轨制’”的标志，甘肃省水利水电学校停止招生；水利职业教育的再度恢复是改革开放以后，在继续建设省水利水电学校的同时重新开展水利人才培养，先后正式启用省水利水电学校校区，设立北京水利水电函授学院、河海大学函授站等，特别是作为全省唯一一所水利水电类职业学校的甘肃省水利水电学校，截至目前，学校占地面积161亩，建筑面积50140平方米，有6个校内专业实训中心、2个中央财政支持的专业教学实训基地、3个省级财政支持的共享型实训基地，校内用于教学的实训设备总值3430万元，生均设备值1.80万元，图书馆藏书10万余册，报纸期刊200余种；学校设有水利水电工程技术、建筑工程施工、工程测量、机电设备安装与维修、电气技术应用等22个专业，已经形成“水利类”“机电类”“工程测量类”“土木工程类”等具有甘肃水文化特色的四大专业群，年招生规模在1000人以上；学校现有教职工168人，其中125名专兼任教师均具有本科以上学历，其中在读博士2人，硕士和在读硕士研究生20余人，正高级讲师4人，高级讲师45人，全国水利职教名师5人；全省“三八”红旗手、省级“园丁奖”、全省技术标兵17人，省部级技能比赛“优秀指导教师”18人；专任教师队伍中双师型教师比例达80%，56名教师考取了各类资格证书；学校先后被评为国家级重点中等职业学校、国家中等职业教育改革发展示范学校、全国水利职业教育示范学校、全国第三批现代学徒制试点学校、甘肃省水利水电职教集团理事长单位，并于2017年9月被甘肃省人民政府授予“甘肃省教育系统先进集体”荣誉称号。

历经70年的改革与发展，甘肃水利职业教育也取得了丰硕成果。

一、人才培养成效显著

（1）立足行业谋求发展。立足水利行业开展办学活动，推动产教融合，服务区域经济，打造技能人才的办学定位，也形成了学校长效发展的价值追求。

（2）紧握特色毫不动摇。甘肃省水利水电学校始终把“水利特色”作为发展的基础牢牢不动摇。专业建设以“水”为核心，对接产业办专业，对接岗位设课程，顺应市场需求搞教改。随着改革开放的深入，进一步触发了学校教育与产业需求的精准对接，根据产业需求调整培养目标、针对市场需求进行专业设置、依照产业要求修订教育教学内容，实现了职业教育与产业需求精准、无缝对接，实现了学校与企业合作协同、互惠公平的共同体，为地方经济建设和甘肃精准脱贫做出了应有的贡献，同时也促进了学校高质量的稳步发展。

（3）人才培养助力发展。截至目前，全省所有大中小型水利水电工程项目的建设和管理人员全部来自专业学校或毕业于相关专业，仅甘肃省水利水电学校就为甘肃乃至全国水利水电建设单位及相关行业输送了4万余名优秀毕业生，为甘肃水利水电事业的发展培养了大批人才，被誉为“甘肃水利人才的摇篮”。

（4）技能竞赛成绩喜人。职业技能大赛是牵引职教内涵发展的另一双无形之手，据不完全统计，省水利水电学校近年来就获得全国职业院校技能大赛中职组竞赛三等奖3人次，优秀奖1人次；全国水利中职学校技能大赛一等奖1人次、二等奖8人次，三等奖26人次；甘肃省中职技能大赛一等奖22人次，二等奖31人次，三等奖44人次。

（5）营造水利精神文化。中华民族历史悠久，特别是治水过程中孕育出的大禹精神、都江堰精神、红旗渠精神、九八抗洪精神等，更是给后人留下了优秀治水传统和宝贵精神财富。在水利职业教育过程中，学校以社会主义核心价值观为统领，将核心价值观进课堂，以技能节、艺术节、体育节、第二课堂等活动培养学生基本素养；同时以水利精神的弘扬作为校园文化建设的主旋律，将大禹治水的科学精神、当代水利人的求实创新精神、甘肃水校人的吃苦耐劳精神以及习近平总书记治水重要论述精神融入广大学生的学习生活之中，进一步继承和发扬“忠诚、干净、担当，科学、求实、创新”的新时代水利精神。

二、大力开展水利行业教育教研

虽然职业教育不再像计划经济时代那样附属于行业企业，但是与之紧密的程度却属空前。甘肃省水利水电学校自2009年划转省教育厅直属管理，但是学校与行业的联系与合作却越发深入，他们先后主持编制的中职学校农业与农村用水专业教学标准，已列入教育部组织制定的首批《中等职业学校专业教学标准（试行）》目录，获教育部公布在全国实施。学校作为主编单位参与起草的《高等职业学校水利工程专业仪器设备装备规范》（JY/T 0601—2017）、《中等职业学校农业与农村用水专业仪器设备装备规范》（JY/T 0600—2017）两项国家教育行业标准，已由教育部2018年1月4日正式发布实施。承担了中国水利教育协会“水利职业教育示范院校建设和重点专业建设”研究，获中国水利教育协会“十一五”水利教育优秀研究成果一等奖，承担《黄土高原丘陵区水土保持生态系统服务功能评价研究》《甘肃省河流泥沙分布及其演变规律研究》《半干旱区护坡植物根系分布特征和配置技术研究》分别获得获2012年度、2015年度、2017年度甘肃省水利科技进步一等奖。

三、集团化办学深化校企合作

订单班、名师工作室、引企入校、现代学徒制、共建实训基地……各种能够调动企业参与人才培养积极性的合作模式开花结果，学生实践学习的机会大大扩充。工作过程系统化课程、项目课程、基于岗位能力要求开发课程……世界先进的职业教育理念开始在本土落地生根。校企合作，不再简单地理解为到企业实习，而是从人才培养方案制定、课程设置、教学到评价的一系列深度参与。甘肃省水利水电学校作为教育部全国水利职业教育教学指导委员会副主任单位、中国水利教育协会职教分会副会长单位、全国水利教育协会职教分会中职教研会主任单位，借助水利教育协会和全国水利职教集团、甘肃省水利水电职教集团等平台与水利行业等企事业单位保持着友好交往和良性互动，在教学改革、专业建设、课程开发、企业员工培训、教师企业实践、学术交流和毕业生就业等多方面都展现了行业、企业和学校合作共赢的烙印。甘肃省水利水电职教集团共有成员单位68家，甘肃省水利水电学校为理事长单位。集团成员企业设立专项奖学金、签订订单培养冠名班协议、成立专业建设指导委员会、设立名师工作室、开展教师和企业员工培训、校企共建实训中心等，把产教融合、校企合作提升到深度合作、务实合作新高度。2017年学校毕业生中60%以上在集团成员单位就业，2018年学校毕业生已全部在集团成员单位内就业实训；在2017年集团年会上，12家集团成员单位与学校签订了订单培养协议，2019年毕业生已全部预定，毕业生供不应求。

四、服务社会呈现职教风采

时代发展到今天，职业教育肩负着培养多样化人才、传承技术技能、促进就业的重要职责；承担着努力培养数以亿计的高素质劳动者和技术技能人才的历史重任；被视为深化教育领域综合改革的战略突破口和转方式调结构惠民生的战略支点。甘肃省水利水电学校以服务社会、服务水利为己任，积极参与甘肃地方经济建设，服务社会成绩优异。先后承担了定西关川河流域水土保持规划，成县黄渚镇小城镇土地规划，景泰芦阳镇土地利用调查，天水、平凉、定西、陇南市土地确权登记，白银电力提灌工程规划设计等生产任务。近年来，为皋兰西电、榆中三电、肃南水务、中铁隧道等单位进行职工培训和新员工岗前培训，为甘肃水利水电职教集团成员单位中国水利水电第三、第四工程局有限公司、大禹节水等单位培训员工400余名，2018年还完成了对中国水电四局六分局班组长级测量专业的高层次培训。

五、继续教育依托行业发展

自1985年依托甘肃省水利水电学校开展成人高等函授教育以来，先后设立过北京水利水电函授学院、河海大学、丹江口职工大学等函授站，并通过与华北水利水电大学、兰州交通大学和国家开放大学联合举办函授教育和远程网络学历教育，先后培养本专科毕业生4000余人，为社会、企业培养储备了一大批实用技术人才。设在甘肃省水利水电学校的甘肃省第八十六职业技能鉴定所先后完成8400人次的技能培训和取证工作，体现了学校服务社会的崇高责任。

六、参与“一带一路”服务经济发展

十九大对职业教育的发展明确提出，要“完善职业教育和培训体系，深化产教融合、校企合作。”“一带一路”倡议为职业教育发展提供了新的机遇。甘肃省水利水电学校积极响应国家号召，在职业教育和培训体系建设方面已经迈出了可喜的步伐，近年来，有近200名毕业生通过中国电力建设集团有限公司的“一带一路”项目，走出了国门，赴卡塔尔、尼日尔、巴基斯坦、越南、老挝、缅甸、刚果、几内亚等国家基础设施建设项目上发挥重要作用；同时学校积极主动为参与“一带一路”项目建设的企业开展职工培训和学历教育，提升员工素质和企业核心竞争力。学校将继续贯彻“夯基础、提质量、上台阶”的办学理念，为“一带一路”沿线国家项目建设培养更多高素质技能型人才，学校的办学能力、服务能力将显著增强，为国家“一带一路”倡议提供坚强的人才支撑。

七、助力脱贫攻坚履行社会职责

水利职业教育通过“职教一人、就业一个、脱贫一家”，从藏区孩子的“9+3”免费职业教育，到中等职业教育对所有农村学生、涉农专业学生和家庭经济困难学生免除学费，补助每生每年2000元国家助学金，水利职业教育在阻断贫困代际传递方面发挥着至关重要的作用。甘肃省水利水电学校深入边远贫困地区，特别在23个深度贫困县加大招生宣传力度，接纳贫困地区更多的学生来学校接受职业教育，提高贫困家庭的自我发展能力；仅2012—2017年就有5173名学生毕业，就业5007名，就业率为

96.8%，其中58个贫困县的毕业生共计4096名，就业人数4002名，就业率为97.7%；23个深度贫困县的毕业生共计1922名，就业率达99.2%；17个插花型贫困县的毕业生共计864人，就业人数839名，就业率为97.1%。在国有企业就业的学生占就业学生总数的41.6%，上市企业为22.4%，民营企业为18.5%，自主择业占16.7%，专业对口率、就业稳定率高。毕业生初期工资为3000元左右；工作3～5年后，工资基本达到5000元左右，真正实现了一人就业全家基本脱贫的目标。

回首70年，水利职业教育在一次次应对变化中，实现着自己的蜕变。

回首70年，水利职业教育以其特有的坚韧和实干，回击着轻视劳动、轻视技能的偏见。

回首70年，水利职业教育以其责任担当，源源不断地为经济社会发展输送合格的技术技能人才。

展望未来，在中华民族伟大复兴的新征程上，在追求国家富强、民族振兴、人民幸福的中国特色社会主义现代化建设道路上，职业教育好风凭借力，扬帆正当时，在习近平新时代中国特色社会主义思想的引领下，水利职业教育必将更加坚定地承担起锻造大国工匠、奠基中国制造的职责，更加有力地肩负起技能强国、职教兴邦的历史重任。

（甘肃省水利水电学校　供稿）

水利专项

强化刚性约束　增强保障能力　以严格的水资源管理促进全省水生态文明建设

——甘肃省水资源管理和保护工作回顾与展望

近年来，甘肃水资源管理工作坚持把水资源作为最大的刚性约束，以“合理分水、管住用水、科学调水、强力护水”为工作目标，水资源管理能力和水平不断提升，水资源保护取得明显成效。

一、水资源管理保护取得的成效

（一）水资源刚性约束机制初步确立

一是最严格水资源管理制度全面落实。自2012年在全国率先试点实施最严格水资源管理制度以来，先后印发《甘肃省加快实施最严格水资源管理制度试点方案》《甘肃省实行最严格水资源管理制度办法》《甘肃省“十三五”水资源消耗总量和强度双控行动实施方案》等制度办法，下达《甘肃省地级行政区2015年 2020年 2030年水资源管理控制指标》及年度控制指标，严守“三条红线”，国考考核指标均提前完成目标任务。截至2019年，全省用水总量109.96亿立方米（目标116.28亿立方米），较2015年下降11.9%；万元国内生产总值用水量128.7立方米，较2015年累计降幅26.5%（目标26.4%）；万元工业增加值用水量42.5立方米，较2015年累计降幅34.6%（目标24%）；农田灌溉水有效利用系数0.565（目标0.564），较2015年提升4.6%；重要江河湖泊水功能区水质达标率88%（目标78.6%），较2015年提升23%。实施最严格水资源管理制度考核，制定印发《甘肃省实行最严格水资源管理制度考核办法》《甘肃省“十三五”实行最严格管理制度考核工作方案》，突出“最严格”和“刚性约束”，细化“省考”考核内容、指标设置、赋分标准，开展专项检查抽查，联合发改、生态环境等9个省直部门开展终期考核，考核结果经省政府审定予以公告，对各市（州）及兰州新区考核逐步实现“严、紧、硬”。

二是取水许可审批管理规范有序。严格执行《取水许可办法》《甘肃省取水许可和水资源费征收管理办法》《关于加强取水许可动态管理的实施意见》《甘肃省水资源用途管制实施办法》等规章制度，新增和延续取水必须符合总量控制、强度管理、用途管制等审批条件，从严控制取水许可审批。加强取水许可事中事后监管，建立管理台账，分级制定重点用水户名录。及时查处违规取水行为，先后在省管取水单位实施取水违规问题清零、取用水秩序整治等专项行动，全面排查梳理省管取水单位取用水管理现状，清理整治各类取用水违法违规行为，维护正常水事秩序。

三是定额管理和用水统计科学务实。加强定额管理，制定并及时修订符合甘肃产业结构特点和经济发展水平的各行业用水定额。加强用水定额监督管理，对建设项目水资源论证审查，鼓励引导企业选择先进的用水定额；换发取水许可证时，按照最新实施的行业用水定额核定许可取水量。落实《甘肃省计划用水管理实施细则(试行)》，按照分级管理和属地管理相结合的原则，年初下达并监督落实用水计划；对纳入取水许可管理的用水户实行计划用水管理，按月核定下达用水计划。规范用水统计方法，加强用水计量和监测，不断提高用水总量统计的科学性、准确性和实效性，全省各用水调查对象由2015年的552个增加到2019年的728个，将用水统计纳入水利统计调查制度，用水总量统计工作进入规范化、常态化轨道。

四是水资源有偿使用制度有效落实。出台《甘肃省取水许可和水资源费征收管理办法》，坚持有利于水资源合理开发、利用、节约和保护，综合考虑全省水资源状况、经济发展水平、社会承受能力以及不同产业和行业取用水等差别和特点，合理制定了水资源费征收标准；足额征收水资源费，会同省财政厅制定《省级水资源费使用管理办法》，监督各级落实水资源有偿使用制度。推进农业水价综合改革，制定《甘肃省推进农业水价综合改革实施方案》，推动建立健全合理反映供水成本、有利于节水和农田水利体制机制创新、与投融资体制相适应的农业水价形成机制。对超计划用水实行累进加价，河西灌溉农业区农业用水普遍实行了超定额累进加价制度。

（二）水资源保障能力切实增强

一是水资源配置格局逐步优化。配合流域机构编制湟水（大通河）、泾河、汉江等河流水量分配方案，严格监督落实已批复河流水量分配方案，实现了黄河干流、嘉陵江、汉江、渭河、洮河、北洛河以及疏勒河、黑河、石羊河的水量分配管控目标。加强引大、引洮、中部生态移民供水工程等水资源调度工作，积极争取1.6亿元中央补助资金实施酒泉市清水河、白银市金沟河等水系连通工程，协调落实古浪黄花滩移民区新增取水指标，区域水资源调配能力不断提升。加强非常规水资源开发利用，非常规水利用量达到3.97亿立方米。

二是水量调度任务超额完成。黑河、石羊河、疏勒河年度水量调度任务圆满完成，黑河自2000年至今通过正义峡断面累计向内蒙古额济纳旗下泄水量229亿立方米，其中2019年13.82亿立方米；石羊河自2006年至今累计向民勤调水39.3亿立方米（包含景电二期调水量），其中2019年3.88亿立方米；疏勒河自2014年至今累计向敦煌市和西湖湿地调水8亿立方米，其中2020年调水1.26亿立方米。

三是水资源监控能力显著提升。建成国家水资源监控能力建设项目水资源管理信息平台、取水信息采集与传输系统、水功能区及水源地水质在线监测设施；制定《甘肃省水资源监控系统运行维护管理办法》，明确各级管护职责，加强水资源监控系统运行管理。加强水资源监测监控，结合国控项目建成运行取水许可登记、水电站引泄水流量监管、地下水监测、取用水监测等平台，分别对全省157个水功能区水质、481处取用水户水量、20个饮用水水源地水质、330眼地下水监测井水位水温监测、283眼地下水监测井水质、23个30万亩以上大型灌区用水水量等进行监测。

四是水资源管理工作基础不断夯实。加强水资源管理顶层设计，编制完成《甘肃省水资源保护规划》《甘肃省“十三五”水资源管理与保护规划》。加强区域水资源分析，编制完成第三次全省水资源调查评价，全面摸清60余年来甘肃省水资源状况变化，系统分析水资源演变规律，提出了全面、真实、准确、系统的评价成果。推动建立甘肃省水资源承载能力监测预警机制，形成地级行政区水资源承载能力评价初步成果、县域单元水资源承载能力评价初步成果。落实最严格水资源管理制度，强化水资源监督管理，严格生态流量管控，进一步深化水资源管理改革，持续加强水生态环境保护。按年度编发全省《水资源公报》《水资源管理年报》《河流泥沙公报》等，及时向社会公布水资源管理基础信息。

（三）水资源保护措施有效落实

一是河流生态流量管控切实加强。根据水利部试点安排，编制了《洮河流域生态流量试点实施方案》，初步制定全省其他主要河流生态流量保障实施方案；按照《甘肃省推动河长制从“有名”到“有实”行动方案》要求，编制完成了全省11条主要河流控制断面生态流量及实施方案。加强水电站生态流量管控，对全省正常运行的584座水电站安装远程流量监测设备并建成监控平台，全部在线实时测报预警。在重点河流主要断面选取47座水电站安装视频监测设备，实现数据、图像同步传送。制定了《甘肃省水电站引泄水流量监督管理办法（试行）》，明确各级管理管护职责，严格落实各级预警处理机制，及时处置预警信息。

二是地下水资源管理日趋严格。突出地下水超采区治理，组织开展地下水超采区评价等工作，向全社会公布全省地下水超采区、禁采区、限采区范围，印发《甘肃省地下水超采区治理方案》，涉及的11个市（州）政府均批复本级地下水超采区治理实施方案。督促市县落实主体责任，加快实施超采区治理，建立了机井数量、布局、供水量、许可量等工作台账，超采区内落实高效节水面积476.84万亩，调整种植结构面积290.07万亩，退减灌溉面积38.11万亩，封填开采井1365眼，实施中水回用、引洮一期供水等水源置换措施，并开展方案外的退耕还林还草及其他水源置换措施，已累计压减地下水开采量3.98亿立方米（占2020年目标的124%）。

三是水生态环境修复成效显著。加强重点流域水生态保护治理，石羊河流域治理目标提前实现，干涸半个世纪的青土湖形成3～25平方千米的季节性水面，湖区地下水位上升近1米，周边形成100多平方千米的旱区湿地，流域生态环境明显改善。黑河流域近期治理成效显著，东居延海自2004年8月以来连续15年不干涸，最大水域面积达到45平方千米。敦煌水资源合理利用与生态保护综合规划加快推进，疏勒河和党河生态输水已汇合流入哈拉诺尔湖，党河到达下游末端北湖滩水量达到2000万立方米，西湖自然保护区周边地表植被覆盖率进一步增加，林草综合覆盖度较2008年提高了5%；敦煌盆地地下水开采量自2014年以来均控制在7500万立方米以内；月牙泉平均水深和水域面积逐步恢复，平均水深由2011年的0.86米提高到1.35米，水域面积由2011年的10.09亩增加到12.05亩。全国水生态文明城市建设取得积极进展，张掖市、敦煌市被确定为全国水生态文明城市，陇南市已通过技术验收。

（四）水资源管理改革不断深化

一是甘肃黄河涉水理论政策研究框架搭建完成。黄河流域生态保护和高质量发展上升为国家战略后，围绕历史、现代、观点、借鉴、启示5个篇章，在生态环境治理保护、水资源节约集约利用、水旱灾害防御体系建设等方面，梳理形成《理论库》《政策库》，提出未来理论政策研究的指导思想、基本原则、主要目标指标和总体布局，分别就生态保护、资源优化、文化弘扬、体制机制等9方面24项内容提出政策措施建议，搭起甘肃黄河理论政策研究的整体工作框架。

二是水权交易改革全国领先。疏勒河流域水权试点取得显著成效，试点期间共确权水量9.4亿立方米，发放水权证221本，延续换发取水许可证3619本，完成农户和协会间水权交易56宗，交易水量45.15万立方米。水权交易示范推广启动，2019年水利部将甘肃省列为灌溉用水户水权交易示范推广工作3个试点省份之一，比选确定景电灌区、疏勒河流域、石羊河流域及凉州区、古浪县、景泰县、玉门市、瓜州县等基础条件较好的区域作为试点，开展水权交易、水市场培育等工作。加强水权交易监管，积极引导用水主体开展水权交易，促进水资源由低效益用途向高效益用途流转，截至2019年年底，全省建成水权交易平台42处，累计开展水权交易1249单，交易水量2667.92万立方米，交易金额378.27万元。

三是水资源管理改革加快推进。深化取水许可审批改革，规范审批介入时间，简化取水许可申请程序，规范水资源论证报告书技术审查，积极推进“互联网+政务服务”，加快建立健全统一受理、服务指南、一次性告知、受理单、办理时限承诺、审查工作细则和申请人满意度评价等7项制度；加速推进取水许可电子证照系统建设，已于2020年底发出全省第一张电子证照。不断规范石羊河流域地下水资源取水许可工作，按照“就近、快捷、高效、便民”和“证照（证书）分离”的原则，将部分审批业务端口前移。在石羊河流域探索建设智慧水资源管理平台，开发流域“一张图”，通过物联网监控、大数据分析、软件决策支撑等方式，解决监测能力不足、管理手段单一、管理人员与监管任务不匹配等问题，为科学高效管理、现代水利发展积累可推广、可复制的经验。

二、存在的问题与面临的机遇

当前，甘肃省水资源管理还存在一些薄弱环节，一是水资源承载能力不足，水资源短缺且时空分布不均是甘肃省的基本水情，内陆河流域水资源开发利用率接近100%，黄河流域水资源可利用量已接近可供耗水量分配指标，长江流域水资源量占全省的35%，目前开发利用率不足2%。二是用水效率有待提高，全省农业用水占比高，灌溉水利用系数仍有提升潜力。三是水生态环境脆弱，全省水生态治理修复任务仍十分艰巨。四是水权水市场制度、水价形成机制尚未完全建立，市场在水资源配置中的作用尚难以充分发挥。

在面临严峻挑战的同时，甘肃省水资源管理工作也具有难得的历史机遇和良好条件，实行最严格水资源管理制度考核、河湖长制、国家节水行动等一系列重大部署，为水资源管理提供了政策保障，取水许可、用水统计、地下水管理保护等措施日趋完善，为强化水资源管理提供了有力的制度保障，引洮工程等一批重大水资源配置项目实施，夯实了水资源管理的工程基础，黄河流域生态保护和高质量发展上升为重大国家战略，成为全省水资源管理的重大历史机遇。总体来看，未来一个时期，甘肃省水资源管理和保护形势严峻，挑战与机遇并存，要充分利用新机遇新条件，妥善应对各种风险和挑战，实现全省全流域水资源管理与保护高质量发展。

三、全省水资源管理保护工作思路

今后，全省水资源管理工作要坚持“节水优先、空间均衡、系统治理、两手发力”的治水思路，贯彻落实水利部党组“三对标、一规划”专项行动要求，以建立水资源刚性约束制度为主线，在保障基本生态用水的前提下，以水而定量水而行，全面推进水资源集约安全利用、水生态治理修复、水资源监管能力建设。

一是全面落实最严格水资源管理制度。充分发挥水利部门牵头主抓能动机制，规范考核内容，优化考核指标，改进考核方式，加强部门协作，强化考核应用，抓好问责整改，使“双考”既有名又有实，名实相符，更加“严紧硬”，发挥好考核“指挥棒”作用。

二是严格控制用水总量和强度。把水资源作为最大的刚性约束，以水定城、以水定地、以水定人、以水定产；严格用水总量控制，健全省、市、县三级行政区用水总量控制指标体系；加强取水许可全过程监管和动态管理，加强计划用水管理，落实规划和建设项目水资源论证制度。

三是进一步加强水生态环境保护。确定落实河流水量分配及生态流量管控目标，组织制定生态流量保障重要河湖名录及主要河流生态流量保障实施方案；持续整治水电开发、河道采砂、水体污染等问题，督促做好河湖管理、水资源集约节约利用、农村饮用水保护等任务。

四是切实加强地下水保护治理。强化地下水涵养与保护，严格地下水开采量控制、加强地下水功能区管控、完善地下水监控体系和监管机制。深入开展地下水超采综合治理，全面完成超采区治理任务和目标要求，组织开展地下水超采区治理成效评估与复核评价，开展地下水管理控制指标确定工作。

五是着力强化水资源监测监控体系建设。结合水量分配调度、生态流量管控和超采区治理要求，统筹谋划、系统提出全省重要河流（盆地）水资源监测体系建设方案。加强对水文、水资源、水量、水位、水质的监测，建立各类信息报表制度。

六是全面强化水资源强监管力度。运用取水许可登记、水电站引泄水流量监管、地下水监测、取用水监测等信息化平台，加强水资源监管。完善违规违法取用水、未足额泄放最小生态流量等水行政执法线索移交工作机制，提升监管强度和执法震慑作用。推进水资源监管常态化、规范化、制度化。

七是健全完善水资源管理法规体系。加强水资源规划研究，修订《甘肃省计划用水管理实施细则》《甘肃省石羊河流域水资源管理条例》《石羊河流域地下水资源管理办法》，开展疏勒河、讨赖河水资源管理条例工作。

（甘肃省水利厅水资源处　供稿）

积极践行节水优先　助推陇原绿色发展

——甘肃省节水工作回顾与展望

甘肃地处青藏高原、内蒙古高原和黄土高原三大高原交汇地带，72%的国土面积为干旱半干旱区，特殊的自然地理和气候条件决定了甘肃是我国水资源最紧缺的区域之一，资源型、水质型、工程型缺水长期困扰和制约着全省经济社会的可持续发展。新中国成立70年以来，甘肃省将节水视为生存和发展的自觉，始终将水资源节约作为水安全保障的有效途径，并进行了深刻而富有成效的实践。

一、历　程　回　顾

甘肃省农业用水占总用水量的80%以上，以农业节水为代表，全省节水发展大体经历了四个阶段。

1.节水起步阶段（1949—1978年）

新中国成立后，为尽快恢复生产，党和政府领导全省人民集中力量兴建了一批农村小型水利设施，主要解决群众基本生存用水问题。1961年，国家首次围绕农业灌区管理提出节约用水，甘肃省开始探索研究农业节水灌溉技术，在河西地区一些灌区推行了沟灌、畦灌和计划配水等相对节水的灌溉模式。

2.示范推广阶段（1978—1998年）

改革开放后，政府逐步加大水利基础设施投入，建设了一批较大规模的水利工程，水资源配置条件得到明显改善。在此期间，甘肃省大力推广节水灌溉技术，推进农业节水灌溉示范建设，对河西一些自流灌区土质渠道进行防渗衬砌，在部分自流灌区和纯井灌区小面积推行了管灌工程。在景电一期西九支灌溉新技术实验区首批引进国内外先进的喷灌、滴灌等高效节水灌溉技术和设备，发展节水灌溉取得较好的节水增产效益，为甘肃省灌溉技术的发展提供了有益的经验。

3.全面节水阶段（1998—2012年）

1998年，党中央提出把推广节水灌溉作为一项革命性措施来抓，水利部设立全国节约用水办公室。甘肃省在省水利厅设立了省节约用水办公室。2001年3月，张掖市被水利部确定为全国首个节水型社会建设试点和示范市，并实施了《黑河流域治理规划》。2006年11月水利部授予张掖市“全国节水型社会建设示范市”称号。2007年12月国家发改委、水利部批复《甘肃省石羊河流域重点治理规划》，对石羊河流域进行了较大规模的流域重点治理，初步探索以水定地、以水定产。

4.深度节水阶段（2012年以来）

党的十八大将“建设节水型社会”纳入生态文明建设战略部署。2014年3月，习近平总书记提出“节水优先、空间均衡、系统治理、两手发力”的治水思路，将“节水优先”放在首要位置。党的十九大报告提出实施国家节水行动。甘肃省立足水资源严重短缺的基本省情水情，2012年，省政府印发了《关于加快高效节水农业发展的意见》，编制完成了《甘肃省河西走廊国家级高效节水灌溉示范区项目实施方案》。2016年，在疏勒河流域进行包括水资源使用权确权登记、水权交易流转和开展水权制度建设等内容的水流产权确权试点。同年，省政府办公厅印发《甘肃省推进农业水价综合改革实施方案》，统筹推进农业水价综合改革工作。总体来看，甘肃省节水工作实现由“盆景”向“风景”转变，由农业向全行业、全领域拓展，节水实践的广度和深度不断发展。

二、进 展 成 效

“十三五”以来，甘肃省委、省政府深刻研判省情水情，认真践行“节水优先”治水思路，组织落实国家节水行动。省人大出台《甘肃省节约用水条例》，从节水体制、用水管理、节水措施、保障机制等多方面规范节水行为。省水利厅、省发展改革委联合制定印发《甘肃省节水行动实施方案》，明确各级党委、政府节水工作主体责任，细化部门分工，提出六大节水行动和节水目标。在全国率先提出了“深度节水、极限节水”思路，编制完成《甘肃省深度节水极限节水实施方案》，起草《关于实施深度节水极限节水的指导意见》，因地制宜地提出节水重点任务、节水配置方向及保障措施。分类推进节水载体创建，形成了农业、工业、生活等行业和项目、管理等方面的“3+2”节水模式。将用水总量指标和水量分配指标配水到田、配水到户，实施《甘肃省推进农业水价改革实施方案》，结合高效农业、戈壁农业及优质特色农产品水肥一体化现代节水农业示范区建设，广泛推进土地集约化、规模化经营。完成了10处大型、20处重点中型灌区续建配套与节水改造项目。农业灌溉用水有效利用系数由2015年的0.541提高到了2020年的0.57；以市场为导向，以水价改革、水资源税等为抓手，激发工业节水内生动力，全面创建节水型企业，万元工业增加值用水量较2015年下降56%，规模以上工业用水重复利用率达到90%以上；全面推行城镇非居民用水超定额累进加价制度，在城镇建设中积极推广普及节水型器具，引导宣传居民进行日常生活节水，居民人均生活用水量基本平稳；组织评选推荐“节水大使”2473人，开展节水宣传教育、节水科普，大力营造全社会爱水、惜水、节水的良好风尚。全面落实节水评价机制，坚决抑制不合理用水需求。“十三五”末，创建完成县域节水型社会达标县（区）39个，创建节水型高校10所、节水型企业91家、节水型居民小区174个、节水型单位431个。全省用水总量由最高的123亿立方米下降至2020年的109亿立方米，降幅达11.4%。万元GDP用水量较2015年下降了33%。水资源利用总量、利用效率和效益明显提升，节水在全省水资源可持续利用和水安全保障中支撑力度明显增强。

三、未 来 展 望

我们将以习近平生态文明思想为指引，牢固树立绿色发展理念，严格落实“节水优先”思路，继续推进制度节水、模式节水、机制节水、工程节水、管理节水，实现节水减用、节水减排、节水增绿、节水增效。落实国家及省级节水行动实施方案，实施“十四五”节水规划，做好《甘肃省节约用水条例》贯彻、宣传工作，修订完善行业用水定额，强化节水评价和监管考核，持续深化节水宣传教育，增强公众节水意识，强化用水效率刚性约束，建设水资源高效利用体系，保障全省水安全，助推陇原绿色发展。

（甘肃省节约用水办公室　供稿）

擦亮河湖生态底色　竭力守护一泓碧水
以河湖长制为抓手建设健康美丽幸福河湖

——甘肃省河长制湖长制工作回顾与展望

"每条河流要有'河长'了"！全面推行河湖长制、维护河湖健康生命，是习近平总书记亲自部署推动的一项重大改革，是习近平生态文明思想在治水领域的生动实践，是破解我国新老水问题、保障国家水安全的战略性制度安排。党的十八大以来，以习近平同志为核心的党中央高度重视河湖管理保护工作，习近平总书记就治水治河治湖发表了一系列重要讲话，指出"河川之危、水源之危是生存环境之危、民族存续之危"，提出"节水优先、空间均衡、系统治理、两手发力"的治水思路，强调"给子孙后代留下天蓝、地绿、水净的美好家园""还老百姓清水绿岸、鱼翔浅底的景象"。2019年8月，习近平总书记视察甘肃并对黄河治理保护工作做出重要指示，保护黄河是事关中华民族伟大复兴和永续发展的千秋大计，强调治理黄河，重在保护，要在治理，要求坚持山水林田湖草综合治理、系统治理、源头治理，统筹推进各项工作，加强协同配合，共同抓好大保护，协同推进大治理，推动黄河流域高质量发展，让黄河成为造福人民的幸福河。习近平总书记的重要指示，为做好新时代黄河治理保护工作指明了努力方向和工作重心，提供了根本遵循和强大精神力量。

甘肃地处青藏、黄土、蒙新三大高原交汇地带，分属长江、黄河、内陆河三大流域，河流水系众多，承担着全国主要江河源头水源补给、水源涵养、防风固沙和生物多样性保护等重要生态功能，是国家西部重要的生态安全屏障。南部高原是黄河上游重要水源涵养补给区，是确保黄河流域环境安全的"中华水塔"和生态屏障；陇南"两江一水"流域（白龙江、白水江和西汉水）是长江上游重要的水源涵养区和生物多样性保护区；河西走廊黑河、石羊河、疏勒河三大内陆河将西北三大沙漠（库姆塔格、巴丹吉林、腾格里）合拢之势阻断，构成了西北乃至华北地区环境安全的生态屏障。

甘肃水生态环境具有战略性、全局性、复杂性，筑牢国家西部生态安全屏障责任重大，守好护好江河湖泊，使其永葆生机、碧水绵延是陇原儿女义不容辞的责任。全面推行河湖长制以来，甘肃省坚持以习近平新时代中国特色社会主义思想为指导，坚决贯彻落实党中央、国务院决策部署，牢固树立“绿水青山就是金山银山”的绿色发展理念，把落实河湖长制作为重大政治任务来抓，全省河湖管理保护工作紧紧围绕水利改革发展总基调“这一主轴”和实现河湖长制“有名有实”“这一主线”以及建设健康美丽幸福河湖“这一目标”，聚焦管好“盛水的盆”、护好“盆中的水”，坚持问题导向，层层压实责任，狠抓工作落实，河湖长制各项工作取得显著成效，全省守河、护河、治河的责任网、制度网、督考网、治理网基本建立，党政负责、水利牵头、部门联动、社会参与的河湖管护格局基本形成，很多河湖实现了从“没人管”到“有人管”、从“管不住”到“管得好”的转变，一些水系不通、河道淤塞、污水横流的“黑臭河”，变成了“自然、生态、美丽”的景观河。河湖长制正在成为提升全省生态文明建设水平的重要引擎，正在使陇原大地一条条河流变得清澈见底、一个个湖泊变得碧波荡漾，正在让干净、整洁、生态河湖成为幸福美好新甘肃的靓丽名片。

一、万名河长湖长上岗，守好护好河湖“责任田”

遵循中共中央办公厅、国务院办公厅印发的《关于全面推行河长制的意见》和《关于在湖泊实施湖长制的指导意见》，结合省情实际，先后制定印发《甘肃省全面推行河长制工作方案》《甘肃省实施湖长制工作方案》，按照党中央、国务院关于全面建立河湖长制“四个到位”总体要求，建立了由党委、政府主要负责同志担任河长的“双河长”工作机制和省市县乡村五级河湖长体系，全省22956名河长（省级总河长2名、河长9名，市级总河长、河长123名，县级总河长、河长933名，乡级河长7257名，村级河长14632名）、1181名湖长（省级湖长3名、市级湖长50名、县级湖长164名、乡级湖长321名、村级湖长449名、业主湖长194名）上岗，履行守河护河“第一责任人”职责，扛起治理保护“分段”“分片”责任。省级总河长、各省级河长以身作则、以上率下，发挥“头雁效应”，带头巡河护河、履职尽责，当好河湖管理保护“领队”。在省级河长的示范带动下，各级河湖长既挂帅又出征，把责任“立”在心里，靠前指挥、真抓实干，用脚步“丈量”河湖，以责任践行使命，围绕河湖长“见行动”、治理保护“见成效”这一要求，通过巡河调研、暗访督查、现场办公、签发河长令、召开河长会等方式，协调解决责任河湖突出问题，做到守河有责、守河担责、守河尽责。3年多来，五级河长累计巡河湖44万多人次，召开县级以上总河长会和工作推进会1000余次，有效解决了一批河湖突出问题，竭力守好护好陇原大地一泓碧水。

二、搭建制度四梁八柱，织密织牢管护“责任网”

加强制度机制建设，着力织密织牢河湖管理保护责任网，严格制度执行，维护制度权威，让制度成为刚性约束和不可触碰的“高压线”。制定了河长会议、信息共享与报送、工作督察、工作验收、考核问责与激励、河湖巡查监管、河湖问题报告、工作研判转办、乡村级河长履职流程标准、河湖长制工作年度考核、部门联合执法、水行政执法与刑事司法衔接等制度机制。今年以来，甘肃省强化问题导向、目标导向和结果导向，进一步完善河湖长制工作制度和机制，研究制定了2项制度、3项机制，建立了河湖管理保护联系包抓制度——由省水利厅副厅级以上领导每人负责包抓1条省级河流及其重要支流，厅系统各单位组成的19个包抓工作组、97名工作人员落实具体任务；建立了河湖长制重点工作通报制度——每季度通报各地河湖长履职、主要河湖水质、河湖“四乱”整治、河湖管理范围划界、岸线保护与利用规划编制等情况，通报结果抄报省总河长、省级河长，印送各市（州）党委、政府、省河长制成员单位、各市（州）河长办；建立了“1+N”河长服务保障机制——通过落实“河长+副秘书长、秘书处室、河长办、责任单位、下一级河长及河长办”的工作模式和提醒函工作机制，当好河长参谋助手；建立了河湖问题有奖举报机制——在省、市、县三级设置监督举报电话，落实省级专项奖励资金300万元，激励社会公众踊跃反映河湖问题，及时发现、解决、消除河湖隐患；建立了河湖警长机制——推广洮河流域“河长+警长”经验，在全省全面实施河湖警长制，共设置省、市、县、乡四级警长1758名，保驾护航河湖长制工作取得实效。

三、立足实际探索创新，打造高效监管“新模式”

结合省情实际，创新管护模式，推行“河长制+精准扶贫”“河长制+全域无垃圾”“河长+警长”“河长+山长”“河长+渠长”“河长+信息员+保洁员+监督员”等工作体系，推动河湖长制向纵深发展。兰州市实行乡镇河长、村河长、村民小组河长+监督员、巡查员、保洁员、宣传员”的“3+X”河洪道巡查模式和“1+2+5”河洪道治理反馈机制（涉及河洪道治理的问题，在1个工作日内由巡查员接收并上报，2个工作日内由相应社区牵头进行办理，5个工作日内完成即时整治并反馈）。武威市凉州区建立“点、线、面”相结合的网格化监管机制，水务、生态环境等部门充分发挥行业监管责任，实现河湖“点”的监管；水管单位对河湖实行全程周巡查，实现河湖“线”的监管；镇村落实属地责任，负责整治河湖突出问题，实现河湖“面”的监管；古浪县探索推行“政府主导、国企运营”“企业+贫困户”的河道采砂管理模式，统筹管理砂石资源，确保采砂规范有序可控，鼓励建档立卡贫困户作为采砂实施主体，获得采砂收益，助力脱贫攻坚。临夏州打造河流监管全天候“天眼”，有效提升了监管现代化、信息化水平，延伸了监管触角。天水市推行河长巡河一简讯、一通报、一落实的“三单制”。张掖市推行“河长+无人机”模式，消除了监管盲区，提高了巡河效率。

四、强化部门协调联动，凝聚管理保护“向心力”

省河长制办公室充分发挥统筹协调作用，与省委组织部沟通衔接，把履行河湖长制工作职责情况纳入了干部大调研、领导班子综合研判、干部考察考核内容，常态化举办河湖长制专题培训班，加强对各级河湖长特别基层河长的培训；与省纪委积极衔接，对河湖长制督察中发现的党政领导干部在河湖治理保护上不作为、乱作为、失职渎职的，将直接向纪检监察机关移交责任追究问题线索；与省检察院持续推进“携手保护母亲河”专项行动，通过检察建议和提起行政公益诉讼等途径，落实相关部门依法行政责任，解决河湖“疑难杂症”；与省公安厅联合开展为期两个月的河湖执法行动，严肃查处各类涉河湖违法案件，形成有力震慑效应，维护良好水事秩序，让河湖监管“长牙带电”；与省财政厅积极对接，落实河湖管理范围界桩埋设、水域岸线保护利用规划编制、河湖问题有奖举报、防洪影响评价、河湖长制督察等经费，确定稳定资金渠道，为打赢河湖管理保护攻坚战提供资金保障；与省教育厅达成共识，在全省中小学开展河湖保护教育活动，从青少年抓起，增强其爱河护河意识，争当河湖的“宣传者”“监督者”“参与者”“保护者”，守望绿水青山，共护美丽河湖。

五、加强水域岸线管控，动真碰硬管好“盛水盆”

以河湖“清四乱”专项行动和河湖管理范围划界为抓手，治乱象、补短板、强监管，切实管好盛水的“盆”。开展河湖“清四乱”专项行动，向河湖顽疾宣战，严格对照河湖“四乱”问题认定和清理整治标准，对所有河湖进行“拉网式”细致排查和规范化清理整治，针对一些重点、难点问题，水务部门加强同公安、检察机关协调联动，有效利用行政执法与刑事司法衔接机制，扭住问题不放，逐个“拔钉子”，铁腕惩治河湖顽疾，推动河湖面貌显著改观。专项行动开展以来，全省累计排查整治河湖“四乱”问题5481个，共清理非法围垦河湖、侵占水域滩地面积1990.6亩，拆除涉河违建30.7万平方米，累计打捞水面漂浮物14.9万立方米，清理河道、洪水沟道各类垃圾和堆料113.1万吨，打击非法采砂船只32艘，整治非法采砂点279个，清理非法砂石18.5万立方米，完成农村房前屋后河塘沟渠清淤疏浚4185.2千米，侵占河湖、阻碍行洪、破坏河道等河湖乱象得到有效遏制。压茬推进河湖管理范围划界工作，夯实河湖管护基础，全省117条流域面积1000平方千米以上河流、7个水面面积1平方千米以上天然湖泊划界任务全面完成；1457条流域1000平方千米以下河流划界工作正在加快推进，今年年底前将完成工作任务。

六、实施一河一湖一策，紧盯任务护好"盆中水"

突出精准把脉、因河施策，全面掌握河湖在水资源保护、水污染防治、水环境治理、水生态修复等方面存在的问题，靶向治疗、对症下药，制定"一河一策""一湖一策"，明确问题、目标、任务、措施、责任"五项清单"，河长制各相关责任单位按照任务分工逐项落实，加快项目落地，推进系统治理，切实管好"盆"中的水，促进河湖水质有效提升。截至目前，全省重要江河湖泊水功能区水质达标率86.7%，高于国家控制指标11.5%；38个地表水国家考核断面水质优良比例为97.4%，高于国家平均水平约24%，无劣Ⅴ类水体；33个省控断面水质优良比例为90.9%；17个国家重点监管地市级饮用水水源地中16个水质达到Ⅲ类；整治地级及以上城市黑臭水体17条，张掖、平凉两市分别入选全国第二批、第三批黑臭水体治理示范城市。敦煌哈拉诺尔湖重现碧波；石羊河下游青土湖水面面积扩大至26.7平方千米，周边旱区湿地面积达到106平方千米，"石羊河"模式成为全国样本；黑河流域东居延海实现连续15年不干涸，水域面积常年保持在40平方千米左右；疏勒河全程再现大河西流，干涸消失300余年的疏勒河终端——"哈拉奇"重现，并形成5平方千米左右的湖面。嘉峪关草湖、文县黄林沟、酒泉花城湖、康县梅元河等4处国家湿地公园正式挂牌，金川金水湖国家湿地公园顺利通过国家验收。

河湖是水资源的重要载体，是经济社会发展的重要支撑，具有不可替代的资源功能、生态功能和经济功能，保护好、利用好、发展好江河湖泊事关中华民族伟大复兴和永续发展的千秋大计。当前，全省河湖长制正处于"有名"到"有实"的关键期，全省河湖正处于"集中治理"到"规范管理"的转折期。集众智事无不成，聚合力业无不兴。我们坚信，在习近平生态文明思想的科学指导下，在省委、省政府的坚强领导下，在各级河湖长的有力推动下，在各成员单位的携手努力下，在社会公众的广泛参与下，全省上下抢抓机遇、乘势而上、守正出新，苦干实干、善作善成、久久为功，持续推进河湖长制"提档升级"，努力实现河湖治理体系和治理能力现代化；持续管好盛水的"盆"，坚决打赢打好河湖"四乱"问题整治歼灭战；持续护好"盆中的水"，有效防范"水多"、防治"水少"、整治"水脏"、减少"水浑"，全省江河湖泊、大河小流必将成为尊重自然、顺应自然、人水和谐的生态河流，成为河势平稳、岸堤牢固、安澜畅通的安全河流，成为水量充沛、水质优良、万物共生的健康河流，成为岸绿景美、鱼翔浅底、宜居宜赏的美丽河流，成为人文彰显、文脉延续、底蕴深厚的文化河流，成为支撑发展、优质保障、惠及百姓的民生河流，域内每一条河流、每一个湖泊都将成为造福陇原人民的幸福河湖。

（甘肃省水利厅河湖管理处　供稿）

雕刻山川

——甘肃省水土保持工作七十载回顾与展望

说起甘肃，大家的印象都是黄沙满天飞、出行靠骆驼，曾几何时，“一方水土养育不了一方人”“种一坡收一箩”就是甘肃的真实写照。

甘肃地域狭长，东西长1655千米，南北最窄仅25千米。地质地貌、气候类型复杂多样，除海洋生态系统外的森林、草原、荒漠、湿地、农田、城市等六大陆地生态系统均有发育，自然因素影响大、干旱范围广、水土资源不匹配、植被少而不均、承载力低、修复能力弱是甘肃生态的基本特征。

20世纪60年代，甘肃开始大规模兴修梯田，完全依靠人力，昼夜不停，始于六盘山麓的这场改造自然的大规模造地运动从平凉市庄浪县开始，庄浪县被国家水利部命名为第一个中国梯田化模范县。

自20世纪80年代以来陆续实施了长江上游水土保持重点防治工程、黄土高原水土保持世行贷款项目、黄河水土保持生态工程、中央财政预算内专项资金水土保持项目、国家水土保持重点建设工程、黄土高原淤地坝工程、国家农业综合开发陕甘宁梯田建设项目、国家农业综合开发水土保持项目、全国坡耕地水土流失综合治理工程、中央预算内投资水土保持工程和中央财政新增资金国家水土保持重点工程等一大批水土保持重点项目。

坚持以小流域为单元，科学运用防治技术，对位配置各类措施，成功地总结探索出了以小流域为单元，山水田林路村统一规划，沟、梁、峁、坡综合治理，植物措施、工程措施、耕作措施科学配套，生态效益、经济效益和社会效益协调发展的水土保持新路子。

甘肃的水土保持从单一梯田修建，经过坡耕地治理、小流域综合治理，已经进入综合开发利用、发展优势农业产业的生态建设阶段，为甘肃广大地区脱贫致富、经济发展探索出了一条符合甘肃特色的水土保持之路。

天水麦积区的“花牛苹果”、静宁县的“静宁苹果”以绿色无污染的优良品质成为中国著名优质苹果基地和重要苹果出口基地。静宁县被农业农村部评为“黄土高原优生苹果最佳栽植区域”，形成了贮藏、贩运及果汁、果酒、果醋加工业门类齐全的延伸产业。

甘肃水土保持工作始终坚持因地制宜、因地施策，在不同特点、不同条件的区域，工作的侧重点也有所不同。

黄土高原在甘肃辖区内主要分布在中东部地区，东起甘陕省界，西至乌鞘岭。这片沟壑岭峁交织的土地，曾经孕育了华夏民族的祖先。这里有苍松翠柏，有潺潺溪流，有丰富的石油、煤炭，有闻名遐迩的名山大川，蕴藏着无尽的宝藏。但是，由于人口不断增多，土地开垦面积不断扩大，加上气候变迁，植被持续遭到破坏，生态退化越来越严重。此区域水土保持工作侧重于“综合治理+梯田建设+特色产业”，着力解决粮食增产、农民增收问题。

截至2018年年底，全省累计兴修梯田3236万亩，占全省坡耕地的68%，这些梯田年可拦蓄径流16亿立方米，减少土壤侵蚀2.1亿吨，增产粮食170多万吨。累计治理小流域1993条，治理水土流失面积9.09万平方千米。梯田建设有效治理水土流失，改善农业生产条件，为促进农业种植结构调整、发展现代旱作农业、巩固退耕还林成果、实现脱贫致富奠定了基础。通过小流域综合治理，项目区农业生产条件和生态环境发生了明显的变化，实现了基本农田数量、粮食产量、群众收入的“三增加”，农业生产条件、群众生活水平、生态环境的“三改善”，水土流失面积、坡耕地面积、贫困人口数量的“三减少”。

陇南山地重峦叠嶂，山高谷深，这一区域包括渭水以南、临潭、迭部一线以东的山区，为秦岭的西延部分。区域内总体植被丰厚，山地丘陵交错，有绿山对峙、溪流激荡。青藏高原、黄土高原、华北平原、四川盆地，在这里不再泾渭分明，而是相互交织。南国的“纤秀”，北疆的“粗犷”，在这里得到了完美的融合，可以说是甘肃最湿润的地方，有“甘肃后花园”的美誉。但是，由于植被退化，坡地、沟壑面临着严重的水土流失。此区域水土保持工作侧重于“综合治理+生态清洁小流域”，着力解决人居环境、生态环境问题。

截至2018年年底，全省累计建成了两当县马家沟和乔河、康县花桥沟、徽县店子河、成县浪沟门等18条各具特色的生态清洁小流域，初步呈现了山青、水净、岸绿、村美，人与自然和谐相处的优美景象。不仅重塑了陇南的生态颜值，壮大了生态旅游的发展，更强力助推了当地的美丽乡村建设，成为水土保持与美丽乡村建设、乡村旅游和精准扶贫深度融合的示范工程。

甘肃的河西走廊地区，东起乌鞘岭西缘，西至星星峡，该区域人口占全省的1/4，土地面积占全省的2/3，地广人稀，沙漠广布，戈壁绵延，严重的风力侵蚀和重力侵蚀，以及因大规模开发而导致的水土流失及自然地貌、植被的破坏，成为河西地区生态建设的重要影响因素。此区域水土保持工作侧重于监督执法，着力人为水土流失问题。

截至2018年年底，全省累计审批各类生产建设项目水土保持方案12326个，涉及水土流失防治责任范围33.79万公顷，监督检查生产建设项目14720个，组织开展水土保持设施验收2253个，征收水土保持补偿费11.79亿元，督促生产建设项目投资水土保持治理资金302.85亿元，防治弃土弃渣12.24亿立方米，人为水土流失得到有效遏制，全社会水土保持法制意识明显增强，实现了开发和保护的双赢。

在分区防治的同时，甘肃水土保持注重自身建设，不断强基础，先后编制了《甘肃省水土保持区划》《甘肃省水土保持生态建设规划（2001—2015年）》等综合性规划，《甘肃省黄土高原水土保持专项治理规划》《甘肃省梯田建设规划》《国家水土保持重点建设工程甘肃省实施规划》等一大批水土保持专项建设规划，完成了全省水土流失重点预防区和重点治理区的划分，为全省水土流失综合治理和监督管理提供了可靠依据。建立了省市12个监测机构和42个定位水土流失监测站点，连续12年发布了《甘肃省水土保持公告》。制定了生产建设项目水土保持监测报告制度，利用卫星遥感和无人机等先进监测设备，先后对瓜州县和天水市生产建设项目扰动情况开展了“天地一体化”监管，为水土保持监督执法提供了有力依据。同时利用全国水土保持信息系统平台，建立了全省生产建设项目水土保持监督管理、水土保持重点治理工程图斑精细化管理及水土流失监测信息化系统，实现了数据共享，初步建立了全省水土保持大数据平台。

盛世兴水，山川有幸，陇原有幸。每一棵树会铭记，每一座山会铭记，每一条河会铭记，厚厚的史册更会铭记，铭记这不凡的历程，绿色的壮举。

甘肃生态依旧脆弱，水土保持与生态保护的持久战还将继续，通向生态文明的道路注定蜿蜒崎岖。行路难，我们更将怀抱勇气和信心，水土保持，功在当代，利在千秋，时间会见证这平凡与不凡，甘肃必将奏出更加精彩、更加华丽的绿色乐章！

（甘肃省水利厅水土保持处　供稿）

饮水安全惠民生 涓涓清流润万家

——甘肃省农村饮水安全改革发展七十载回顾与展望

翻开历史，“陇中苦瘠甲于天下，一碗水贵过一碗油。”正是甘肃干旱缺水的真实写照。全省多年平均年降水量277毫米，水资源总量约289亿立方米，人均约1100立方米，是全国平均水平的1/2。水资源严重短缺，且时空分布不均，工程型、资源型和水质型缺水并存。长期为水所困的甘肃人祖祖辈辈想水、盼水。新中国成立后特别是改革开放以来，在党的坚强领导和各级政府的组织下，甘肃依靠人民群众以“人十之，我百之”的精神，战天斗地，努力改变农村群众饮水困难的落后局面。从饮水解困到饮水安全，从加快建设到长效管理，从无水到有水，从苦咸到甘甜……，点缀在陇原大地上的农村饮水安全工程，在持续改善农村群众用水状况的同时，也为陇原儿女脱贫致富、全面打赢脱贫攻坚战提供了坚强的水利支撑。

面对饮水之痛，探索求变从未停步

百废待兴，自力更生。从新中国成立到改革开放前，农村人饮没有纳入国家建设计划。但是，在党中央的号召下，全省广大水利系统干部职工和广大农民群众在各级党委政府的带领下，集思广益、出工投劳，开展了艰苦卓绝、气势恢宏的农田水利建设。河西修渠引水、合渠并坝、挖涝池，河东上下引洮、筑坝蓄水、打水窖，记录了当时甘肃人民不向命运低头，气壮山河改变饮水困难局面的曲折经历和精神风貌。1949—1978年近30年间，全省通过各种水利工程措施直接间接改善了约700万农村人口的生活用水。但受限于地理环境、经济条件等各种不利因素，未能从根本上解决人挑畜驮、人畜共池的用水局面，但取得的阶段性成果，充分彰显了甘肃人民自力更生、战天斗地解决用水困局的不屈精神和巨大成就。

时代变革之强音，引领农村饮水行稳致远

解放思想，气象更新。1978年，十一届三中全会召开，国家也随即正式拉开了解

决农村人畜饮水困难局面的大幕。甘肃省委、省政府因势而动，深入调研分析，结合特殊的省情、民情、水情，探索实践出了具有甘肃特色的农村人畜饮水蝶变之路。

1984年开始，省政府围绕扶贫工作强力组织推进人畜饮水行动，引进“世界银行贷款农村改水与环境卫生项目”、成功申请联合国儿童基金会WES项目、实施南京爱德基金会援助项目、开展中华慈善总会“十、百、千、万工程”，人畜饮水工程在全省遍地开花。

20世纪80年代，省水利厅创造性地提出利用雨水集蓄解决人畜饮水的思路，组织研究“雨水集蓄利用”项目，示范推广科研成果。1995年，省委、省政府启动实施“121雨水集流工程”，从此，雨水集蓄利用这项汇集全省人民智慧结晶的创新技术，为陇原大地极度干旱缺水地区群众带来了极大的福祉，至今仍发挥着积极作用。

1979—1999年是甘肃改革开放大发展的20年，全省用于解决农村人畜饮水的资金10.8亿元，共建成各类工程95.09万项（其中，水窖、小电井等分散工程90.5万处），解决了900万人的生活饮水问题，全省80%的农村地区吃水困难得到有效缓解。

新世纪，新纪元。2000年，中国政府签署《千年宣言》，庄严承诺“到2015年无法持续获得安全饮用水的人口比例减半”的“千年发展目标”。国家把实现经济发展和人口、资源、环境相协调，改善生态环境作为全面建设小康社会重要目标，提升到了战略任务的高度。自此，甘肃改善民生、加快发展工作也按下了快进键。省委、省政府紧抓历史机遇，全面贯彻落实党中央治水惠民政策，“饮水解困”换挡提速。此后，在全省范围内相继实施了“世界银行贷款农村改水与环境卫生二期项目”“农村饮水解困”“氟病改水”“三县抗旱应急”“大地之爱·母亲水窖”“万眼爱心水窖”等项目，特别是2002年十六大召开后，趁势而上，先导性地建设了一批集中供水工程，为后续实施农村饮水安全工程创造了有利条件。2000—2004年，全省累计投入建设资金18.05亿元，建成各类人畜饮水工程25.94万项，共解决了495.88万农村人口的饮水困难，全省农村自来水普及率由原来的10%提高到24.87%。至此，全省人畜饮水困难基本得到解决。

新形势，新要求。2004年，党的第十六届四中全会召开，国务院正式把“饮水安全”列入全面建设小康社会指标体系，农村饮水发展历史性地迈上了新台阶。

2005年，《甘肃省农村饮水安全工程总体规划》《甘肃省“十一五”农村饮水安全规划报告》等承载甘肃梦想的成果以最快的速度蓬勃而出，全省将评估饮水不安全的1526万农村人口（占农村总人口的72%），全部纳入国家饮水安全规划批复实施。

高起点整装出发，饮水安全铸就黄金十年

10年跋涉、奋进，甘肃再次显示了勇气和活力。省委、省政府连续11年把解决农村饮水安全问题作为“民生一号工程”，纳入政府考核目标。省直各有关部门齐心协力，

密切配合。全省各级水利部门按照“高起点规划、高标准设计、高质量建设、高效能管理”的工作要求，创新思路，精心实施，严格管理，扎实推进。自来水这个曾经只是城里人的“专利”，悄悄地流进了一座座农家院落。

千帆竞渡，鏖战“十一五”。“三类典型”发挥牵引作用，在定西、平凉等市（州），实施远距离引水，抓区域推进典型；在环县、会宁、靖远等干旱山区继续推动人畜饮水工程，抓特旱山区典型；在天水、临夏等地新建集中连片供水工程，整片、整乡、整县抓整体推进典型；“六化水厂”模式打造精品工程，全力推广“工程型式规模化、建设标准现代化、运行管理精细化、调度控制信息化、水质监测常规化、工程环境园林化”的建设模式，打造渭源南部、甘谷西北部和横跨3县的天水五龙等一批标准化规模水厂，以“一子落”，带动“全盘活”。

2005—2010年，全省累计投入资金32.65亿元，解决了642万农村人口、30万农村学校师生的饮水安全问题。全省农村自来水普及率由2005年的25.8%提高到51%，甘肃农村饮水从分散、低标准、小规模阔步走向大水厂时代。

日新月异，辉煌“十二五”。从习近平总书记新时期治水思路明确水利改革发展未来道路，到中央一号文件专题部署水利改革发展，党中央一系列加快水利改革发展的重大决策，为农村饮水安全改革发展指明了前进方向。

省委、省政府审时度势，大力发展集中式供水，统筹城乡发展。省人大颁布《甘肃省农村饮用水供水管理条例》，省政府出台支持饮水安全工程建设的用地、用电和税收优惠政策。同时，借鉴省长负责“米袋子”、市长负责“菜篮子”，落实县长负责“水盆子”；改革财政资金分配、使用方式，以财政资金为杠杆，撬动信贷资金投入。

5年来，一系列超常规措施激发和释放了巨大的改革动力与内生活力，甘肃农村饮水安全建设取得了前所未有的突破和成效：全省农村饮水安全总投资达80.5亿元，列入国家总规划的1526万农村饮水不安全人口全部销号，农村自来水普及率达到80%，覆盖全省农村地区的人畜饮水供水网络初步形成。

不忘初心，牢记使命，创造新时代光辉业绩

2015年，中央召开扶贫开发工作会议并印发《关于打赢脱贫攻坚战的决定》，一场载入史册的脱贫攻坚伟大战役在神州大地全面打响，农村饮水安全作为脱贫攻坚“两不愁、三保障”重要评价指标，又一次站在了时代的潮头浪尖。

决战决胜脱贫攻坚，确保2020年全省所有贫困地区和贫困人口同全国一道迈入小康社会，是省委、省政府向党中央和全省人民作出的庄重承诺。甘肃水利人深感任务艰巨、责任重大，进而以前所未有的力度、热度、速度和高度，滚石上山、攻城拔寨，奋力谱写脱贫攻坚农村饮水安全新篇章。

准确把握农村饮水安全阶段性、动态性特征，围绕如期打赢脱贫攻坚战、全面建

成小康社会目标，科学编制“十三五”农村饮水安全巩固提升规划，并作为全省水利系统“头号政治任务”和“一号工程”，系统谋划、压茬推进。

按照党中央脱贫攻坚战略部署和省委、省政府关于打赢脱贫攻坚战三年行动实施意见，启动实施《甘肃省脱贫攻坚农村饮水安全实施方案（2018—2020年）》，“十三五”规划任务提前超额完成。

制定印发《关于加强脱贫攻坚农村饮水安全工程建设及运行管理的意见》《甘肃省脱贫攻坚农村饮水安全验收实施细则》等一系列指导性文件，为打赢农村饮水安全脱贫攻坚战确立了标准和导向。

利用“互联网+”技术，按照底数清、问题清、任务清、对策清的要求，开发建设农村饮水安全管理信息系统和水质检测平台，为“滴灌式”解决贫困人口饮水问题创造精准对接条件。

聚焦贫困县区，按照“缺什么，补什么，建什么”的原则，制定一县一策、一点一策、一户一策，实施靶向治疗。建立农村饮水安全清单式管理制度，重点任务形成台账，困难问题纳入清单，跟踪督办、对账销号。

工程项目报备管理，全面落实“旬、月报”和“月调度会商制度”，一月一调度，一月一通报。资金突出重点倾斜，4/5中央补助资金用于深度贫困县农村饮水安全巩固提升工程建设。

坚持水质、水量、取水方便程度、供水保证率4项标准，落实“三个责任”“三项制度”“三个到位”“三项机制”“三类信息”5个制度，做到“水源、水质、水厂、水管、水窖、水表、水价、水费”8水齐抓，努力打通饮水安全“任督二脉”。

针对深度贫困县（区）技术力量薄弱，政策落实不到位，责任主体不明确等问题，全方位开展技术培训，统筹全厅力量成立工作组对贫困县开展工作督导和技术帮扶，促进全省脱贫攻坚农村饮水安全工作责任落实到位。

把群众满意作为检验工作成效的最高尺度标准，设立省级农村饮水安全监督服务专线电话，24小时受理群众问题投诉咨询。全国首创制作发放用水户“明白卡”、开发全省农村饮水安全微信公众号，打造全民参与的“连心桥”和依法及时解决群众诉求的“直通车”。

七十年栉风沐雨，在经历了政府引导找水吃、解决重点地区饮水难题、实施农村饮水安全工程、农村饮水安全巩固提升四个阶段后，甘肃农村饮水安全实现了历史性的转变。农村饮水从分散、低标准、小规模阔步走向集中、规模化的大水厂时代，全省以集中供水工程为主、分散供水工程为辅的农村饮水安全供水网络基本建成，农村集中供水率和自来水普及率分别达到93%、90%，分别高于全国平均水平6%和7%，建成的9000多处集中供水工程和22万处分散工程，为陇原大地的2000多万农村群众提供着稳定、安全的供水服务，也为全面打赢脱贫攻坚战奠定了坚实的水利基础。

乘势而上、接续奋斗，全面擘画“十四五”发展蓝图

“十三五”圆满收官，“十四五”奋力起航。脱贫摘帽不是终点，而是新生活、新奋斗的起点。

按照党中央巩固拓展脱贫攻坚成果与乡村振兴战略有序衔接工作部署，结合国家“十四五”农村供水保障规划编制思路和甘肃特有的省情、水情和农村饮水安全实际，“十四五”期间，将按照推进“城乡一体化、工程规模化、管理智慧化”总体思路，以“抓两头带中间”为方针、以推进管护机制创新为先导，以规模化发展为重点，以提升规模效应为核心进行总体布局，认真谋划推进更高保障能力、更优服务水平的农村供水发展，努力实现水源可靠、供水高效、服务智能、保障有力的农村供水新格局。

我们对甘肃农村饮水安全发展充满信心，更对农村饮水安全发展充满期待。我们已经书写了脱贫攻坚农村饮水安全的辉煌篇章，也必将书写农村供水保障高质量发展的壮美成就！

（甘肃省水利厅农村供水处　供稿）

母亲河的美丽变奏

——黄河治理保护工作回顾与展望

甘肃地域狭长，东西长1655千米，南北最窄仅25千米。形似一柄璀璨的如意，镶嵌在祖国大西北腹地；又宛如一条七色彩带，飘扬在黄土高原、青藏高原和内蒙古高原三大高原上。嘉峪关、酒泉在西，陇南、天水在南，恰似“如意”的两端：一端是雄浑壮美的西部风光；另一端是钟灵毓秀的江南景致。而“如意”长长的手柄上，布满广袤无垠的辽阔草原、神奇碧绿的湖泊佳泉、洁白莹润的祁连冰川、如诗似画的丹霞地貌。

甘肃，是既有好看的“皮囊”，又有有趣的“灵魂”。而这个有趣的“灵魂”，就是我们的母亲河——黄河。黄河，用她的温柔与雄浑弯曲成甘肃不屈的灵魂！

河流，是大地的血脉，人民的脊梁，更是精神的烙印和文明的摇篮。

一个地区、一个民族都有自己的母亲河，它不仅牵系地方经济社会的发展，也对历史文化的孕育、成长、繁荣有着深刻的影响。水润万物，风景因水而灵秀，山川因水而多彩，人民因水而安居乐业。黄河宁，天下平，这是历史的昭示，也是绿色发展的重要内涵。

甘肃黄河流域包括甘南、临夏、武威、兰州、白银、定西、天水、平凉、庆阳9个市（州），总面积14.59万平方千米、总人口1854万人；分为黄河干流、渭河、泾河、洮河、湟水、北洛河6个水系，其中干流在甘肃省全长913千米，流经甘南、临夏、兰州、白银等4个市（州）的15个县（区）。黄河甘肃段分为不连续的上、下两段。上段位于甘南藏族自治州玛曲县境内，河长433千米，从青海省久治县入甘肃省玛曲县，入境水资源量85.6亿立方米，从玛曲县出境入青海省河南蒙古族自治县，出境水资源量150亿立方米；下段从青海省循化县入甘肃省积石山县，河长480千米，入境水资源量211亿立方米，从景泰县黑山峡出境入宁夏回族自治区中卫市沙坡头区，出境水资源量297亿立方米。

无论是从历史还是现实来看，黄河流域都是甘肃重要的生态屏障和重要的经济地带，在全省经济社会发展和生态安全方面具有十分重要的地位，保护黄河是事关中华民族伟大复兴和永续发展的千秋大计。

甘肃省辖区的黄河流域是经济社会发展较为集中和发达的区域，但也是水资源供需矛盾最为突出的区域。抚今追昔，从中华人民共和国成立之初号召“要把黄河的事情办好”，到如今习近平总书记号召“让黄河成为造福人民的幸福河”，长期以来，面对恶劣的自然条件，甘肃省黄河流域各族人民除水害、兴水利、保生态，水利工作者一代接着一代干，黄河治理保护硕果累累。

一、河之新装　硕果累累

（1）支撑了流域经济社会发展。被誉为“中华之最”的景泰川电力提灌工程建成之后相继又建设了兴电、靖会等工程，形成甘肃省黄河干流提灌群体系，历史性解决了沿黄群众“靠着黄河没水吃”的局面。建成引大入秦工程，解决了秦王川地区近40万群众的脱贫致富问题，也为我国第五个国家级新区兰州新区的战略布局奠定了基础。建成了解决革命老区用水问题的盐环定扬黄甘肃专用工程、甘肃省民族地区扶贫开发的首个重点水利项目东乡南阳渠灌溉工程。全省人民期盼了半个世纪的圆梦工程——引洮供水一期工程建成通水、二期工程全面推进。甘肃中部生态移民扶贫开发供水工程开工建设，将为巩固区域脱贫攻坚成果和扶贫产业发展提供水资源保障。截至2018年，甘肃省黄河流域建成水库169座，总库容81.5亿立方米，规模以上灌区331处，有效灌溉面积达到692万亩，解决了1000万农村居民饮水安全问题，有效保障了城乡群众生活、工业、农业和生态环境用水需求。

（2）保障了黄河径流稳定和河流健康。通过祁连山、黄河重要水源补给区生态保护与建设等项目，水源涵养能力不断加强，草原生态退化势头得到一定程度遏制。黄河上游碌曲尕海等湿地面积不断增加，甘肃省黄河流域产水量128亿立方米，占黄河流域总径流量的20%，有效保障了黄河径流稳定。通过落实最严格水资源管理制度，黄河流域用水量控制在40亿立方米左右，年均向黄河中下游输送水量达300亿立方米，为实现黄河连续20年不断流做出重大贡献。流域累计治理水土流失6.2万平方千米，水土流失治理程度达到59%，大幅度减少了入黄泥沙，在一定程度上减缓了河床的淤积抬高速度，为维持中下游河势稳定发挥重大作用。

（3）改善了流域水生态环境。景泰川电力提灌工程等沿黄大中型灌区，与河西走廊人工绿洲共同构成我国北方防风固沙生态屏障，对防止腾格里沙漠南侵，保障北方生态安全发挥了重大作用。通过实施民调工程，在黄河流域和内陆河之间建立水资源调配通道，累计向民勤调水量约15亿立方米，通过“内节外调”，石羊河流域水资源开发利用率由治理前的172%降低至121%，干涸半个世纪之久的青土湖形成季节性水面，取得了显著的生态效果。通过严格地下水保护与治理，黄河流域地下水超采区面积由10年前的1694平方千米减少至当前的488平方千米，减幅达71%。甘肃省黄河流域水功能区水质达标率达到70%，黄河干流全年水质基本稳定在Ⅱ类以上，黄河流域内大中型水库水质均在Ⅲ类以上，19个地级城市水源地、59个县级城市饮用水水源地达标率分别为90%、94%，流域地表水环境质量呈稳中趋好态势，对整个黄河流域水质的改善做出了贡献。

（4）完善了区域性防洪减灾体系。黄河干流甘肃段重点河段治理基本完成，治理河长337千米，沿线城市等重点区域达到防洪标准。100余条江河主要支流和重点中小河流得到治理，累计完成治理河长2863千米，修建堤防4089千米，其中洮河、湟水（含大通河）、泾河干流治理率达到60%以上。基本建成覆盖流域各县域单元的山洪灾害县级监测预警平台，以刘家峡等大中型水库为骨干、河道堤防工程为基础、山洪沟道综合治理为依托的点、线、面相结合的防洪工程体系正在逐步形成。

（5）提高了水资源利用效率。以沿黄大中型灌区为重点，通过灌区续建配套和节水改造，甘肃省黄河流域节水灌溉面积达到603万亩，节水灌溉率达到87%，节水比例居全国前列。发展高效节水灌溉面积244万亩，农田灌溉水有效利用系数达到0.56，高于全国平均水平。2018年，甘肃省黄河流域万元GDP用水量为67立方米，较2010年下降了60%；万元工业增加值用水量为41立方米，较2010年下降了62%。节水型社会建设成效显著，庆阳市被列为全国第四批节水型社会建设试点城市，榆中、皋兰等县节水型社会试点建设有序推进，节水型社会试点县（区）已覆盖流域内全部市州。

（6）加强了水资源及河湖监管能力。最严格的水资源管理制度有效落实，覆盖全流域的用水总量、用水效率、水功能区限制纳污“三条红线”控制指标体系全面建立，65%以上的重点取用水户纳入国家水资源监控系统。靖远、榆中等地区农业水价改革有序推进。流域农业水价综合改革面积占流域有效灌溉面积的80%左右。河（湖）长制工作机制全面建立，河湖“清四乱”专项行动深入开展。以祁连山生态环境综合整治为重点，对水电站等保证生态流量情况进行严格管控，95%以上正常运行水电站完成引泄水流量监测。

二、河之展望　造福人民

2019年8月19—22日，习近平总书记在视察甘肃时指出，甘肃省位于黄河上游重要的水源涵养区和补给区，要首先担负起黄河上游生态修复、水土保持和污染防治的重任，提出“共同抓好大保护，协同推进大治理”的要求。9月18日，习近平在郑州主持召开黄河流域生态保护和高质量发展座谈会并发表重要讲话，党中央将黄河流域生态保护和高质量发展上升为重大国家战略。2020年1月3日，习近平总书记主持召开中央财经委会第六次会议，研究黄河流域生态保护和高质量发展问题，强调“黄河流域必须下大力气进行大保护、大治理，走生态保护和高质量发展的路子”。党中央关于黄河生态保护和高质量发展的一系列重大决策，为甘肃省黄河治理保护指明方向，也成为全省水利发展的重大历史机遇。

从历史深处奔涌而来，向美好未来奔腾而去，母亲河黄河正在今天焕发新的生机。以黄河流域生态保护和高质量发展的重大国家战略为契机，将黄河治理好、发展好、巩固好，用我们的实际行动向母亲河致敬，让母亲河笑颜永驻。

（1）实施全社会节水行动，建设节水型社会。党的十八以来，党中央明确了“节水优先、空间均衡、系统治理、两手发力”的治水思路，要把节水贯穿于全省经济社会发展和生产生活的全过程、全方位、全领域，加大非常规水利用力度，大力发展节水产业和技术。大力推进农业节水，围绕现代丝路寒旱农业发展和生态农业发展要求，改造一批、发展一批、提升一批高效节水灌溉工程。实施陇东百万亩林果基地高效节水工程、陇中现代特色农业高效节水工程，将沿黄灌区建设成全国农业节水示范区，为黄河流域水资源可持续利用和水安全保障提供有力支撑。

（2）以山水林田湖草系统治理理念进行水源涵养与保护。统筹草原保护、湿地修复、河道治理、生态产业，大力开展封育保护，培育森林资源，提高森林质量。加快传统畜牧业发展方式转变，加大生态修复和环境保护力度，加强草原综合治理和重点区段沙漠化防治，增强区域水源涵养能力。采取必要的生态补水、退牧还湿、有效恢复与保护高原湿地。参照三江源国家公园体制改革试点，建立黄河源水源涵养区国家公园。

（3）按照现代生态理念进行河流水生态、水环境系统治理。通过水域岸线管控，增加湿地面积，还河道以自然生态。加快黄河干流生态治理，按照习近平总书记的“黄河之滨也很美”的要求，将沿黄一线建设成为黄河流域的生态廊道。加强水环境治理，在城市污水处理厂全部覆盖城区及其周边区域基础上，加快乡镇污水处理厂建设，完善污水收集管网。结合美丽乡村建设，对人口密集的村镇率先进行污水收集处理，改善水环境质量。

（4）加大水土流失治理，提高流域水土流失治理率和保存率。进一步细化全省水土流失的重点预防区和重点治理区，重点推进定西渭河源区、庆阳董志塬等重点区域治理，黄土高原沟壑区固沟保塬综合治理，加快水土保持生态文明建设示范区建设。加强水土保持执法监管，全面落实生产建设项目水土保持“三同时”制度，强化水土保持重点工程建设的稽查、督查制度，实行“天地一体化”管理，运用卫星遥感、无人机等新技术，推动信息化管理水平，实现年度动态监测全覆盖和人为水土流失监管全覆盖。

（5）推进重点引调水和河湖水系连通工程，完善水资源配置体系。加快建设白龙江引水工程，解决陇东地区资源性、工程性和水质性缺水问题；加快完善引洮供水等骨干水源的配套工程，全面发挥工程效益；启动实施引大入秦配套延伸、景电提质增效等工程，全面保障区域中心城市、重点经济区发展用水需求，提高经济和人口承载能力。通过完善体制机制，加强引洮等区域性骨干工程的生态功能，实施河道生态补水、面山绿化生态供水。研究通过引洮济渭、洮夏连通，引白济渭等工程，提升区域水资源配置能力和生态用水补给能力。

（6）进一步加强河流治理与山洪灾害防治，提升防洪能力。对尚未完成治理的黄河干流、大江大河及重要支流进行治理。对现状渠化、硬化等河道治理工程，应结合河道整体生态环境要求进行改造提升。对重点山洪沟道进行系统治理。通过加强水文监测预报能力，提升防洪能力。

（7）水利信息化和智慧水利建设为重点，提升行业能力建设。实施江河湖泊监测监控、水资源监测预警建设、水土保持监测监控、重大工程监测和监控、水安全风险监管、智慧水利建设等监管能力提升工程，围绕行业监管信息化建设滞后等突出问题，着力破解强监管障碍，加快互联网、大数据、人工智能等高新技术与水利业务工作深度融合，加快构建现代水治理体系。

路漫漫其修远兮，推动黄河流域生态保护和高质量发展并非一日之功，黄河流域生态保护和高质量发展水利工作永远在路上。唯有以“功成不必在我”的精神境界和“功成必定有我”的历史担当，保持历史耐心和战略定力，既谋划长远，又干在当下，从一滴水到一条河，一年接着一年干、一任接着一任干、一茬接着一茬干，才能以尺寸之功，积千秋之利，真正让黄河成为造福人民的幸福河。

（甘肃省水利厅黄河办　供稿）

新闻选登篇

引大入秦　旱塬变良田
新区崛起　美景入画卷

周靖博

日新月异，生机勃勃，水林相映，房厦交错。从街景花圃，怡人绿地，再到垂柳湖堤，绿水清波，如今的兰州新区，从每一个角度看去，都是一幅生动的画卷。这样的场景，在兰州新区成立之前，是想也不敢想的，当时的秦王川实在是太缺水了。而这一切的改变，都来自于一项水利工程的实施——引大入秦。引大入秦的实施，影响了200多万人和兰州发展的命运，它是甘肃省最大的跨流域调水工程，被誉为“德政工程、民心工程、生存工程和发展工程”。特别是改革开放40年来，随着各项改革发展政策的陆续推出，这片土地上的所有人也迎来了新的生活起点。这是秦王川之幸，也是兰州之幸。

引水　受益区人口达到200多万

出兰州市区向西北方向70多千米，一大片开阔的川地让人眼前豁然开朗，笔直的规划路纵横交错，道路两边现代化企业、大中专院校、时尚居民小区、城市休闲公园渐渐形成规模，这便是兰州新区。

曾几何时，“拉羊皮不沾草，风吹石头满滩跑”是秦王川的真实写照。干旱缺水一直是制约当地经济社区发展的大问题，在这片土地上，祖祖辈辈都在想水盼水，如何把天上水、地面水、地下水充分利用起来是他们的心愿；如何找水、蓄水、引水是他们持之以恒的行动。

“党把这么重的担子交给咱，咱就只能干好，参与建设引大工程的经历是我人生最闪光的亮点。”引大入秦工程总工程师张豫生自豪地说，“该工程于1976年开工建设，1981年财力不足缓建，1987年复工建设，1994年顺利建成通水。我在这里干了

本文2018年2月10日发表于《兰州晚报》。

10年，直到主体工程通水后退休。引大入秦工程运行快24年了，没有发生大的技术问题，可以说工程质量是优质的。”

引大入秦工程是将发源于青海省的大通河水跨流域调入兰州市以北60千米的秦王川地区的一项大型水利工程，取水口位于甘青两省交界的甘肃省天祝县天堂镇境内。工程跨甘青两省四市六县（区），渠线长达1265千米。设计年引水量4.43亿立方米，规划农业灌溉面积66万亩，供水范围覆盖兰州、白银、景泰、皋兰、永登、天祝和兰州新区等市、县，受益区人口达到200多万。

追溯历史能更加深刻体会“国家富强”这个词的意义：距今110年前的1908年3月（清光绪三十四年），时任陕甘总督的允升，就提出了引大入秦的设想，而当时落后的经济发展水平只能让引大入秦成为一个设想。1940年，当时的甘肃水利公司，也曾生出引大入秦的念想，并进行过勘察，但因国力衰败，只能望“水”兴叹。从时间节点上可以看出，这项艰苦卓绝的工程建设期主要集中在改革开放之后，“我省借着改革开放的政策，向世界银行贷款，该工程也是世界银行贷款援华项目的样板工程。”张豫生说。

引大工程是展示甘肃省坚持改革开放、推进科学发展的重要窗口，工程给秦王川地区乃至兰州新区的生产条件和生态环境发生历史性改变埋下伏笔。2012年，国务院批复设立兰州新区，沉睡多年的秦王川盆地重新被唤醒，戴着“第五个国家级新区”的光环登上历史舞台。

用水　秦王川居民走上致富路

今年63岁的滕汉民是兰州新区秦川镇榆川村的农民，24年前，引大工程正式通水改变了他们一家人的命运。现在老滕专职给兰州新区紫金大厨房定点供应大棚蔬菜，一年纯收入能有4万多元。

“以前，家里的日子可没有现在这副光景，因为没水，年成好坏全看老天爷脸色，天不下雨自己操碎了心也是白忙，所以大家种的都是‘懒汉地’。”滕汉民解释说，所谓“懒汉地”就是春天随便在地里播撒播撒，看老天爷心情能长点就收点，长不上了就压根也不管了。越苦越穷，越穷越没出路。

秦川镇榆川村地处永登县秦王川盆地，作为引大入秦工程移民项目的主要组成部分，榆川村于1996年正式建村安置，村民主要来自周边干旱贫困山区。现全村共310余户1100多人。1994年引大工程通水以后，从根本上改变了这里乡村的面貌。

说起引大工程，榆川村老书记滕生堂很激动，“我们刚从榆中县来到秦王川引大灌区的时候，大家住的是土坯房，看到的是一片砂滩，听到的是刺耳风声。经过20多年的努力，榆川村脱贫致富了，这一切的改变，源自于引大工程和兰州新区的建设。”

现在走进榆川村，到处都是宽阔平坦的硬化道路，特色鲜明的文化墙，整洁怡人的农家小院……如今，全村建有日光温室蔬菜大棚320座，其中就有滕汉民的两个蔬菜大棚。全村产业收入达到450万元，占全村人均收入的65%以上。2017年全村农民人均纯收入达到11000元左右。

榆川村的改变，只是秦王川这片广袤大地上受益于引大工程而发生巨变的一个缩影。

昔日的旱砂田变成了水浇地，秦王川当地居民彻底摆脱了靠天吃饭的历史。粮食亩产由通水前的60公斤提高到400公斤，主灌区40万人和20多万头（只）牲畜的饮水不再是难题。从此，由我省宕昌、东乡、永靖、天祝及永登、皋兰、榆中、七里河等县（区）贫困山区搬迁的5.64万移民，摆脱了贫困，解决了温饱，踏上了致富的快速路。

供水　滋养现代化生态新城

引大工程历史性地改善了区域生态环境，随着生态环境的优化，受益区生态效益日渐凸显。

22岁的甘肃农大毕业生饶伟俊知道，早在他出生前20年，因为一项水利工程的规划实施，让秦王川的生态条件发生根本性的改变，才让他能在家门口学以致用。

“这个草莓品种叫鲁旺，又名甜查理。是我们从以色列引进的新莓品种，在这个600平方米的新型双层膜结构大棚里，我们从全世界引进了15个新草莓品种，根据试种品质决定选择哪几个品种大规模在兰州新区推广。新区光照条件不错，灌溉供水有保障，各项硬件条件都很好，我很幸运能在家门口找到这份对口工作。”新区农投公司技术员饶伟俊说，“如果没有水，是不可能发展水果种植和大棚蔬菜的。”

2011年2月，甘肃省政府做出由引大入秦工程承担向兰州新区供水任务的决策。引大工程的功能定位由当初的“发展灌溉、生产粮食、解决温饱”，调整为“以兰白都市圈经济社会发展为依托，以经济社会生态效益最大化为目标，统筹农业、工业、城市生活、生态等各类用水需求，为兰州新区开发、兰白都市圈建设和供水区经济社会发展提供水资源支撑。”这个调整，为兰州新区的建设注入了新的活力。

站在栖霞湖边，兰州新区农林水务局副局长王集桂告诉记者：“为了用好引大工程的水，我们建设了生态工程，通过河湖连通人工水系，将引大工程的水留在新区，用一个湖及辅助工程带动周边生态环境改变，目前已经建成了6个湖。如今的栖霞湖，周围水草繁茂，绿意盎然，已经是兰州新区标志性生态景点之一。引大工程为新区的快速建设发展打下了坚实的基础。”

短短的6年时间，兰州新区累计完成生态绿化面积19.34万亩，城市核心区绿化率达到31%，生态防护体系相对完备、生态景观特色鲜明的总体格局已初步形成。引大入秦项目这一渠活水，浇灌出兰州新区这一座绿色生态、产城融合的现代化新城。

福水　兰州新区发展前景广阔

兰州新区于2010年8月开始筹建，2011年2月成立新区党工委、管委会，2012年8月获批成为全国第五个、西北第一个国家级新区，并被赋予“西北地区重要的经济增长极、国家重要的产业基地、向西开放的重要战略平台和承接产业转移示范区”的战略定位，规划范围涉及兰州市永登、皋兰两县的6个镇，总面积1744平方千米，规划建设面积246平方千米，现有人口近30万。

兰州新区以1700多平方千米的占地面积备受各方瞩目，又因地处兰州、西宁、银川三个省会城市共生带而自带“枢纽光环”。兰州新区规划设立了现代农业示范园区、空港物流园区、临空产业园区、装备制造业园区、新兴产业园区、循环产业园区、生态休闲区等10个园区，而仅生态休闲区就占地50平方千米。

兰州新区紧紧围绕国家赋予的战略定位，不断学习借鉴其他新区和自贸区经验，不断深化改革创新，攻坚克难、开拓进取，经过7年多的开发建设，一座产城融合的现代新城初具规模。作为甘肃经济社会发展的新引擎、改革创新的新高地、对外开放的新平台作用逐步显现。地区生产总值从2011年的39.04亿元将增长到2017年的176.33亿元，年均增速近30%，2018年预计达到200亿元以上。

引大入秦引来的堪称造福当地的“福水”。据统计，工程自1994年建成通水以来，累计引水29亿立方米。近年来，随着秦王川灌区和兰州新区生态绿化面积的不断扩大，区域生态面貌发生了可喜变化，渠路田间防护林网建设逐年发展，造林20多万亩，森林覆盖率由原来的0.8%提高到15%以上，小气候明显改善，风沙天气逐年减少，降雨量年均增加50～80毫米，昔日“十里不见树”“电杆比树多”的旱塬，如今变成了“良田万顷，绿树成荫，瓜果飘香”的新型灌区和生态环境优美秀丽的国家级兰州新区。

黄河之水上高山

——甘肃省景泰川电力提灌工程发展纪实

林治波　刘海天

千百年来，景泰川人一直在发愁：黄河水白白从脚下流过，却无法浇灌他们的田地。“水在低处流，人在川上愁。风沙不断头，十种九不收。”这首歌谣形象地写出了他们曾经的苦难。他们多希望能把黄河水引上山坡，滋润庄稼，绿化家园。

中华人民共和国成立后，甘肃省景泰川电力提灌（简称景电）工程让景泰川人不再发愁，通过提水、输水和分水，让荒漠变成千里沃野，为甘肃、内蒙古的经济发展和生态建设做出了贡献。目前正在规划三期工程，若能获批实施，可新增有效灌溉面积70万亩，安置各类生态移民和易地扶贫搬迁移民30万人。

水由低处向高流，人在川上不再愁

甘肃省景泰川电力提灌管理局纪念馆里，一幅老人啃树皮的旧照片，看了令人动容。年年岁岁旱相似，岁岁年年人不同。过去的岁月，居民换了一代代，干旱、贫穷、逃荒的命运却没有变。

景电工程的出现，改变了这种宿命：黄河水被提上高山、灌溉农田、浸润家园。1969年，景电一期工程上马。等待千年，景泰川人守得云开见月明，多年夙愿一朝偿。

有了景电工程，景泰川才真正地如其名：景色优美，否极泰来，米粮之川。

景电一期工程扬程472米，二期工程扬程713米。这么高的扬程，称之为“上天”并不为过。黄河水经过景电的泵站、明渠、暗渠、管道，爬上数百米高的山坡，再依靠自流深入千家万户。

本文2017年3月7日发表于《人民日报》。

曾有联合国官员到甘肃定西考察，称那里不适合人类居住。其实，上水之前的景泰川，情况也差不多。但是在这样恶劣的环境下，当地群众没有搬走，而是众志成城自发来修景电，要靠双手改善家园。没有宿舍，就住地窝子；没有食堂，就自带干粮；没有炉火，就喝凉水，靠着万众一心，景电一期工程顺利建成运行。

景电工程有1391条输水管道，累计长达2422千米。它们如同一条条巨龙翻山越岭；又仿佛一头头长鲸吸纳百川。“更有潺潺流水，高路入云端”的诗句，量身打造一样写出了景电工程的豪情与浪漫。

如今，一些管道已被漆成彩色，绵亘于崇山峻岭间，如长虹卧波，似天梯飞架。这既是工程也堪称一景，为未来发展旅游业打下了基础。

“长鲸吸水”阻沙漠，景泰川似“小江南”

截至2015年年底，景电工程累计提水119.15亿立方米，灌溉面积达110万亩，产粮84.38亿公斤、经济作物32.17亿公斤，直接经济效益167.93亿元，是工程建设总投资的19.62倍。

昔日苦瘠甲天下的亘古荒原变成了绿树成荫、粮丰林茂、瓜果飘香的米粮川，百万亩灌区与十余万亩三北防护林带，有效阻止了腾格里沙漠南侵，成为祖国北部的生态屏障。

“长鲸”吸来的水，流到景泰、古浪、凉州、民勤、阿拉善……流到哪里，就给哪里带来绿色、生机、希望。

景电上水前后，当地年平均降水量由185毫米增到201.6毫米，相对湿度由46%增到47%，平均风速由3.5米每秒降到2.4米每秒，8级以上大风天数由29天减为16.7天，年蒸发量由3390毫米降到2361毫米，灌区小气候得到明显改善。

现在再到景泰川，一片绿意看无边。庄稼长势茁壮，野草染绿山间，树木撑起巨伞，虫鸟此闹彼喧，就像换了个世界。

景泰县气象局局长康永学介绍，景电工程上水后，灌区气候改善很大：“以前每年要刮四五次沙尘暴，近年来，每年只有一两次轻度扬沙。”

在景电工程一个配水处，小菜园里的作物长得葱郁茂盛。但向日葵却用塑料袋套着头，令人很不解。配水员介绍，由于生态较好、飞鸟众多，常有小鸟来偷吃，所以套了起来。

景电工程一号泵站里，枝繁叶茂、绿意如织，生长着众多南方大叶植物。身处林间，观赏芳草鲜美，呼吸湿润空气，更觉意境清幽。常常使人产生了身在江南的错觉。一片万亩红枣林，铺满岸边的土地，累累硕果，压弯枝头。典型的北方地貌，却有了南方风韵，这得益于河水提灌。

严约厚爱聚人心，精细管理见效益

振兴景电，甘肃省景泰川电力提灌管理局局长赵建林经过了一番艰苦努力。他回忆，刚到景电时，职工精神面貌较差，见了他招呼都不愿打。而现在，职工们爱岗敬业，像爱护家庭一样爱护景电工程。

上任伊始，赵建林宣布了“三不”禁令：不许拜年，不许酗酒，不许赌博。逐渐，景电的风气有了转变。帮职工子女解决就业、增加一线人员“两费一补”、地方慰问品全发给基层……一项项政策温暖了职工，赢得了人心。

赵建林还克服困难，争取到棚改房项目，解决了823户职工的住房问题。“景电要同全国人民一道脱贫致富奔小康”，这种信念鞭策着他。不只是对职工，景电对灌区群众同样关爱。他们定点联系的8个贫困村，6个已整体脱贫。

有了群众基础，赵建林开始抓关键问题——精细化管理。这使景电的管理水平不断提升：渠系利用率达75%，设备完好率达98%以上，工程安全运行率达100%，确保了人身、工程、设备“三大安全”，安全生产事故连年为零。

数据更能形象说明效果：2015年二期提水能源单耗降低2%，全年同比计划少用电1578.6万千瓦时，节省电费150.76万元。2016年3—7月，机电设备故障率较2015年同期下降48.7%，较2014年同期下降66.41%。这是实实在在的经济和安全效益。

承担社会责任，景电工程多次表现高风亮节：大雨冲毁景泰县自来水管道，景电工程积极帮忙供水；每年赠送20万立方米水以改善景泰生态；内蒙古阿拉善旗希望多分些水，景电工程为其增加了300万立方米水量……

负重前行勇担当，自强之余盼扶助

赵建林深知，多年积累的问题，严重制约着景电的运行和发展。

用水指标严重不足。灌区实需6.3亿立方米水量，却只有4.75亿立方米指标；工程检维修费用多年落实不到位，缺口巨大，导致工程隐患日益增多。如，2015年景电应落实公益性工程日常维修养护经费1369万元，只到位300万元，资金到位迟缓，工程更新改造进展缓慢；大型泵站更新改造项目总投资11.68亿元，只到位了3.4196亿元。水费未能按成本收取，景电工程成本水价为0.3759元每立方米，只能卖0.33元每立方米。

景电工程目前正在规划三期，拟向石羊河流域输送更多的农业和生态用水。若能获批实施，将可显著改善民勤、金昌等地生态环境，可新增有效灌溉面积70万亩，可安置各类生态移民和易地扶贫搬迁移民30万人，较好地解决这些地区的扶贫攻坚和易地搬迁问题。

景电人还期盼：一律按基础电价交电费，工程拨款落实到位，增设水利部门扶贫资金，这样可有效提升景电服务于西北发展的能力。

景电管理层决定结合自身优势，在灌区发展文化生态旅游——灌渠用于漂流；管道漆成彩色；泵站改为客栈；悬崖开展滑翔；崎岖道路则可发展自行车、摩托车越野赛。新产业、新机制、新前景，当景电文化生态旅游发展起来，带动当地群众致富的门路就更宽广了。

甘肃疏勒河流域试点水权改革
改进灌溉方式　精打细算　告别漫灌

付　文

实施最严格水资源管理制度，水权改革是一项重要工作。甘肃省是我国7个水权试点地区之一，透过疏勒河流域试点水权确权交易制度改革的过程，我们可以看到当地的水权改革是如何开展的，又改变了什么。

眼下正值小麦夏灌，甘肃玉门市下西号镇沙地村的农户姜玉福忙着给自家小麦浇水。

姜玉福说，水权确权改革后，他用水变得精打细算，种多少小麦、玉米、南瓜和食葵，都要算一笔精细的“水账”。让姜玉福有了这些改变的，正是甘肃省疏勒河流域的水权试点改革。

先确定总量再确权，明确水权归属

疏勒河是甘肃省三大内陆河之一，流经肃北、玉门、瓜州、敦煌等县市。疏勒河流域地处库姆塔格沙漠东缘，流域多年平均降水量为96.2毫米。

2014年，疏勒河灌区的玉门市、瓜州县开展水权试点。2017年年底，疏勒河流域水权试点通过水利部验收。

“水权确权前，老百姓用水没有计划，想种啥就种啥，总认为只要种到地里面就有水浇。确权分配之后，老百姓节水意识提高了。”日前，记者在甘肃省瓜州县西湖乡城北村采访时，村干部赵雪说。

2015年2月，《甘肃省疏勒河流域水权试点方案》经水利部、甘肃省政府正式批复。按照该方案，玉门市、瓜州县以及疏勒河流域水资源管理局开展用水确权调查登记工作，最终形成各自的流域水权分配方案。

据介绍，试点地区分配总水量9.4亿立方米：生活用水确权水量2323.88万立方米，

本文2018年5月7日发表于《人民日报》第14版。

农业用水确权水量73807.05万立方米，工业用水确权水量4925.11万立方米，生态用水确权水量2683.96万立方米，政府预留水量10260万立方米。

“我们组织国土、农牧、林业、工信等部门和各乡镇深入开展灌溉面积、供水水源、机电井、供水设施等现状调查，摸清全市各行业用水现状。”甘肃省玉门市副市长李红告诉记者。

“确权过程中最难的，就是确定农业耕地确权面积。”甘肃省疏勒河流域水资源管理局水政水资源处处长王勇说。

酒泉市政府、疏勒河流域水资源管理局在全面调查流域水资源及经济社会发展、农村土地确权流转情况的基础上，明确了可确权水量为试点区域用水总量控制红线，确权范围为二轮土地承包、国家土地占补平衡和政策性新增耕地三类面积，确权主体为农民用水户协会、农业经营大户和取水单位。

“经过反复核实，最终确定流域农业用水确权面积为138.47万亩，占现状耕地面积202万亩的68.6%。”王勇说，甘肃省水利厅重新核发了疏勒河流域昌马渠首和双塔水库取水许可证，许可水量5.02亿立方米，较原取水许可7.2亿立方米减少2.18亿立方米。酒泉市、玉门市和瓜州县政府复核换发农业地下水取水许可证3609本，复核换发工业、城市生活地下水取水许可证632本。

同时，当地组建完善农民用水户协会122个，涉及农户4.42万户、17.37万人，实现了改革试点区农民用水户协会的全覆盖以及水资源使用权、工程所有权、管理权和用水过程决策权的统一管理。

实施精细化管理，倒逼节水降耗

确权发证只是水权水市场建设的最初一环。发证之后，还要确保水权得到有效落实。

“流域内农业用水量占总用水量的95%左右，利用方式较为粗放，用水效率不高。”酒泉市疏勒河流域水权试点工作领导小组办公室主任于军说。

对此，疏勒河流域水资源管理局灌溉管理处处长龚志宏介绍，“我们全力推进灌区信息化建设，改造完善水量计量设施，实现了三大水库出库流量、分水口流量运行工况等的实时动态监测。”截至目前，灌区自动化计量灌溉面积达到121万亩，占灌区总灌溉面积的90%以上，让用水户用上明白水、交上放心钱。现在，灌区老百姓打开手机，就可以随时掌握灌溉用水信息。

王勇介绍，确权分配实行分类施策，对工业用水、城市生活用水只发放用水许可证，对农业用水除发放取水许可证外，向农民用水户协会颁发水资源使用权证，不直接向农户发证，“避免了水资源使用权的过度碎片化，最大限度地为水资源使用权的调配管理和交易流转提供便利”。

此外，疏勒河流域水资源管理局副局长陈兴国说，各地水务局还加强了取水许可动态管理，对闲置水指标在取水许可延续换证时予以核减。

通过充分发挥水权的杠杆作用，倒逼节水降耗。对农业用水，超水权额度的，超额部分水费按现行水价的2倍收取；对工业用水，超水权额度50%以内的，超额部分水费按现行水价的2倍收取；超水权额度50%以上的，超额部分水费按现行水价的3倍收取。

“通过这几年的水权改革，不仅老百姓的节水意识有了明显提高，也在倒逼生产方式的转变。我们村发展了温室大棚、拱棚种植，还用上了滴灌、管灌等节水技术。”玉门市柳湖乡岷州村农民用水户协会令卫平说，有了这些技术，水费比过去漫灌可以节省一半。

水权可交易可流转，提高水资源的利用效率

近年来，受用水总量红线指标、流域分水方案、地下水压采目标等因素影响，疏勒河流域水资源供需矛盾日益突出，这也是水权改革推进最难啃的“硬骨头”。

疏勒河流域水资源管理局鼓励农业取用水户通过调整种植结构、改变灌溉方式等措施节约水资源。“所节约出的水量，用水户协会间或农户间可以依据持有的用水权证开展水权交易。交易标的既可以是年度用水量，也可以是其他一定期限内的用水量。”王勇介绍。

据介绍，企业通过调整产品和产业结构、改革工艺、节水等措施节约水资源的，在取水许可有效期和取水限额内，经批准也可以有偿转让其节约的水资源。

“我种了18亩甘草，以前没有确权的时候水不够用，现在可以从别的种茴香、葵花节约下水来的村民那买来用，解决了水不够用的问题。”瓜州县西湖乡城北村一组甘草种植户赵雪霞说。

“随着城市扩容、供热面积的增加，生产用水不断增加，水权交易可以解决我们新增的用水需求。”玉门市融心热能有限责任公司副经理周涛仁告诉记者。

王勇说，通过水权交易流转，能够充分发挥市场机制在水资源优化配置中的决定性作用，有效缓解流域水资源紧缺的矛盾，促进流域水资源利用效益最大化、效率最优化。

根据实际情况，酒泉市水务局、疏勒河流域水资源管理局在国家级水权交易平台——中国水权交易所建立了疏勒河流域水权网上交易大厅，建成甘肃省水利厅、酒泉市水务局、疏勒河流域水资源管理局三级互联互通的水资源使用权确权登记数据库，积极协调玉门市、瓜州县范围内的新增用水户，与流域内农业用水户开展行业间水权交易，指导流域用水户间、上下游等开展多种形式的水权交易。

“疏勒河水资源相对稳定，而随着社会经济的发展和人口及耕地面积的增加，流

域内需水量不断扩大、供需水矛盾日益突显。过去，地下水超采、生态用水被挤占，导致局部生态环境恶化。”陈兴国认为，开展水资源分配、确权和交易流转，有利于强化水资源归属意识，控制不合理用水需求，逐步退减被挤占的生态用水和超采的地下水，实现流域经济生态均衡发展。

数据显示，2016年，疏勒河下游北河口水量达到7700万立方米，党河末端北湖滩水量达到2000万立方米，敦煌西湖自然保护区周边地表植被覆盖率进一步增加，林草综合覆盖度较2008年提高了5%。

链　接

2014年下半年开始，我国在河南、宁夏、江西、湖北、内蒙古、甘肃和广东七省区开展水权试点，试点包括水资源使用权确权登记、水权交易流转和开展水权制度建设。

据了解，水权改革是利用市场机制优化水资源配置的基础条件，是落实节水优先方针、破解水资源瓶颈问题的重大举措。经过探索，七省区的水权改革试点基本完成，总量控制、确权到户、节水优先，初步建立水权确权、交易、监管等制度体系，形成流域间、流域上下游、区域间、行业间和用水户间等多种水权交易模式。

引洮供水工程：涓涓清流润旱塬

宋振峰　洪文全

因为缺水，甘肃省以定西、会宁为代表的甘肃省中部干旱地区，自古以来“苦瘠甲天下”。在这里，人均水资源量仅为全国人均的6%，是全国最干旱的区域之一。

“引洮河水，解陇中渴”，一直是甘肃人的夙愿。

1958年，引洮供水工程开工建设。但囿于当时甘肃省的经济基础薄弱、技术水平低，导致引洮工程于1961年全线停工。

在历届甘肃省委、甘肃省政府的努力下，2006年11月，引洮供水战役再次打响。

2013年2月3日，在引洮供水工程进入最为艰难的施工阶段时，习近平总书记专程赶赴引洮供水工程一期实地考察工程建设情况。他强调，民生为上、治水为要，要尊重科学、审慎决策、精心施工，把这项惠及甘肃几百万人民群众的圆梦工程、民生工程切实搞好，让老百姓早日喝上干净甘甜的洮河水。

带着总书记的嘱托和数百万陇中群众的期盼，2014年12月28日，引洮供水工程一期正式通水，陇中群众祖祖辈辈“看天吃饭”的日子一去不复返，甘肃中部干旱地区定西、白银、兰州3市7县（区）232.5万人民生产和生活用水问题得到彻底解决。

为了让更多群众用上洮河水，延续旱区群众脱贫致富奔小康的梦想，2015年8月，总投资73.06亿元的引洮供水工程二期开工。

如今走进陇中大地，昔日的旱塬上绿意盎然，旱区群众的生活发生了翻天覆地的改变。而这一切变化，都离不开新中国成立以来甘肃省水利建设史上最大的一项水利工程——引洮供水工程。

引洮一期　为旱塬送来生命之水

盛夏时节，走进定西市通渭县，连片的蔬菜基地和果园，整齐划一的规模化养殖场，青山依依，绿水悠悠，旱区农民喜气洋洋。农家不仅彻底告别了没水吃的历史，甚至和城里人一样用上了自来水和太阳能热水器，过上了以前“想都不敢想”的生活。

本文2018年发表于《甘肃日报》。

“以前只能算得上是熬日子。”通渭县陇阳镇周店村村民张德海说，洮河水没引来的时候，全村靠一眼泉和几口电机水井“讨生活”。遇到旱天，大伙儿就都只能“眼巴巴地盼下雨”。

“如今自来水通到了灶台前，村里又为大家免费装上太阳能热水器，不光有冷水，热水也是四季管够。”说起引洮供水工程带来的“福利”，张德海的话匣子一下子打开了。

为了让记者看看家里的“变化”，张德海还热情地邀请我们参观自己家的浴室：5平方米大的房子里，白色瓷砖贴得整整齐齐，不锈钢花洒挂在墙上。张德海打开水龙头，热水哗哗地流了出来……若不是院里传来的几声鸡鸣犬吠，记者很难想象自己正身处陇中山区的一个小村里。

陇阳镇水管站站长李维军告诉记者，引洮供水工程一期建成后，为了更好地管护和服务，通渭县先后在各乡镇建立起水管站，每个站上配备了3～5名专业的水管员巡查管线、收水费。“短短的三年多时间，镇里的群众搞种植、养殖，发展庭院经济，就连当年因为缺水‘逃’出去的那些群众，也纷纷回到了村里。”

“全县40万群众，有30万人都享受到了引洮一期送来的洮河水。”通渭县水务局副局长郑永茂介绍说，随着脱贫攻坚步伐的加快，正在建设的引洮二期将为剩下的10万通渭人解决生活用水问题。

引洮供水工程一期的建成，不仅为吃了半辈子窖水的通渭农村家庭带来了清甜的自来水，更为他们带来了脱贫致富的希望。“因水而活”的陇阳镇只是众多受益的乡村之一。

“这地方，以前三句话离不开水。”马营镇华川村后湾社村民何永斌说，遇到旱情，走上十几千米、拿着二三十元都买不来一吨水，“作为一个庄稼人，前半辈子最苦、最累的活就是寻水。”

“现在不一样了，洮河水送到了院子里，不仅人够喝够用，搞点产业都没问题。”何永斌指着手中的自来水管说，以前遇到旱天人都没水吃，村里人就没几家养牛的。

“去年依托精准扶贫，自己也从外地买来了3头西蒙塔尔牛搞养殖，全社有14户人家都办起了养殖场。”何永斌说。

攻坚克难　时刻不忘的殷殷嘱托

采访途中不难发现，在这片土地上，无论干部群众，只要提起引洮供水工程，无不开口称赞。可只有亲身经历过的人才最清楚：被陇中群众称作“生命工程”的引洮供水工程，历经了多少困难和挑战。

引洮供水工程一期因为涉及的地方山多，地形复杂，工程需开凿大量隧洞，架设诸多渡槽，技术复杂，困难非常大。仅总干渠就要开凿隧洞18座，总长超过96千米，占总干渠全长的84％。

就在工程进入难度最大、任务最重的关键阶段，2013年2月3日，习近平总书记专程赶赴位于渭源县上湾乡境内的引洮供水工程一期总干渠6号隧洞进口漫坝河支洞处，实地考察工程建设情况。

在施工现场，习总书记一边仔细听现场负责人的汇报，一边认真查看着工程总体布局，详细询问着工程一期、二期的有关情况。

当了解到一期总干渠18座隧洞已贯通17座、1～6号隧洞具备通水条件时，习总书记很高兴。

看着施工现场取自渭源县当地农户的水窖中的水，习总书记说："我们老家吃的是地下水，也是苦咸水，而且含氟量高，吃了牙齿会变黄。来的人，一开口，就知道是老家的人。"

"引洮工程是造福甘肃中部干旱贫困地区的一项民生工程，工程建成后可解决甘肃六分之一人口长期饮水困难问题，工程的建设具有非常重大的意义。'行百里者半九十'，虽然看起来总干渠只剩下这么一段就可以实现全线通水，但决不能轻视它，要认真研究施工方案。不过也不难，我在上海工作的时候，黄浦江的过江隧道那么难都通过了，这里应该没有什么大的问题。"指着漫坝河沿岸的群山，习总书记又语重心长地说："甘肃大部分地都是干旱地，靠引洮工程建一个商品粮基地是没有可能的，关键是要用好水资源，解决好生活用水问题。北方缺水，要认真研究节水灌溉技术，不能搞大水漫灌，把有限的水资源用到最需要的地方。"

从那一刻起，习总书记的嘱托，便成了甘肃水利工作者扛在肩上的责任。他们不负嘱托，历时8年的艰苦鏖战，引洮供水工程一期于2014年12月主体工程建成通水。

旱区受益　脱贫攻坚的绿色引擎

作为甘肃有史以来投资规模最大、引水线路最长、覆盖范围最广、受益群众最多的大型跨流域调水工程，引洮供水工程不仅是陇中群众用水的"绿色生命线"，更成了当地脱贫攻坚的重要基础设施，为推进当地农业综合开发和区域性贫困地区精准脱贫提供了重要的水利支撑。

"盼星星盼月亮盼了好多年，现在终于盼到了洮河水。"定西市凤翔镇安家坡村李森对引洮供水工程带来的"福利"深有感触。

李森所在的安家坡村八社位于定西城区东山半山腰，这里虽然处于城乡结合部，但由于村子地势高，又没有水源，一直以来，村民们都面临着吃水难的问题，缺水也成了制约村民发展经济的首要问题。随着引洮一期工程的建成，安家坡群众的脱贫致富终于看到了希望。

作为引洮供水工程一期的受益区，安定区2017年种植节水示范蔬菜基地3万亩，通过统一流转，建成规模化的蔬菜种植基地。去年种植的包心菜、西兰花等蔬菜喜获丰收，农民收入明显增加。

引洮供水工程给致富能人带来契机，致富能人又带动周围农民脱贫致富。

会宁县头寨镇牛河村，甘富果业集团从村里流转撂荒土地新开发的果业基地，引进烟台富士品种，先后投入5000多万元，在附近5个乡镇建成5000多亩苹果种植基地。基地不仅带动了200多户周边群众前来务工，还将苹果种植发展为种植户户均受益5万元的致富产业。

“以前的会宁农民靠天吃饭，只种不收。如今我们的优质苹果已经签好了北上广的大订单，一个苹果就能卖10元，农民的收入根本不用愁。”甘富果业负责人张玉珊笑着说，“正是引洮供水工程为这里的发展提供了保障。”

洮河水不光为陇中旱塬带来勃勃生机，更让这里祖祖辈辈都不敢想的事情变为现实：前不久，会宁山区种植的第一批荷兰豆乘车出发，经过广东港口分拣包装后，通过海运到达欧盟市场，最终端上了英国人的餐桌！

今年，会宁县通过农村“三变”改革试点工作，在引洮供水工程一期覆盖的14个乡镇新建蔬菜大棚1.6万座，超过5000户2万多贫困人口直接受益。洮河水不仅为会宁多个乡镇发展设施蔬菜种植提供了保障，更在这里掀起了一场改写旱塬农业历史的产业革命。

农民建棚不用掏钱，种子有人提供，技术有人指导，收购有人上门……政府主导的“先考虑销，再考虑种”的“药方”打消了种植户的顾虑，也正是看中了这里独特的地理优势和蔬菜品质，来自广东的客商还带来了自己的技术团队为菜农跟踪服务。

“今年3月开始，已经有5万多立方米洮河水流进了我们的蔬菜大棚。”会宁县土门岘镇党委书记张贺军说，“如果不是引洮供水工程的保障，这些我们想都不敢想。”

不仅如此，依托引洮供水工程，安定区发展养殖业，肉类总产量达到1.68万吨，跻身全省“肉羊养殖大县”；陇西县靠中药材深加工，实现收入2亿元……正如当地一位干部所言，引洮供水工程效益体现在诸多方面，凸显了重大水利工程助力精准扶贫的巨大能量。

引洮二期　陇中大地的绿色生机

如果说引洮供水工程一期只是一个美好的开始，那么正在建设的二期工程，就是让更多地方不再缺水，让更多群众因水而富的“庄严承诺”。2015年8月，总投资73.06亿元的引洮供水工程二期开工。

二期是一期的延伸，总干渠长95千米，从一期末端马河取水，沿渭河和祖厉河的分水岭，行至会宁党家岘以北的马家河沟，再沿葫芦河与祖厉河分水岭至会宁县大山川结束。

相比覆盖定西、兰州、白银3市7县区的一期，引洮供水工程二期涉及范围更广、受益人群更多，建成后又会让甘肃中东部地区的268.57万人受益，让29.2万亩旱地变成水浇田。

逢山开洞，遇水架桥，引洮供水工程最大特点就是隧洞多。一期总干渠87%是隧洞，剩余部分除了暗渠外，则是渡槽。而二期沿线隧洞多达171座，总干渠的95%都由洞渠构成。

“如果把引洮一期工程比作是树干，那二期工程就是茂密的枝叶。难度丝毫没有降低，要求反而更加精细了。”站在通渭县马营镇赤砂村坷垴湾的引洮二期工程四干渠1号隧道出口处，项目管理部通渭现场办工程师姬建民如是说。

眼前这个2.9米宽、3.2米高，5500多米长的隧道里，正在进行“二衬”，也就是第二次钢筋混凝土浇筑。

走进隧道，水利工人们正在紧张地工作，隧道内已经养护过的混凝土壁面在灯光下显得格外光滑，现场环境与记者想象中粉尘扑面的场景大为不同。

“现在工程进度已经完成了85%，所有的难题我们基本都已经攻克了。”浙江省水电建筑安装有限公司的项目负责人黄北华看出了记者的疑问，笑着解释说。

“最困难的时候，我们每天只能掘进3米。”黄北华介绍说，受地质和岩质因素限制，1号隧道施工难度非常大，其中有一段540多米长的地方，属于古风化壳岩石交界处，岩石质地松散易碎，还有严重的渗水现象。

爆破效果不理想，掘进机进尺格外慢，一时间让黄北华的团队犯了难。为了争取进度，他们想尽了办法，不仅在掘进前对洞壁进行混凝土浇灌，还破天荒地在水利工程中用上了煤矿才用的悬臂式掘进机，最终将掘进速度提高了一倍。再过几天，这个埋深达240多米的隧洞就要贯通了，这意味着当地人祖祖辈辈走不出的牛营大山里，就能流进清澈甘甜的洮河水了。

说起引洮供水工程二期的难度，没有一个施工队伍不叫苦的。但再苦再难，二期的进度却丝毫没有拖延。

位于陇川乡新林村的二期七干渠29标段4号渡槽，是整个干渠宽度最大、高度最高的渡槽工程。施工队入场的那天，难题就摆在了他们面前：这段80米长、35米高的渡槽，要建设在一个宽度只有十几米的山沟里，两侧盘山而行的道路不过3米宽，工程队的大型设备根本就送不进来。

“供水工程惠及民生，再大的困难也要想办法克服。”通渭现场办工程师石晓剑态度坚决，大型吊机进不了场，混凝土预制槽体无法运进来，施工队只能采用难度更大的现场浇筑工艺，原本大型吊机提一次的活儿，只好由2台提重只有200斤的小型卷扬机来干，浇筑槽体的135立方米混凝土，卷扬机整整吊了2700多次。与此同时，施工队还要保证标段内总长5700多米的5个隧洞掘进工作如期进行。

“我的家乡秦安就是引洮工程的受益区，缺水的日子，我比谁都更能体会。”甘肃省水利水电工程局有限责任公司项目经理王要军说道，为了保证工期，施工队24小时三班倒，一年四季不停工。冬季怕混凝土冻结，都是用烧热了的水搅拌，施工队里的工人们，已经一年多没回过家了。

正是这样一群人，以这样的态度，挥洒着青春和汗水，为引洮供水工程二期打通一个个隧道，架起一道道渡槽。为了让旱区群众早日用上洮河水，他们在这片陌生的大山里，一干就是三年多……面对重重困难，他们给出的答案不仅是一个个提前保质保量完成的工程任务，还有一项项水利工程建设的新纪录。

供水配套设施，是洮河水和陇中群众之间的最后一段距离。为了加快进度，让受益区群众尽早享受到洮河水，引洮供水工程二期提前安排规划配套设施建设。

去年6月，作为引洮供水工程二期的重要组成部分，二期配套城乡供水工程也宣告启动。工程受益区包括定西市安定区、陇西县、通渭县，白银市会宁县，天水市武山县、甘谷县、秦安县，以及平凉市静宁县等4市8县区的97个乡镇、1652个行政村及4个县城，配置水量2.03亿立方米，占引洮供水工程二期总引水量的65%。

省水利厅相关负责人表示，在整个项目推进工程中，水利部门加强对工程建设质量、进度和资金的监督，同时协调推进定西、平凉、白银等其他市、县、区配套工程建设，确保二期配套工程与主体工程同步建成、同步发挥效益。

截至今年5月底，开工累计完成投资34亿元，完成主隧洞开挖及一次支护268千米，占隧洞总长的72.4%；全线已贯通隧洞97座，隧洞二次混凝土衬砌99.5千米，暗渠12.4千米，管道安装73千米。

“毫不夸张地说，引洮供水工程将为陇中大地带来绿色的生机。”采访途中，一位同行的引洮供水工程负责人告诉记者，等二期建成后，引洮供水工程年调水量将达到5.5亿立方米，供水范围涉及11个国家扶贫重点县，受益人口425万人，灌溉面积近50万亩，将彻底解决甘肃六分之一人口饮水困难问题……

放眼望去，陇中大地展现出一番新气象：洮河水所到的山村，村民的圆梦喜悦溢于言表；引洮项目工地上，建设者们正在埋头苦干，将洮河水送到更广更远的地方……曾经缺水的陇中大地不再喊“渴”，引洮供水工程引来涓涓清流，已真正成为滋润陇中大地的扶贫之水、幸福之水，让这片土地上的百姓过上“苦”尽“甘”来的好日子。

从“人刮水”到“水自来”

——甘肃旱塬水利工程解决农村饮水安全

张玉洁

甘肃人均水资源量只有全国平均水平的一半，如今，甘肃农村饮水安全实现历史性转变，集中供水率和自来水普及率分别达到91%和88%，农村群众吃水已处于可控状态。

75岁的马清贵是甘肃省天水市张家川回族自治县木河乡高山村村民。高山之上吃水难，“刮水”是生动写照。

马清贵说，过去走山路、担泉水是必做功课。人多水少，为了“抢水”，有时凌晨三四点就要起床。“泉水少了，只能从薄薄的积水上轻轻地‘刮’一勺水。要装满一桶水有时得等个把小时。”

在甘肃，缺水的故事讲不完。鸟儿看到运水车便一头扎进水里、母亲含一口水喷到几个孩子脸上就算给他们洗了脸……筑土坝、修渠道、打水窖，为了水，人们想尽办法。

1984年，《甘肃省农村人畜饮水工作暂行规定》实施，这是甘肃省首个指导全省农村人畜饮水工作的规范性文件。

马清贵记忆犹新的集雨水窖，是甘肃为解决旱塬群众饮水问题想的一个好办法。从天而降的雨水不再自流而去，而是被集流到水窖，供人畜使用。截至1999年年底，甘肃省通过水窖、小电井等项目，解决了900万人的饮水困难问题，全省80%的农村人畜有了饮用水。

“水窖集水得靠下雨。要是不下雨，一点办法也没有。”马清贵说。除了供给不稳定外，水窖集水也使饮水安全存在隐患。数据显示，2005年，甘肃省评估饮水不安全人口占到农村总人口的72%，达到1526万人。

对此，甘肃通过集中供水工程、大中型重点骨干供水工程等，推进农村安全饮水

本文2019年10月14日发表于新华社。

建设，分散饮水逐步走向“大水厂时代”，过去城里人“专享”的自来水渐渐流进了农家。“十二五”期间，甘肃列入国家总规划的1526万农村饮水不安全人口全部销号。

在张家川县水质检测中心，数名身穿白大褂的工作人员正忙着水质检测。“我们通过设备检测、人工检测等方式，对氨、氮、微生物等十几项指标进行常规检测，水质达标率在95%以上。”水质检测员闫耀辉说。

马清贵说，如今有了自来水，吃水再也不难了。即便到了冬天，水也不会冻住。“一年交上一百多元水费，天天有水喝。孩子们在外打工，再也不用牵挂家里的老人吃不上水了。”在部分农村，修浴室、装浴霸也不再是稀奇事了。

甘肃省水利厅介绍，甘肃省以集中供水工程为主、分散供水工程为辅的农村供水网络基本建成，农村群众吃水已处于可控状态。同时，“横向到工程，纵向到农户”的信息管理系统及水质检测平台，为2000多万农村人口的饮水安全动态管理提供了保障。

灾难中　他们同舟共济

——记奋战在舟曲抢险救灾一线的甘肃水利人

汪　栋　赵继宗

2010年8月8日凌晨，舟曲，美丽不再，凄绝惨烈！

一场举世罕见的特大山洪泥石流灾害侵袭了甘肃南部这座美丽的藏乡小城——舟曲，特大暴雨造成的山洪泥石流肆无忌惮摧残着人们的家园、吞噬着鲜活的生命，桀骜不驯的泥石流叫嚣着冲向白龙江，将这昔日美丽的长河拦腰截断，形成了令人心悬的堰塞湖。舟曲县城供电、通信、供水完全中断。

一场天灾震撼了神州大地，惊动了这个国家的每一个人，抢险救灾的号角就此吹响、一场与洪魔殊死抗争的战斗就此打响。8月8日，在满目疮痍的舟曲县城，在泥石流掩埋的废墟上，一面面鲜红的党旗、军旗迅速竖起，一支支抢险救灾力量迅速汇聚。甘肃水利人是这场战斗中的先遣队，他们第一时间到达、最先投入了战斗。从领导到抢险人员、从兰州到舟曲，从省厅到县局，从厅机关到厅属各单位、他们精诚团结、密切配合、上下一心、同仇敌忾，用实际行动诠释了甘肃水利人不怕困难、勇于吃苦、敢于战斗、无私奉献的精神风貌。

那一刻　他们勇往直前

2010年8月8日凌晨1时17分，正在武威陪同全国人大领导调研的甘肃省水利厅党组书记、厅长康国玺接到灾情报告，这位雷厉风行、从基层上来的老水利人立即觉察到了问题的严峻，当即打电话给分管防汛工作的魏宝君副厅长，并委派魏宝君副厅长带领抗旱防汛办负责人组成第一路工作组紧急出发先期赶往灾区。随后，他又打电话给设计院、水文局负责同志，要求他们迅速组成水文、排险、地质等专家组赶往灾区。

本文2010年9月14日发表于《中国水利报》。

1时50分，第一路工作组出发。

2时30分，第二路工作组和专家组出发。

3时30分，康国玺厅长从武威乘火车返回兰州，到达兰州后乘车径直赶赴灾区……

舟曲县城内无水、无电、电话不能互通。拥挤无序的人流在城内涌动，那是在泥泞中艰难寻亲的人们。撕心裂肺的哭声、绝望无助的喊声在城内此起彼伏。

大半夜的颠簸，8日早晨8时30分，第一路工作组到达受灾现场，于随后抵达的甘南州水务水电局局长杨志才汇合。在道路受淹、现场察看困难的情况下，魏宝君副厅长当即决定，带领省州工作组踩着泥泞的山路登临县城白龙江左右岸高地，查看泥石流阻塞河道等险情，并迅速向省委省政府报告了灾情。8日9时45分，后续派出的水文、排险、地质专家组到达现场，与一路工作组一起共同查看险情。紧接着，泽巴足副省长、康国玺厅长等组成的省政府工作组和水利部陈雷部长、刘宁副部长等组成的水利部工作组先后到达现场。各路工作组围绕如何疏通堰塞湖、消除次生灾害，展开了密切的分析会商。

夜幕降临时，在咆哮的白龙江上锁儿头桥畔，几双手紧紧握在了一起，他们是水利部部长陈雷、副部长刘宁、甘肃省水利厅厅长康国玺、副厅长魏宝君、甘南州水务局局长杨志才、舟曲县水务局局长李永鹏，此时他们已一天一夜滴水未进……

从这一刻，在遭受重创的舟曲，水利人开始聚集。

在此后的二十四个日日夜夜，康国玺厅长和魏宝君副厅长每天和水利部两位部领导一道，踩着废墟和泥泞，到河床漫滩查勘淤堵河段情势变化、施工动态，指导部队官兵开展疏浚挖掘作业。水靴从未离过脚，靴内闷热潮湿，靴外泥浆密布。走路都是深一脚浅一脚，非常吃力。有时还会被深深陷入泥潭。在武警水电部队和兰州军区官兵的持续爆破和挖掘下，8月10日，白龙江堰塞河道险情被排除，紧悬的心得到了些许的喘息。在水利专家科学的疏浚方案的指导下，经过持续的“爆、冲、挖”，8月30日，淤堵河道的清淤疏浚取得圆满成功，313省道舟曲段全线恢复通行，为灾区群众重返家园、恢复正常生产生活及开展灾后重建创造了有利条件，水利人心头最大的一块石头终于落了下来。

舟曲特大山洪泥石流灾害造成县城及周边地区农村供水设施严重受损，约4.5万人饮水极度困难。

灾区群众应急吃水问题亟待解决。康国玺厅长和魏宝君副厅长提出了从邻近市县紧急调用运水车拉水、架设临时供水管道供水、调派专业打井队钻探新井、积极争取社会各界捐赠净水设备供水的应急供水思路。在甘肃省水利厅的协调下，甘肃大禹节水股份有限公司无偿援助价值20万元PVC、PE管道及配件送往灾区，利用这些管线，水利人以罗家峪山泉、三眼峪山泉为水源，紧急架设了3条长18.5千米的供水管道，布设供水点36个，解决了部分灾民安置点、皇庙山及瓦厂桥一带群众的应急供水问题。一支从天水市抽调的10人专业打井队携带两台打井设备迅速驰援灾区，并为灾区群众成功打出5口新井。与此同时成都新雄鑫净化工程有限公司经省水利厅向灾区捐赠的大型净水设备也在舟曲投入使用。在各方的共同努力下，舟曲县城群众应急饮水问题得到了基本解决，灾区群众和抢险救灾人员陆续喝上热开水。

灾后山洪灾害防治和水利灾后恢复重建规划编制工作同时展开。在水利部陈雷部长、刘宁副部长亲自指导和水利部工作组的帮助下，8月25日，水利部、甘肃省人民政府联合向国务院舟曲特大山洪泥石流灾害抢险救援指挥协调小组、舟曲灾后恢复重建指导协调小组上报了《甘肃省舟曲县白龙江堰塞河道综合治理及防洪工程建设规划》《甘肃省舟曲县县城及周边地域山洪灾害防治规划》《甘肃省舟曲县损毁水利设施修复规划》3个规划和《甘肃省舟曲县白龙江堰塞湖应急排险及河道应急疏通实施方案》《甘肃省舟曲县白龙江堰塞河道综合治理及防洪工程建设实施方案》《甘肃省舟曲县县城及周边地域山洪灾害防治应急实施方案》《甘肃省舟曲县损毁水利设施修复实施方案》等4个实施方案。

在后方，灾情发生后，杨成有副厅长、何春三组长吃住在省防指。一边处理日常政务事务，一边指导后方抢险救灾各项工作。想象前方抢险救灾的艰巨和辛苦，杨成有副厅长、何春三组长多次打电话给康国玺厅长，要求替换坚守在一线的领导。“堰塞河道一日不通、水位不降，灾情不除，我绝不返回”，康国玺厅长回复的总是同一句话。得知灾情后，远在水利部挂职的栾维功副厅长迅速请假返回兰州，立即投入到后方抢险救灾工作中。8月22日，因安排部署水利灾后重建规划编制工作，在一线的魏宝君副厅长返回兰州，栾维功副厅长紧急赶赴灾区接替。8月31日，康国玺厅长返回兰州后，杨成有副厅长又赶赴灾区，指导灾区开展淤泥疏浚和白龙江防洪河堤建设。正是甘肃省水利厅领导班子和班子成员这种团结如一、相互支持和身先士卒、冲锋在前的工作作风，凝聚和激励着无数甘肃水利人积极投身灾区，忘我工作。

灾难中　他们勇挑重担

8月8日3时，睡梦中的甘肃省水利水电勘测设计研究院院长王志强，被一阵急促的电话铃声惊醒，直觉告诉这位长期在水利部门工作的专家：一定是哪儿出事了！“王院长吗？舟曲发生特大山洪泥石流灾害，大量泥石流涌入白龙江形成堰塞湖，情况紧急。请你速组织地质、防汛、堰塞湖处置等方面的专家，立即赶往舟曲。”在接到电话30分钟后，王志强院长带领由院副总工程师梁宗仁、总工办主任张成俭组成的专家组星夜出发了。到达灾区后，王志强一行被洪水和淤泥隔断了去路。眼前的情景震撼了每一位专家。由于通信不畅，道路不通，与前期抵达的魏宝君副厅长和舟曲县水利部门无法联系，王志强当即决定，自行查勘灾情。他带领专家组一边向当地人询问受灾最严重的三眼峪、罗家峪两条泥石流沟道的长度、宽度以及周边环境等，一边迅速向河右岸山顶爬去，站在山顶俯瞰估算了泥石流淤积体堵塞江段的长度、宽度和深度。8月8日晚，王志强参加水利部陈雷部长召集的会议，与其他专家一道讨论研究解除险情的应急措施到深夜。9日、10日、11日、12日，他带领设计院专家组，坚守在三眼峪、罗家峪两条泥石流沟道入江处，现场指导武警水电部队疏浚开挖。与此同时，他调遣的两批设计院技术人员携带全钻仪、水下测探仪等设备抵达舟曲，全面开始灾后重建规划编制工作。在舟曲县政府办公大楼的一间会议室里，他和他的团队一干就是4天，4天来他们几乎没合过眼。饿了，就吃方便面，困了，就地打个盹。时而严密的分析计算，时而热烈的讨论，时而陷入深思。"必须按照陈雷部长、刘宁副部长的指示和康国玺厅长的要求，保质保量尽快把规划拿出来，展示设计院的水平和能力。"王志强一直给身边的工作人员打气鼓劲，他的脑子飞速运转着，笔尖在纸上不停的滑动。功夫不负有心人，付出总能得到回报，王志强和他的团队们夜以继日、加班加点，在详细勘测和科学论证的基础上按期完成了3个规划和4个方案，为堰塞河道疏浚和综合整治、山洪灾害防治和灾后重建奠定了坚实基础。

省抗旱防汛指挥部办公室苏永新主任是随同魏宝君副厅长第一时间到达灾区现场的人员之一，为了将最新灾情和堰塞湖疏浚情况及时传递到省抗旱防汛办值班人员手中，白天他和省防汛办郝炜同志在泥石流淤积体中艰难跋涉，四处收集资料，并将资料通过电话和短信传到前方；晚上他们"蜗居"在不足10平方米且不通风的歌舞厅包房内，整理资料，分析数据，研究白龙江上游水电站调度方案，为堰塞湖清淤疏浚和下游防洪提供技术支撑。由于缺水和工作紧张，他俩连续10天没有洗过脸，满身泥土，身上的衣服浸透了汗渍。记者和防汛办郝炜同志是多年的好朋友，在灾区通信基本恢复后曾打电话询问平安，郝炜——这位从部队转业的年轻小伙子坚定地说："厅领导们年纪比我们大多了，一直没日没夜的坚守在这里，他们没有丝毫的懈怠，作为年轻小伙子，我更要坚持到底，不辜负组织的期望"，他坚定的话语传递的信心和力量，极大地鼓励了当时在后方值班值守的我。

在舟曲堰塞湖排险现场，总能见到一支身穿淡蓝色工作服的队伍，这是参与抢险救灾的甘肃水文人。牛最荣局长是这一支队伍的领导。灾难发生后的8日凌晨2时，牛最荣局长带领水文技术人员就火速出发，上午9时到达灾区。在舟曲水文站被淹，下游瓦厂桥附近的另一个水文监测点也被淹的情况下，牛最荣局长和他带领的水文队伍立即在原有站点、上游约1千米处和下游约3千米处设置3个临时监测点，对堰塞河道除险提供水情信息。在堰塞河道除险的日子里，牛最荣身着水文职工的衣服和他的水文队伍每天都要乘车、坐船奔波于3个临时监测点之间，进行测量和数据分析监测，俨然成了基层水文职工中的一员，多天的忙碌，使这位皮肤白皙、文质彬彬的局领导被太阳晒得黝黑。

据牛最荣介绍，灾难发生的那一刻，舟曲城关大桥水文站水文职工撤离时，没有人想到先拿走自己的东西，都不顾生命安危、冒着生命危险去抢救水文资料。8月8日灾后水文测报的第一天，测报人员没有住的地方，忙碌了一天后，他们在车上、水泥地上睡了一晚。第二天，他们依然住在屋檐下，席地而眠。直到第三天，物资到达后，他们才在白龙江南岸的一处高地上搭起帐篷，有了暂时的居所。8月11日夜，舟曲下起了雨，帐篷里灌满了水，根本无法睡觉。队员们临时找到两间房，几十个人挤在一起，轮换着睡在地板上。尽管生活条件艰苦，奋战在舟曲的甘肃水文这支队伍却从来没有耽误过工作，每天要3次测量流量，每1小时测算一次3个断面水位，同时不定期地测算库容和分析数据。从8月8日开始到8月30日，他们累计测报1600余次、发报6000余份，为堰塞河道疏浚方案制定和疏通提供了大量水情资料。

记者近日碰见了甘肃省水利厅办公室贾文平主任，与先前相比，他最大的一个变化就是脸黑了、人瘦了。贾文平是随同厅领导第一时间到达灾区、最后一批返回的人员之一。从8月8—31日的24个日日夜夜里，他承担着甘肃省水利厅前方工作组与省委、省政府、水利部、长委和水利厅后方等各个方面的沟通联络以及后勤服务保障协调工作。电话打爆了、手机没电了、话费余额不足了。“水利部规计司、中国水利报社有4名工作人员要来灾区，请你们安排车辆送往灾区……”“一线工作人员急需一些药品，雨衣和雨鞋，请速购置送往灾区……”“请和省政府办公厅联系印制3个规划和4个方案文件，水利部工作人员将从北京专程到兰州来办文……”贾文平的电话一直处于忙碌中。除了大量的协调工作外，贾文平还承担了一线大量综合性材料的起草工作，经常忙碌到深夜。每天跟随领导到现场，掌握了解情况，将抢险救灾最新情况及时传回后方。厅办公室留守工作人员自觉排班，从8月8日开始了24小时值班，并向省委、省政府、水利部报送了大量抢险救灾信息，完成了抢险救灾人员和设备在兰州的中转任务，在甘肃日报、中国水利报、中国水利网、甘肃水利网等媒体发表了大量一线消息和宣传报道文章。

风雨中　他们同舟共济

与前方不畏艰苦、勇于拼搏的一线工作人员相比，后方的甘肃水利人也毫不示弱、毫不懈怠，他们以高强度、高质量的工作为抢险救灾贡献着自己的力量。从8日到23日，共计17天408个小时，省抗旱防汛指挥部办公室所有在家人员吃住在办公室，时刻不离工作岗位。有人3天3夜没合眼，由于持续熬夜劳累过度而口舌生疮，饭都吃不下；有人亲人去世丧事刚料理完毕就主动到办公室值班；有人妻子在外地工作，孩子病了自己也不能去照顾，只能委托朋友去照看。就是这样一群顾大家、舍小家，顾大局、舍小局的水利人，他们将个人私事、家事抛诸身后，与灾区人民同甘共苦，与一线工作人员一道连续奋战。在整个抢险救灾期间，他们协同作战共发出各类通知56份，编印简报104期，灾情数据和信息26500多条，为各级领导和部门有效安排部署抗洪救灾工作提供了翔实、准确的第一手资料。由于灾情报告及时，舟曲灾情得到了上级的高度重视，国家、省、市各级领导迅速对舟曲抗震救灾工作作出了安排部署，有力地推动了舟曲县抗洪救灾工作的开展。

在舟曲抢险救灾一线，除了领导干部和技术专家外，还忙碌着一批后勤保障人员，他们是甘肃省水利厅机关和厅属有关单位抽调来的司机师傅。“8·8”舟曲特大山洪泥石流灾害发生后，厅机关和厅属有关单位的驾驶员集结待命，全力投入了接送抗洪救灾、灾后重建专家、技术人员以及物资转运等后勤保障中。8月8日凌晨，在睡梦中的康永安、王小军、张国锋被紧急召唤，迅速出车，于上午8—10时，分别将厅领导、水文、地质、防汛等专家安全送抵灾区，为领导和专家了解灾情、处置堰塞湖赢得了宝贵的时间。由于灾区依山傍水，地形狭窄，道路实行交通管制，前往灾区的水利抢险救灾车辆被堵在距舟曲县城5千米以外的地方，大量物资设备无法直接送达一线人员手中。面对这种情况，司机师傅们主动请缨，兵分三路，全力出击，一路引导专家徒步赶往灾区，一路肩扛手提，脚踩泥泞，将生活物资运往前线指挥部住所，一路看护车辆和物资，将救灾专家、仪器和一线人员最急需的雨衣、雨鞋、药品、食品等物资送到了指定地点。

水利前方指挥部租用的是三眼峪沟口旁的一家餐厅，距三眼峪灾难现场一墙之隔。由于房间不够住，驾驶员们一直住在车上。救援专家和人员分别住在餐厅的包厢和三楼歌厅的KTV中，没水、没电，没有服务人员，通风极差，驾驶员们又承担起打扫卫生、消毒、背水、清扫厕所、搬运物资、引导大型设备进场等任务，为抢险救灾和近150人的生活提供了坚实的后勤保障。最先抵达灾区并一直做后勤服务工作的厅机关康永安师傅说，“自来舟曲后，晚上我们一直睡在车上。白天要打扫卫生，背水。由于人多，吃饭、洗脸，冲厕所都需要水，我们一天要背四五趟，有时还要背生活物资，确实很辛苦，可别的忙我们也帮不上，只能以实际行动为救灾尽把力了。”这些平时可爱的司机师傅用他们的实际行动为抢险救灾贡献着自己的力量，更深层次地诠释了甘肃水利人那种不怕苦、不怕累、能吃苦、能战斗的奉献精神。

舟曲应急抢险救灾取得了阶段性胜利，白龙江堰塞河道已被疏通，灾区群众应急吃水等问题得到基本解决，但是舟曲灾后重建工作才刚刚开始。杨成有、栾维功副厅长带领的灾后水利重建工作组仍驻扎在舟曲，水利人始终与灾区人民在一起，将和灾区人民在一起共建一个更加美好的新舟曲。

文学篇

凭高远望家乡美　身临其境看永靖

——家乡探亲见闻

（袁松龄　原南水北调移民司司长）

今年8月，回乡探亲，有诸多所见所闻，也有些许所想所感，略以记之。

所　见

永靖县位于甘肃省临夏回族自治州境内，毗邻甘肃省会城市兰州，当我回乡的脚步踏入永靖地界时，故乡还是原来的故乡，但回乡的路不再只是一条，又多了一条有“甘肃最美旅游公路”之称的一级公路，这条公路沿黄河而建，穿越盐锅峡镇、太极镇，已成为当地的致富路；道路两旁不再是荒草土墙，而是满眼碧绿、满地根植的经济作物，一排排整齐的行道绿树、一座座新起的砖墙瓦房……此刻，眼前铺就的情景，使我感受到家乡日新月异的变化。

受多年工作性质和职业习惯的影响，我带着新奇和探究的心情，穿街走村，比较深入地调研了解了永靖县水利扶贫及水库移民后期扶持情况。在盐锅峡镇我看到了千吨万人供水工程、中小型灌区、渠道衬砌等许多水利设施。经询问，近年来永靖县把解决群众饮水安全问题放在水利工作的首位，加大资金投入力度，强化项目实施管理，确保农村饮水安全稳定，极大地提升了老百姓的满意度。自来水管网适宜地区全覆盖，受益人口达15.41万人。全县有大小水利工程195处，有效灌溉面积15万亩。在脱贫攻坚工作中，永靖县制定了24项饮水清零措施，励精落实，确保了农村安全饮水问题清零。看到这些水利扶贫的成效，作为水利人，我从内心感到欣慰。

永靖县是国家重点扶持的“三区三州”（临夏回族自治州）深度贫困县，也是刘家峡、盐锅峡、八盘峡三大水库移民重点安置县，全县移民现状人口65340人，占全省移民总人口的1/3，全州移民人口的近一半，且大部分生活在山大沟深、十年九旱的干旱山区，自然条件十分严酷，当地人形象地说“县城赛过江南，山区穷的可怜”。对此，为彻底改善群众的生产生活条件，加快移民群众脱贫致富步伐，2015年，永靖县动工实施了总投资5.6亿元的水库移民避险解困试点项目——城北新村，对9个乡镇15个移民村的1120户、4203名移民进行整体搬迁安置。五年过去了，这个项目实施的怎么样，搬迁群众的生活怎么样？我饶有兴趣地去村里一看。

从县城5分钟的车程就到了城北新村，一处红瓦白墙、齐整排列、统一风格的富民新村展现在眼前，我随机走进一家农户，看到木制的大门上贴着“乔迁喜居”的对联，是一座洋气的小二楼，一位70岁左右的老人正坐在院里弹三弦，身旁一个小茶桌，摆着当地人称为“三炮台”的盖碗茶。老人见有生人来，赶紧起身，热情招呼我入座，闲聊中得知老汉姓范，刚从红泉镇朱山村搬下来，老伴10年前因病去世，两个女儿已出嫁，儿子在县属国有企业古典集团承建工程的工地上当木工，儿媳妇在厦门援建的扶贫车间打工，孙女刚刚高中毕业，高考成绩已上一本线。范老汉搬迁前，居住在沟壑遍布、交通阻塞，靠天吃饭的大山里，一家穷的叮咚响，因为远离城镇，想出去打工也不便，他说儿子就算有点手艺也出不去或找不到合适的活干，从山里搬下来后，经县里帮助联系，小两口都能打工挣钱了，月收入在8000元以上。老人的话匣打开了，他兴致勃勃、滔滔不绝地继续说“我这么大岁数了，还能住这样好的楼房，睡梦里都梦不到，有时半夜醒了，愣愣地怀疑这是不是我的家，摇摇头一清醒，我就笑了，木（没，当地口语）错。这都是国家的政策好，国家的干部好，现在啥都好！我给你唱个《东方红》，表达一下我对共产党和政府的感谢情意……”我能深深感受到范老汉的这番朴实无华的话语，是发自内心的，也在一定程度上代表了当地群众的心声。

走出范老汉的家，眼前是千亩桃园，据村委书记崔海洋介绍，为确保广大移民群众“搬得出、稳得住、能致富、可持续”，特别是建档立卡户能够如期实现脱贫，永靖县结合实际确定了一系列增收产业，由县农牧集团统一经营城北新村1500亩耕地，打造成以桃子、葡萄为主的高端经济林，实施保底分红政策，逐年逐步提高分红比例。另外，对建档立卡贫困户进行政策叠加，实施光伏产业扶贫，每户每年获取收益3000元。并支持有意愿的贫困户以劳务、乡村旅游和种养殖等方式增加收入。

在村委会一侧，有一处扶贫超市，里面各种生活用品应有尽有，这是村里为群众增收成立的“党建+”农民专业合作社，所有农户在超市购买商品都可以入网积分，年底，再把利润率的50%让利给农户。学校、卫生院、自来水、天然气等各类配套设施一应俱全。站在山坡上看，一座美丽的移民新村，在碧蓝的天空和碧波粼粼的黄河映衬下，焕发出家乡永靖脱贫致富的勃勃生机。

所　感

在结束了探亲之旅，踏上回京之路，作为一个在外多年的游子，脑海里都是家乡的景、寻常百姓生活的情，以及变绿的山和东逝的黄河，如影随形，挥之不去，百感唏嘘……除了对亲人的思念与不舍，更多的是对家乡变化的欣喜，对我们伟大的党带领广大人民群众，战胜贫困所取得的伟大成就的震撼与感动。看到贫困群众向往美好生活的愿望，正一步步变为现实，一股满满的幸福感顿时涌上心头……回顾这次回乡之行，我深切感受到，这不仅仅是一次探亲之旅，更是一次感恩之旅，我看到了习近平总书记的谆谆教导和对贫困群众的殷殷牵挂都在基层得到了很好的贯彻落实，感受到了基层干部在以习近平同志为核心的党中央坚强领导下，信心百倍、精神焕发，感受到了贫困群众洋溢着的朴素、感恩的笑容和对未来生活的憧憬以及奋发图强的自信和干劲。

我作为一个为国家水利事业奋斗了一生的老党员，在看到脱贫攻坚这几年，国家水利扶贫事业所取得的重大成就，看到以前只能靠雨水解渴，望天收粮的山区群众，每家每户都能喝上清凉凉的自来水，吃上有菜有肉的美食，看到贫困群众幸福、满足的笑容和对党的纯真感恩之情，看到基层干部的艰辛付出有了满满的收获，我满怀欣慰，作为一个共产党员的自豪感油然而生。

回想党近百年的伟大奋斗历程，不管面对什么样的艰难险阻，我们伟大的党始终把人民群众的事放在第一位，始终与人民同呼吸、共患难。我从内心深处涓流出纯真的敬爱之情。同时，我更加感受到，脱贫攻坚的伟大实践也再次向全世界宣示了中国共产党和中国人民一往无前的进取精神和波澜壮阔的伟大实践，谱写了中华民族自强不息，顽强奋进的壮丽史诗……

所　思

这次回乡之行，我格外留心，永靖县干部职工和贫困群众的心声，用一种学习和探究的姿态，多次和他们围桌拉家常，就国家水利扶贫政策落实等方面的情况进行交流，对县里还存在的困难一并作了一些了解。其中永靖县盐锅峡镇黑方台滑坡地质灾害问题是群众反映最为强烈的，全面综合治理的愿望也是最为迫切的。

永靖县黑方台地质灾害涉及面积约12平方千米，有3个行政村近1000户群众，耕地约1万亩。黑方台地质结构为湿陷性黄土与红砂岩叠加，自古属于“干台”，无地下水，因此过去黑方台一直处于稳定状态。

但从1968年以来，由于库区移民搬迁，提水灌溉农田，大水漫灌等原因，导致黑方台发生滑坡、塌陷等地质灾害150多次，累计造成38人死亡，3人失踪，100多人受伤，997户群众、5所学校和19家乡镇企业被摧毁或被迫搬迁，3200多亩耕地弃耕，720多亩农田被毁，累计造成经济损失14.65亿元。国内外地质专家和学术界把黑方台称为“中国黄土滑坡试验场”。自黑方台滑坡地质灾害问题发生以来，得到了党中央、国务院的高度重视，从2013年开始，投资7.3亿元的刘家峡、盐锅峡、八盘峡库区地质灾害综合治理项目启动实施，搬迁避让、节水改造、农业工程3个子工程已于2017

年全部建成，其中在黑方台建成钢架大棚1294座、日光温室81座，实施滴灌节水改造面积2130亩，较好地遏制了滑坡地质灾害的发生。

2019年4月，兰州大学地质灾害防治团队勘察研究时发现，黑方台2200多亩耕地出现“沼泽化”现象，该区域土壤处于完全饱水和过度饱水状态，且这种情况有继续加重的趋势，这不仅会造成耕地无法耕种，如若发生地震，可能会导致下部含水层液化，土地强度瞬间丧失，这不仅会产生更大更广范围的高速远程滑坡，台面上的所有建筑设施将会毁于一旦，后果不堪设想。他们建议，应坚决叫停黑方台的大水漫灌，调整农业种植模式，改变台上农业产业结构，只有这样，黑方台的滑坡灾害才能逐渐自然减少并最终消失。对此，从2019年5月开始，永靖县委、县政府按照兰州大学的建议，采取近期应急和长远根治相结合、台上节水与台下排水双管齐下的措施，分步骤、分阶段实施地质灾害综合治理，全面叫停黑方台农业大水漫灌，采取节水灌溉、停灌保耕等措施进行综合治理，并积极调整产业结构，补助推广种植耐旱性强、效益较好的金银花，对4000多亩的果林采取敷设滴灌等方式，最大限度地保障群众收入。从目前的情况来看，黑方台滑坡地质灾害问题在一定程度上得到了缓解。但即便如此，要想从根本上解决黑方台滑坡地质灾害问题，还需要下深工夫。黑方台地质灾害问题非常具有代表性，在一定程度上反映着西北部分地区的地质特征及存在的隐患，通过对黑方台的地质研究、地质灾害治理，总结出一套成功的治理办法和经验，可为解决其他类似滑坡问题提供借鉴。然而，就永靖现有的财力和技术能力是难以承担的。对此，迫切需要从国家层面给予重视和全力支持，建议国家有关部门能够专题立项，进行研究并提出一套全面综合治理的方案，并尽快予以实施，以减少或避免黑方台灾害的再次发生，彻底解除地质灾害对当地人民生命财产安全的危害。

2020 年 8 月 13 日晚

甘肃水利赋

（王　勇　甘肃省水政监察总队）

甘肃，居九曲之首，处雍梁之地。跨三大自然区域，形若如意胜状。冬少严寒，夏鲜酷暑，春风袭人，秋水长天。仰望长城雄关兮，关关连古今。俯瞰三江九河兮，河河通神州。

八千年大地湾，文明滥觞。羲轩桑梓，周祖豳地。秦祥西垂，汉家重邦。隋唐雄起，“天下称富庶者无如陇右”。宋元以降，中原剑戟，胡骑兵燹，“陇中苦瘠甲于天下”。

千秋物华，万古气紫。环江翼龙、黄河古象，展现万代沧海桑田。羲皇开天，女娲创世；黄帝问道，嫘祖始蚕；大禹导水，后稷教民。天赠地馈兮，一方水土养一方人；风泽雨润兮，万家灯火乐万家业。

观夫甘肃，山水百态，域象纷复。河西走廊，绵延千里。云收远黛出岫，风起疏林生岚。鸣沙临风，月泉涟漪。祁连山地，横亘云天，白雪积兮飞鸟尽，午阳辞兮群山寒。飞虹倒垂于峰前，千禽灵育于秀枝。河水涤荡而流清，雪山冰融以涓涓。黄土高原，雄浑广袤。千墚万峁，湖泊佳泉，川生精气，塬现灵光。盆地河谷，花实蔽畈，果珍裕野，黍稷盈畴。

渭洮石羊，白水龙嘉，江河奔海。甘南草原，宛如画屏。河曲牧场，风吹草低见牛羊。陇南山麓，仁山智水。水萦绕左右，峦积势期间。洋汤天池，官鹅山水。仇池百顷，凤台千仞。百里黄河，风光无限。浩浩煌煌乎，河涌大道，山贯古今，盖陇原之势也！

若夫地因人而灵，人因地而杰。陇原水土，化育英豪。梧桐栖凤，龙潜昆冈。今朝水利，润泽万民。调大通入秦川，提黄河到条山，引洮水解陇中之渴，开龙江滋陇东大塬。截百溪，兴万管，引水入户，农村人饮保安全。锋出鞘，严执法，整治乱象，河景重开新容妆。兴土理水，千万梯田成画卷，麦浪滚翻，田禾香浓。筑坝治沟，绿烟嵌入万壑间，鱼翔浅底，万类自由。农田灌溉，喷滴互动，高效节水，提质增效。广引人才，攻克堡垒，水利科技显威力。景泰川兮林茂粮丰，秦王川兮生态丰盈。黄河干流修堤固岸，水榭歌台，游人如织。汉江水道青山绿盖，飞桥成虹，山川蕴蔚。

刘盐八水电输万里，万家灯火明，祁连山融雪润黑河，澎湃居延海。库区移民舍家弃故，政策托底，后续扶持，安居乐业。气象导引，工程跟进，中小河流齐防御，防灾减灾保社稷。智慧云台，网眼齐开，基流监控，江河畅惠。水利学府，德才兼育，出英才万千，立四方兴业，为事兮鸿达，鹏翼兮大展。天势围平野，河流入断山。

至若当今，时代维新，光阴叠次，创业有序，众志成城，事业伟煌。听黄河拍岸，涛声悦耳，看陇山耸翠，满目葱茏，显百舸争流，千帆竞发，山河壮美，秀色落影，水天一碧，引无数英雄竞风流。新时代伟人亦感慨：黄河之滨也很美！

嗟乎！甘肃儿女，秉承久远文明，水利志士，担负重任在肩，不忘初心，韶华不负。惟续力工程补短板乎，行业强监管兮，方河畅水清，杨柳依岸，河湖联通，沃野万顷，水润陇上，山川秀美，桃源景致，民生丰腴，宏图伟胜。

吾辈生逢之世盛，幸甚至哉耶！

大河镌刻　丝绸之路上的润泽与守护

（陆　承　甘肃省文联摄影家协会）

一

黄河滔滔，民生镌刻，一幅充盈了梦想与露珠的画卷，
徐然舒展。充沛如潮，热忱如电。

一道在亘古中缓缓裂变的轨迹，
从昆仑而下，
在一枚如意的心跳上烙印温润与激情，磅礴与浩然。

哦，万物归顺，源泉不止。
青春之上，歌咏旋转。
请追随一条漫长而恢宏的巨龙，
或隐喻的缎带，在八千年的砥砺中
找到那一抹闪烁，或安然的奔涌。

一条河，蜿蜒，或顺畅，在金城，
在甘州和肃州的版图上书写了
千年不变的慷慨，万年悠然的绚丽。

哦，艰巨依旧，大禹的忐忑至今在历史的上空盘旋。
哦，时代浩瀚，风雅轮转，
而一条被束缚被全面规划利用的大河，
正在成为一方恬静的屏风，
在大西北的雄厚里呈现宁雅与轻盈。

不是所有的河流都会归顺大地的呼唤，
不是所有的湍急都会安恬于柔美的修辞。

哦，感谢这些守护险境和无形财富的人们，
感谢那些珍视水并与水一生为伴的坚韧与微笑。

二

水利蓬勃，山野抒怀，
贯穿陇原大地，丝绸古道。

一声号令，掀开了水利之剑的序幕。
两句咏叹，承接了水利之美的恢宏。

在黑河草滩庄，在45.37万平方千米的缩影里，
草木顺从了水流的方向，
庄稼拥抱住每一滴并非从天而降的天使。

此刻，大地并非沸腾，萦绕了3000亿元的雕琢与浮现，
在中国梦的印记里喷薄而出。
哦，我刚刚离开，民乐马铃薯喷灌的诗意，
就传遍了乡亲的每一面脸庞。

多少热爱，在汗水中生长为另一种意义的大树，
输送绿荫与希望。
多少期待，成为现实，或斑驳的烟火。

此时，天空依然湛蓝，并未虚妄的路途上，
我一一见证关乎水的和谐之吟，
水利事业的细腻、嘈杂和日渐丰沛的力度。

三

项目浩大，工程精细，命理中的汹涌，
必将成为舞台上的锦绣和赞美。

苍茫之中，谁是最大的灯，在等待欢呼与铭刻。
奔流之上，谁引领了微小与恍惚，矜持与奔放？

广袤的秦王川上，引大入秦工程的浩渺依然充盈，
一股股水流表达着往事与坚毅，
宏大叙述的背景上篆刻着甘肃水利人的意志和底色。

陇中喧哗，鼓声热烈，引洮工程的旗帜飘荡民心。
多少蓝图，即在此刻。多少甘霖，化为真实。

还有多少个缜密的描画，
在工业和农田的衍生里筑造充沛的家园。

还有多少个涌动，在河西、在陇东南、
在兰白核心经济区的范畴内或歌或舞。

哦，感念时光匆匆，迅捷而坚实的建造里，
贫瘠成为富饶，干涸引为绿意，承接的谱系上，
谁关注那点滴的风华，
谁将在巨大的汇聚里树立不倒的风范。

哦，感恩命运眷顾，辉煌的民生里，
一枚水龙头折射的光华与波折，
将承载两千万眼眸的关注与期待。

四

改革簇新，光阴铭记，
一滴水和它的守护者咏叹安宁与雅致、绵薄与激荡。

我还要继续写下绵长的诗句和庞杂的册页。
写下对甘肃水利人的敬佩与感喟。

这交融了旺盛与卑微、理想与艰巨的缎带上，

何处不是飞天的寓意，丝绸的光芒？

在崭新的征途上，他们铭刻初心，逆流而上，
在空白而艰难的稿纸上勾勒出壮丽的图景，典藏的闪耀。

我还要接着渲染一幅幅平实或感人的画卷。
置身于这高速而伟大的时代，
谁也不会忘却昔日的壮志、当下的职责？

这就是你、我、他，每一个陇原水利人
必须谨记，全力践行的圭臬或标识。

以科技的光华，在制度的引领下，
投入那一滴滴如水源般的资金，
在广袤的原野上装扮江南的诗意和情愫。

以昂扬的姿态，向下的视野，
面朝过去和未来的胸怀，
在一条大河和多少条小河的底蕴上
体悟三千里丝绸之路的润泽与恬静。

哦，我还未写完的涌动，
会在第二日的晨曦，化为露珠，
继续为甘肃大地上平凡而壮丽的
水利事业拨动古雅的琴弦。

培福在景电的故事

（沈秀林　甘肃省水利水电工程局）

2019年，作为新中国成立70周年，也是景电工程开工建设50周年庆典，我作为景电工程建设者、受益者、感恩者、宣传者，心潮澎湃，感慨万端。我们从这“救命工程、翻身工程、致富工程”中获得了越来越多的福祉，真是：

艰苦奋斗建景电，两年上水草窝滩。

丰衣足食感党恩，培福功德记心间。

李培福同志，在那特殊的年代，自告奋勇，主动请缨，担当兴建景电工程的重任。1968年李培福同志从省城来到腾格里沙漠南缘荒凉的景泰川，带领工程团、景泰民工团、军垦十六团的广大干部、技术人员、工人、民工、军垦指战员，顶风沙，冒严寒，抗酷暑，流大汗，拼命干，建景电。克服资金紧张、材料匮乏、设备短缺、技术落后等重重困难，排除多方干扰，调动积极因素，坚持自力更生方针，发扬艰苦奋斗传统，开创践行了“依靠科技，敢为人先，艰苦创业，造福于民”的景电精神和“面向群众”的优良作风，以“先天下之忧而忧，后天下之乐而乐”的胸怀，为民解忧，甘当公仆。按照“边建设、边施工、边收益”和“自己设计、自己施工、自制设备、自筹资金”的“三边四自”建设方针，树立“革命加拼命，建设景泰川”的雄心壮志，将实干苦干和科学技术相结合，提高工程质量，加快工程进度，于1971年国庆如期上水草窝滩，实现了“两年上水、三年收益、五年建成”的奋斗目标。

景电一期工程灌溉良田30多万亩，安置移民5万多人。原来“风吹石头跑，地上不长草，一年一场风，从春刮到冬，吃粮靠回销，花钱靠救济”的景泰川，变成了渠水流潺潺，条田平展展，麦苗绿茵茵，瓜果香喷喷的米粮川。人民生活由以前的缺吃少穿变成了丰衣足食；住宿条件由原来的地窝子土坯房变成了砖瓦房和楼房；耕作方式由以前的二牛抬杠变成了机械化；道路由以前的土路便道变成了柏油路；运输工具由以前的架子车、马车变成了大汽车、小轿车。总之，景泰川变绿了，风沙减少了，人民变富了，城乡文明了……

下面讲十个李培福总指挥在景电的故事：

（一）培福的拐杖

李培福总指挥1968年来景泰川勘测设计时才56岁，就过早地拄上了拐杖，他因为患有脑血栓，走路不稳需要借助拐杖支撑……而他就这样带病工作领导建成了景电一期工程，又坚持干到二期工程。对此事，人们很不理解，作为省级领导干部，为什么离开条件优越的兰州市，来到如此艰苦的景泰川？为什么病情这么严重，不住院治疗？为什么不顾身体，带病坚持工作？他以行动作出回答，他把群众的疾苦放在心上，把党的事业扛在肩上，把个人的病痛忘在脑后……

（二）李培福总指挥在一泵站前黄河草土围堰的故事

1969年12月20日，景电工程第一关键咽喉项目——位于五佛沿寺一泵站黄河急流中的草土围堰开始修建。李培福总指挥带领广大干部、技术人员、民工奋斗在草土围堰工地上，随时解决生产中出现的问题，施工人员三班倒，他却昼夜连轴转，在围堰顺利进展的第八天，也就是围堰快合龙的翌日深夜三点，他实在累得支撑不住了，坐在草堆上睡着说梦话“同志们，围堰成功了，我请你们喝酒。”此话不胫而走，在工地上迅速传开，大大鼓舞了大家的士气，振奋了精神，使大家干劲倍增，经过9个日夜的连续奋战，比原计划提前8天在滔滔黄河急流中，成功筑起了长180米，顶宽12米，底宽14.5米的草土围堰，使黄河改道，为一泵站基坑开挖创造了条件，首战告捷，实现了开门红。

（三）李“公馆”的灯光

1970年金秋时节，我在景电指挥机关办事组从事秘书工作。李培福总指挥和我们单身职工都住在原景泰县人委的指挥部土坯房办公室里，同在一个大院。晚上我经常看到李培福总指挥办公兼卧室的灯一直亮到深夜，他在加班工作，我感到他太辛苦了，也太劳累了，我对这位老省长的敬仰之情油然而生。

那个年代，因备战和“四防”需要，在指挥部机关住的单身职工，夜间轮流巡逻值班。有一次在我值班的晚上十一点，供机关人员照明的柴油发电机停了，我看见李培福总指挥办公室的煤油灯又亮了，亮到凌晨十二点。

我在指挥部大院里值班巡逻时，几次经过他的办公室，他戴着老花镜在写材料。到凌晨三点，他出来活动的时候，我赶紧走到他跟前小声说：“李指挥，这么晚了，你还不休息，把身体累坏了咋办？”他和蔼可亲地说：“事不由人，睡不成啊，白天跑工地，顾不上，只能连夜给老同事、老朋友、老部下赶写了五六封求援信，明天早上，让几路采购员带上去找他们，想办法调剂些三材（钢材、木材、水泥）和短缺配件，以解决工程建设的燃眉之急。”他这种人民公仆精神，一直教育着我，激励着我。

（四）植树造林播绿人

1972年春天，正是实现“两年上水草窝滩”奋斗目标的第二年，李培福总指挥在景泰县召开的各公社及56家厂矿农场负责同志参加的植树造林大会上，宣布了令人振奋的一组造林数字，他满怀信心地说：“随着景电灌区的扩大，在30万亩灌区大小渠旁，公路两侧，田间路边，房前屋后等地，见缝插针，可植树造林300万棵，10年成材，平均每棵树价值30元，除去成本费10元，可获纯利润20元，300万棵树纯收入就是6000万元，相当于景电一期工程建设的总投资。这是一个保守的数字，而实际效益比预期的更好。”实践证明，李培福总指挥带领大家植树造林的面积和经济效益、生态绿化效益远远超过了他预算的数字，景泰川绿了，他的头发白了。

（五）培福关心背粮人

1970年3月的一天早晨，李培福总指挥坐车到景电一泵站现场解决出现的问题，他看见五佛公社的一群社员，因青黄不接，生活困难，跑到张掖、武威、宁夏等地用毛毡、皮衣等物品换来粮食，从条山火车站下车，身上背着一百多斤“救命粮”，一步一步，艰难地回家。李培福总指挥心里特别难受，立刻叫司机停车，把一位体弱腿跛的老汉背的百十来斤粮食装到小车的后备厢里，还让老人坐到车上。到一泵站李培福总指挥下车去生产现场处理问题，叫司机开车把这位老人和粮食送到五佛的家里。那位老人连连感谢党培养的好干部。

李培福总指挥又给汽车队长通知，让司机开车往工地送材料时，碰上背粮的人，把粮和人都拉上，这成为景电工程上一条不成文的规定。

（六）一顶草帽的故事

1972年7月，是景电一期工程上水草窝滩的第二年。工程继续向包兰铁路以西延伸，施工仍在紧张进行中。按劳保政策，在夏季给每个职工发一顶草帽，遮阳防暑。后勤组长姜作孝同志给李培福总指挥送去了一顶草帽，这本来是情理之中的小事。他问明情况后对姜组长说，这顶草帽虽然价值三角钱，但按照有关政策规定，我是不能享受这份待遇的。因为我的工资关系、劳保福利等在省上，没有转到景电工程指挥部，因此不能违反政策规定。领导决不能搞特殊，在利益面前要防微杜渐，叫姜组长把草帽退回去了，李培福总指挥清正廉洁的榜样，传为佳话。

（七）“应该称同志为好”的故事

1970年9月26日上午9时，我从景泰县委机要室取来中央、省委文件，进行了登记，按规定首先送办事组长签注意见后再呈部领导传阅。但因办事组长去兰州开会，我遵照文件管理制度和领导的授权，在文件处理单上写了“请李主任及各指挥阅示”，即刻送李培福总指挥办公室，并说明来意，便告辞干其他日常工作去了。

到十一点，我估计李培福总指挥可能把文件看过了，按程序再送几位部领导传阅。我到李培福总指挥办公室，请示他文件是否看完了？还有什么吩咐？李培福总指挥说，文件已经看完了，意见也签了，就是你在文件处理单上写的请李主任阅示不妥，因为我们党内历来有规矩，不要以职务相称，应该称某某同志为好，这样显得亲切一些。我听了茅塞顿开，肃然起敬，表示改正，下不为例。

（八）关心群众救人要紧的故事

1970年开春的一天，寺滩公社有一急重病人，其家属通过公社把电话打到县医院请救护车接，但因救护车已出去了，想办法又向县上求助，不巧小车坏了。时任县革委会主任的贾梓才找到李培福总指挥，说明来意，李培福总指挥听了以后说，我下工地推后，救人要紧，立即派他坐上小车，把病人接到县医院，经医生及时抢救，病人脱离了危险，继续住院治疗痊愈，病人出院后，找到李培福总指挥当面感谢救命之恩。

（九）及时付清面粉钱的故事

1975年8月的一天，喜泉公社小甘沟生产队给李培福总指挥送来了100斤和尚头小麦面，表达社员们对李指挥的感谢。李培福总指挥说，兴建景电工程是党和人民的功劳，并拒绝接受面粉，但送面人把面粉放下就跑了。第二天，李培福总指挥给张发明100斤粮票，20元钱，叫他乘坐班车去到小甘沟生产队，如数把粮票和钱交给了队里，表示了谢意并转达了李培福总指挥的嘱咐，以后再不能这样做了。

（十）群众利益无小事的故事

1971年3月，李培福总指挥在工地现场解决生产中出现的问题，得知回族技术干部李士元同志很长时间没有吃上清真肉食，又缺蔬菜。因工作任务重，昼夜加班干，身体很虚弱的情况，为之感动，记在心中。过了几天，他到兰州去开会，忙得不可开交，叫家人请回民同志帮忙，选购上正宗的清真牛肉，下午返回景电送给了李士元同志，他感动得热泪盈眶，连声谢谢领导的关心。

关于李培福总指挥在景电的故事很多很多，广为传颂。鼓舞着景电工程建设者、管理者和灌区人民“不忘初心、牢记使命”，把景电灌区建设得更加美丽富饶。

景电工程赋

（高财庭　白银市文联）

夫水乃生命之源，水利乃农业命脉。水利兴则百业兴。百业兴则郡县兴。若夫景泰，岳镇西方，河绕东境，临黄河而徒兴叹，面厚土而思好生，虽有美名，地实贫瘠，望雨、盼水，乃黎庶千年之梦想；脱贫、致富，正人民不懈之追求……

洎乎近世，邦开淑景，国重民生，公仆履职，人民协力，九番申报，十年论证，规划、勘测、设计、运筹，“三边”❶工程应运而生，“四自”❷精神风生水起。草土围堰，“三团”❸作战，怀中白雪，心里苍生，气正劲足崇职责；灵机架槽，啃铁开隧，手上钎锤，脚下锹镐，肩扛人拉争效命。技术革新，调兵遣将大会战；革命拼命，龙王炕上牵龙王。自力更生，团结协作，艰苦奋斗，顽强拼搏，景电精神凝心聚力；面向群众，集思广益，依靠科技，尊重人才，愚公作风克前厥后。五载辛劳，渠成景换。群情高涨，锐气倍增，二期工程迎难而上，民勤调水向西延伸。撑起一根铁拐杖，打好三套组合拳。乘势利导，因时制宜，科学分水，依法治水，度势以建泵站，因地而设渠系。百里涵管横穿沙漠，十年心血绿染戈壁。高扬程，大流量，多梯级惠泽景泰、古浪、民勤、阿拉善四县旗，主干渠、支系渠、毛斗渠千百条逶迤二千四百余千米，势若盘龙，状如惊蛇。其设计之紧密，营构之宏伟，实创科学治水之先例，建华夏文明之奇观。由是，扬程七百三十一公尺，提灌一百零八万亩。民同胞而物吾与，刑兄弟而御家邦。水晏河清，岁岁丰稔。千里沃野，水旱从人，禾黍连云，绿荫如渥。中华之最称雄天下，文明单位誉著神州。水能兴邦，岂此之谓也？然水运系乎国运，风流人物还看今朝。

至若今日，中华之最起长虹，屏画两省气象雄。既承先贤治水之余绪，改造渠系，扩建灌区，强化管理；复开综合利用之先河，教育文化，旅游卫生，全面发展。四十载励精图治，科技兴水，抟扶摇而直上。今日景电，沟洫脉散，疆理绮错，黍稷油油，粳

---

❶ “三边”，边设计、边建设、边受益。

❷ “四自”，自己设计、自主施工、自造设备、自筹资金。

❸ “三团”，民工团、工程团、军垦团。

稻莫莫。重障隐天，既孕奇而盘郁；幽林蔽泽，亦含秀而隆崇。经济、社会、生态、文明效益著称陇上，救命、翻身、致富、德政工程口碑在心。安土敦仁耕读乐，桃芬李馥芷兰荣。

嗟夫，物同景洽景物咸胜，人与天调天人共荣。同天下利，得乎民心；抱古今怀，畅其正道。观夫景电工程洵足以信今而传后也。上善若水，行者无疆！

引洮工程赋

（许　军　甘肃省引洮工程水资源利用中心）

周秦故地，关陇相望，“地遏三边，西域锁钥”。人谓陇中，多旱少雨，山川龟裂，自古肘腋；墚峁沟壑，拗陷突兀。左季高表奏，苦甲天下；联合国断言，生存堪忧。

洮水汤汤，一路西行，滔滔不绝，直入黄河。数百径流，润泽陇原。独陇中之民，望水兴叹。

新生中国，为民谋生；万人会战，引洮上山；世纪之梦，自此开启。终因艰难，未能成业。看岷县古城，两岸石山，宽阔“平台”，依稀可证。

世纪之初，中央关怀；引洮大业，再度上马。丙戌乙亥，陇史有载，九甸枢纽，跨域调水。世纪之梦，又开大幕。陇中大地，群情振奋；引洮者勇挑重担，陇中人不辱使命。崇山峻岭，黄土沟壑；安营扎寨，攻坚克难。引水隧洞，突遇险峻，艰难之时，领袖关怀；民生为上，治水为要，八年奋战，终见成果。九甸峡谷，巨闸轻落。高峡铸平湖，清流穿群山。洮河之水，浪花飞腾，穿秦岭兴隆马衔，入安定大地内官。引洮工程，水利典范；穿越时空隧道，谱写时代华章。

引来洮水，陇中添双翼；告别苦咸，迎来甘甜；设施农业，畜牧养殖；乡镇工业，庭院经济。脱贫攻坚，乡村振兴；河道补水，生态文明。历史尘烟，冲洗荡涤。汩汩清泉，富民兴陇。民生无愧赫赫，圆梦不负堂堂。

本文获省水利工会组织的“祝福祖国　喝彩水利”有奖征文活动一等奖。

我守望着一条渠

（石铭科　甘肃省引大入秦水资源利用中心白银供水管理处）

我是一名引大水利工程建设者、管理者，也是基层一线岗位的守望者。几十年如一日，我守望着一条渠，守望着收获，守望着幸福。

弹指一挥间，引大工程总干渠，已经通水二十六年。回望过去，引大工程建设的艰难岁月，历历在目。

二十六年前的秦王川，十年九旱，颗粒难收，人们只有望天劳作，靠天吃饭，在贫困线上苦苦挣扎。"拉着羊皮不沾草，风吹石头满滩跑"，这就是秦王川人民艰辛生活的真实写照。

干旱缺水，是制约秦王川地区乃至甘肃农业发展的最突出问题，特别是中部干旱地区，缺水成为贫困的主要原因。

在秦王川西南方向，相隔100多千米的崇山峻岭，有一条发源于祁连山脉木里山的大通河，河水滔滔日夜不息，由青海流经甘肃境内汇入湟水河，水量丰沛，水质良好。

水贵如油，望水欲穿。想水盼水、找水蓄水的人们，祖祖辈辈，都在做着同一个梦，那就是——引大入秦之梦！

引来大通河水，滋润秦王川的干涸大地，成为秦王川地区广大群众的美好愿景。

早在晚清时期，有识之士就不断地在勾画引水蓝图。1908年（清光绪三十四年）3月，陕甘总督允升提出了引大入秦的设想，派人勘察，提出方案。终因"川原深且重，形式殊悬隔。有如龙门山，神禹凿不得"而作罢。

1940年，甘肃水利公司也曾提出过引大入秦的设想，并组织过勘察，但因国力衰败、民不聊生，所做计划未能实施，只能望水兴叹。

中华人民共和国成立后，国家为改变甘肃的贫困与干旱面貌，引水的设想摆上了议事日程。1956—1966年的十年间，甘肃省就引大入秦工程进行了三次踏勘。

1970年以后，甘肃连年大旱，永登、皋兰的干部群众再次提出"引大入秦"的迫切要求。

1975年春天，甘肃省委书记宋平力主引大工程马上进行。为了科学决策，带领专家，实地踏勘，多次论证，最终选择，穿山凿洞，天堂引水。

1976年1月，引大入秦工程列入国家“五五”计划，国家计委正式同意兴建引大入秦工程。

吃水不忘挖井人。引大工程，历经艰难，一波三折，两下三上……

1976年11月25日，大通河畔、人群沸腾，红旗飘扬，敲锣打鼓、鞭炮齐鸣，引大入秦工程开工典礼——在永登县河桥公社沙沟口隆重举行，人们企盼已久的引水工程进入实施阶段。开工典礼，拉开了引大入秦浩大的跨流域调水工程建设的序幕……

1989年7月，引大工程，决战在即，甘肃省委、省政府在永登召开引大入秦工程专题会议，高瞻远瞩，运筹帷幄，达成共识，拍板决定，紧急行动，计划单列，资金直拨，物资直供，上下一心，骑虎不下，背水一战，竭尽全力，争取又快、又好、又省地建成引大入秦工程。从此，引大工程加快了建设的步伐，取得了丰硕的建设成果。

为了实现祖祖辈辈期盼的引水梦想，不负党和人民的重托，引大工程建设者们，发扬“动感情、动脑筋、动真的，做奉献”和“坚韧不拔、艰苦奋斗”的引大精神，用智慧、用汗水、用鲜血乃至生命，艰苦创业、艰辛鏖战十八个春秋，引大工程——总干渠，最终在建国45周年之际全线贯通、献礼国庆。

引大入秦工程，是中国规模最大的跨双流域调水自流灌溉工程，可谓今古之奇观，被称为“中国的地下运河”。在引大入秦水利工程建设中，中、外承包商共同奋战，创造了很多奇迹，有的是国内，乃至世界之最。

引大入秦工程的建成通水，铸就了引大入秦这一“功在当代、利在千秋”的宏伟工程，在甘肃水利七十载乃至中国水利工程建设史上写下了辉煌的一页，树起了一座巍巍丰碑。

1994年9月25日，天空晴朗，阳光明媚，引大入秦工程总干渠首次开闸放水，试通水一次成功，喜讯传开，灌区的人民群众，热泪盈眶、奔走相告……

1994年10月10日，天气格外晴朗，太阳温暖大地。举世闻名的引大工程“盘道岭隧洞”口——引大入秦工程纪念亭广场，红旗招展、万人聚集，炮声震天、锣鼓喧天，凯歌嘹亮、热闹非凡。甘肃省委、省政府在这里为被誉为“西北都江堰”“地下人工长河”的引大入秦工程总干渠全线通水，举行了盛大又隆重的通水庆典。

一声令下，开闸通水。狂傲不羁的大通河水，从祁连山麓一泻千里，就像一匹脱缰的野马撒着欢儿，唱着歌儿，穿越隧洞，跨过沟壑，欢快的嘶鸣着，飞奔香炉山，润泽秦王川，惠及白银市，造福景泰川……

1995年10月1日，欢庆国庆，捷报再传，引大入秦工程东二干渠试通水成功。

从此，发源于青海木里山的大通河水奔腾不息流向秦王川干涸的大地……

从此，昔日贫瘠荒凉的广袤旱塬变成了林茂粮丰、百业兴旺的新绿洲……

从此，白银市有了城乡人民生产、生活、生态用水取之不尽的新水源……

从此，国家级兰州新区在一望无际的秦王川大地上，生根开花又结果……

从此，因为戈壁滩上有了一颗闪亮的明珠——引大工程“英武水库”，景泰县人民吃上了甘甜的“引大水”，茫茫戈壁滩变成了发展戈壁农业的“米粮川”……

从此……从此……多少个从此诞生了……

我守望着一条渠，就是守望着一条“幸福河”“小康河”……

千百年来，大通河畔的“八宝川”，流传着一个美丽的传说。很久以前，一群美丽的仙鹤，飞进了这条河谷，飞落一处一处是金，栖息一处一处是银……

通水二十六年，引大不断“引大”：引大入秦——梦想成真，欣欣向荣；引大入武——良田万顷，满地葱茏；引大入银——涓涓细流，惠及铜城；引大入景——戈壁明珠，造福景泰……

我守望着一条渠，一把铁锹，两行脚印，深深浅浅，重重叠叠，翻山越岭，来来回回。通水时，我精心呵护，确保安全；停水时，我清淤除草，检查维修。守渠有责、守渠负责、守渠尽责，就是我们“引大人”神圣的职责……

白天，我勤快巡渠，查水护渠；我与天空交流、我与太阳谈心。偶遇牧羊人，看我孤单，与我聊天，句句声声赞美着引大，引大水就是“救命水”“幸福水”……

夜晚，我仰望夜空，繁星闪烁；我与群星默语，我与月亮对话。时不时有夜鸟，怕我寂寞，为我悦耳高鸣着、脆声高唱着默默无闻、爱岗敬业、奉献引大的旋律……

我守望着一条渠，守望着我对美好生活的期望……

2006年以来，历届局党委、管理局一班人，高瞻远瞩、雷厉风行，抓主抓重、顶层设计。精心谋划了“三步走”发展战略；精心构建了“四位一体”工作格局；精心制定了水量水费“双突破”目标任务；精心绘就了以强化工程安全运行为主线，以保障灌区脱贫攻坚、兰白经济都市圈发展、供水区生态环境改善三大用水需求为重点，以扩大供水总量为突破，以提升工程综合效益为目标，以全面从严治党为保证，以弘扬引大精神为动力，为供水区全面建成小康社会和经济社会发展提供强有力的水资源支撑，奋力谱写新时代引大高质量发展新篇章的“六个以”新时代引大发展新蓝图。

除险加固保安全，水量水费双突破；脱贫攻坚惠民生，生态环境大改善；千方百计办实事，干部职工得实惠；绩效医保全实现，解决职工后顾之忧；引大工程守望者，我的未来不是梦！

天堂寺前，一道飞虹增日丽；秦王川中，兰州新区拔地起……

守望着吧！我们“引大人”，就是那“一群美丽的仙鹤”！飞到哪儿，哪儿就是金山；落到哪儿，哪儿就是银山！

守望着吧！引大入秦工程是千秋伟业，造福人民的德政工程、民心工程、生存工程和发展工程；更是中国共产党功在当代，利在千秋，伟大的为民工程、初心工程、使命工程和小康工程！

守望着吧！ 守望着吧！守望着引大入秦工程这条“人工长河”，我们的守望——必将实现美好幸福的“引大梦”“小康梦”“中国梦”！

节水革命树先帜　生态治理谱新篇

（张建铭　张掖市水务局）

汤汤黑河，节水高歌唱大风

张掖绿洲的母亲河——黑河，发源于祁连山景阳岭与托勒南山之间，纵贯青海、甘肃、内蒙古三省区，流程928千米，多年平均径流量15.8亿立方米，是我国第二大内陆河，虽然流量仅是第一大内陆河塔里木河的1/25，却是河西走廊中段的一条生命河，是阻断巴丹吉林沙漠和腾格里沙漠的一条生态河，是西北乃至全国至关重要的一道生态安全屏障。但是，它亦如它哺育的张掖绿洲一样，曾经是那么的默默无闻。时间流转，到20世纪之末、21世纪之初，黑河与张掖，一下子成为水利和环保界高度关注乃至无人不晓的河流与城市。这一切，始自黑河跨省区调水和全国第一个节水型社会试点建设。

“流沙禹迹合黎渡，谁挽黑波却西流？”从历史渊源和史料记载来看，演化古老、禹迹所至、流向特殊的黑河，颇具神秘色彩。《尚书·禹贡》：“黑水西河惟雍州，导弱水至于合黎。”《汉书·地理志》：“删丹有弱水……居延泽在张掖东北，古文以为流沙，而于黑水只称羌谷。”《史记》：“羌谷水自合弱水，又西经合黎山，折西北流迳沙碛之西，入居延海。”《水经注》：“弱水出张掖、删丹西北，出合黎山峡，又东北千余里入居延海”……这些文献记载明确告诉我们，黑河属古雍州之地，它的干流自张掖城南的祁连山谷流出，古称“黑水”或“羌谷水”，它的东系支流山丹河称“弱水”或“删丹河”，它们在张掖城西北汇合后，“黑水”“弱水”“黑河”等杂然并称，经合黎山向西北再东折流入居延海。在《山海经》里，名为“弱水”的黑河在“昆仑之北”，与西域神山东西相邻、南北相望，更有神秘意味。

这条古老的河流，在数万年之前，其规模和流量可能数倍于现在，在经历了更新世气候变迁和持续干旱之后，它的水量逐渐消减，流域湿地和尾闾水域面积逐渐萎缩。据有关考证和勘测，黑河的尾闾居延海，在史前时期水域面积达到2600平方千米，在汉代仍超过720多平方千米，古时匈奴呼为“天池”，汉时称“居延泽”，到唐代才称居延海。在清代诗人任万年的眼里，黑河也还是“巨浪滔天大石浮，龙形滚滚向东流”。到了20世纪，1958年特大丰水年的航片显示，西居延海水域面积约267平方千米，东居延海约35平方千米，两者合计仍然超过300平方千米。然而，仅仅在三年干旱之后的1961年，西居延海迅速干涸，1992年东居延海最终干涸。随后，周边胡杨林、沙枣林、红柳、芨芨草、湿地芦苇等逐渐枯萎死亡。同时，黑河上游雪线上升、冰川萎缩、水源涵养林减少，中游局部生态也趋恶化，这条哺乳了张掖绿洲和额济纳绿洲、孕育了河西走廊的古老文明、成就了古丝绸之路的灿烂辉煌的古老河流，随着区域人口剧增、经济快速扩张，开始步履艰难，背负着它难以承受的生命之重。2000年3月中央电视台新闻调查《沙起额济纳》的报道，更是把首都北京及华北地区的沙尘源指向干涸的居延海。一时间，一度默默无闻的黑河，就以这样满是伤痕和无奈的形态进入了众人的视野。

痛定思痛痛何如，对症下药方是本。国务院及水利部适时做出黑河流域综合治理、实施跨省水量调度、解决流域水资源供需矛盾的决议，并确定先期开展黑河流域近期治理，中游张掖的主要任务是：在3年内通过灌区节水改造、退耕还林还草和经济结构调整等措施，实现当黑河上游来水15.8亿立方米时，向下游下泄9.5亿立方米，有效遏制额济纳旗生态恶化的趋势。从此，一场保护河流生态、促进流域和谐的黑河治理之战在西北大地打响。2000年8月，黑河中游第一次“全线闭口、集中下泄”，在千百年历史上首次实现了大规模跨省区分水，成为当年中国水利十大新闻之一。2001年，张掖在遭受60年不遇特大旱灾、农作物大量减产的情况下，再次将黑河水送到了额济纳旗达来呼布镇。2002年，蜿蜒迴环、曲折前行的黑河水，第一次到达干涸10年之久的东居延海，实现了国务院提出的让东居延海“碧波荡漾”的目标。

为了确保黑河跨省区调水顺利实施和长效运行，2003年，水利部确立张掖为全国第一个节水型社会建设试点，一场“政府调控，市场引导，公共参与”的全民节水行动掀起热潮，在实施工程节水措施的同时，总量控制、定额管理、农民用水者协会成立、水票制运行等节水机制和节水经验开全国之先，在水利行业引起广泛关注和全国性轰动。2006年张掖节水型社会试点建设顺利通过水利部验收，被命名为全国第一批节水示范城市。黑河流域近期治理和节水型社会试点建设的结合促动，使跨省区水量调度取得显著成效：2003年黑河水先后两次到达东居延海，一次还到达了干涸43年之久的西居延海，2004年再度两次输水到东居延海，从此东居延海不再干涸，之后多年黑河中游每年把近60%的水量泄向下游，为恢复下游生态环境提供了有力的保障，为全流域和谐共生做出了无私的奉献。

如今，当你走进黑河下游，额济纳八道桥水流漫溢，绿草茵茵，树木葱茏；东居延海水波浩渺，水域面积超过60平方千米，白鹭在空中飞鸣，野鸭在水中嬉戏，湖光与晚霞构成金波荡漾的神话梦境；沙漠中一湾奇异的绿洲闪亮了眼眸，骆驼缓步，牛羊安然，红柳舒展翠艳的枝叶，胡杨闪烁金色的光芒，一首大漠戈壁的生态欢歌生动飞扬。黑河，这条古老的河流，又重新焕发了生机，在保证河西走廊用水安全和生态文明建设、筑牢西北生态安全屏障、保障全流域和谐可持续发展方面，闪耀着救生济世、普惠万物的煌煌大光，笼罩着西部大地，明艳了塞外时光。

巍巍祁连，生态环保谱新篇

如果说黑河是张掖的母亲河，祁连山则是整个河西走廊的父亲山。它挟带太平洋的季风，仿佛蜿蜒于西北寒旱区的一条神龙，呼风唤雨，播洒甘霖，生发无数冰川、河流，孕育一片片草原、绿洲；它横亘在河西走廊沿线南部，形成一座与干旱、沙尘、朔风搏对抗击的生态屏障，阻隔着内蒙古腾格里沙漠、巴丹吉林沙漠与柴达木盆地沙漠的汇合漫延，拱卫着“中华水塔”三江源的北方门户；它是青藏高原的守护神，伸开绵延的长臂，与天山、昆仑山握手相接，为河西走廊一路保驾护航，成就了丝绸之路的千古辉煌。有了它，人们才会有“不望祁连山顶雪，错将甘州认江南”的惊喜；失却它，匈奴才会有“亡我祁连山，使我六畜不蕃息；失我焉支山，令我嫁妇无颜色”的悲歌。古时匈奴呼天曰祁连，而今众生仰望山连天，祁连山，是河西走廊真正的“天山”！

然而，这座地处甘肃、青海交界，东西绵延近千千米、平均海拔4000米以上的天山，这座涵养了大小3000多条冰川和黑河、石羊河、疏勒河三大水系、50多条内陆河的水源山，这座抚育了河西走廊500多万民众和无数生灵的父亲山，又是一个生态系统非常脆弱、需要人类尽心保养呵护的区域。如果我们一味索取、任意践踏，必然会资源枯竭、失去生机，就像我们熟知的许多河流湖泊一样。近年来的研究表明，祁连山森林覆盖率不到30%，年降水量约400毫米，水源涵养天然林树种结构单一，灌木草本密度小，天然更新能力弱，受降水、气候等自然条件影响大，承载力低，易于破坏且自我修复能力差。同时，祁连山蕴含河西走廊80%的水量，仅全球气候变暖因素，就可导致冰川雪线迅速上升、加速融化，若是人类扰动增加，定会加剧植被、冻土退化，其结果不仅是河西走廊失去水源保障，更危及到整个西北乃至全国的生态安全。

尽管很多环保研究人士对此有清醒的认识，尽管早在20世纪80年代甘肃省政府就上报国家有关部委设立了祁连山自然保护区，尽管国家和省市地方政府在设立保护机构和基层站所、封山育林、动物保护、移民搬迁、气象监测、矿产资源保护、监管执法等方面做了大量工作。但是，地处西北内陆、资源相对匮乏的河西地区，在现代发展中渐渐失去区位优势，人口不断增长、经济指标下滑、发展后续不足的重重压力，传统观念变革缓慢、改革创新乏力的国民意识与行政状态，历史长久、日积月累的环保欠账，最终使祁连山生态环境保护问题一朝凸现：2015年9月，甘肃、青海两省及张掖市因祁连山自然保护区矿产无序勘测、水电资源过度开发、人为活动加剧等问题，被国家环保部、林业局联合约谈；2017年1月，中央电视台新闻栏目播出《祁连山生态调查》，反映张掖等地在祁连山生态保护中存在水电站生态用水下泄不足量、企业违规排污、矿产勘测开发不规范等问题。一时舆论四起，中央环保督察和各类专项督察纷至沓来，张掖市经督察约谈和自查发现的大小环保问题达170多项，对10多个单位、180多人进行了责任追究，直接因祁连山自然保护区生态环境问题追责的达60多人。祁连山，以这样的形态被推到了前台，张掖，以这样的方式成为万众注目的焦点。

揭开疮疤，当然是为了疗伤治病。面对空前的压力，张掖没有畏惧退缩，没有怪罪历史和抱怨客观，而是以此为动力和契机，号召全市上下廓清认识误区，深化生态优先理念，把祁连山生态环境整治保护作为事关张掖和河西走廊的生存与发展、事关中华水塔保护和水源涵养、事关国家西部生态屏障安全、事关丝绸之路经济带战略实施的“天字一号”工程，集各方之智，举全市之力，知耻后勇，全面出击，打响了集中整治生态环保问题、推动全域生态文明建设、促进绿色发展崛起的攻坚之战。目前，祁连山自然保护区内所有探采矿项目全部关停，矿区矿点生态环境恢复原貌，河流河道水电项目规范整改，生态基流足额下泄并实现视频监控全覆盖，核心区缓冲区生产经营项目全部退出，核心区农牧民易地搬迁，人为扰动加剧和草原超载超牧问题得到遏制，全面推行河长制，在西北地区率先开展全国水生态文明试点城市建设，规划实施山水林田湖草生态综合体项目，启动祁连山国家公园建设筹备工作，引导发展生态农业、生态工业、生态旅游以及优势特色产业和新型产业等，可以说，在统筹推进生态环境保护建设、经济社会绿色永续发展中，张掖迈出了可喜的一步。

祖昆仑之脉以蜿蜒，越瀚海之墟而横亘。伟岸倔强的祁连山，接纳了人类内心的忏悔和行动的礼敬，抚平了肌体的疤痕，舒展连绵起伏的身姿，以变幻的云雾、飞舞的山鹰、流动的松涛、欢唱的溪水，让河西大地焕发生机，开始迎接丝绸之路的复兴光芒……

我心中的幸福河

（张宏博　甘肃省武威水文水资源勘测局）

曾经，这里有一条养育了世世代代凉州人的河，它清澈见底，仿佛丝毫无丁点瑕疵。人们吮吸着她那甘甜的“乳汁”，一天天得以长大。这条河，就是我心中的幸福河——石羊河。

历史上石羊河流域优越的自然条件，润泽抚育了古凉州人民，促进了社会经济的发展。进入20世纪以来，石羊河流域的水资源及生态环境问题逐渐凸显，并日益加重。流域生态环境恶化集中表现在下游民勤县，由于上中游用水量增加，进入民勤的地表水量逐年减少，同时由于自身需水规模的不断扩大，民勤盆地地下水开采量严重超标。随着石羊河流域人水矛盾的不断加剧，水资源过度开发利用，民勤县的生态环境愈加恶化，形成恶性循环，主要表现为：一是石羊河流入民勤的地表水量剧减，地下水超采严重；二是植被大量枯死，荒漠化日趋严重；三是地表水污染严重，地下水水质恶化。民勤县生态恶化形势已十分严峻，若持续下去，民勤将有可能变成第二个“罗布泊”，严重威胁当地人民的生存，也将对整个区域的长远发展产生不利影响。造成民勤生态环境恶化的原因是多方面的，既有自然条件的影响，也有人类活动的影响，既有客观原因，也有主观原因。归结起来：一是流域水资源短缺，承载能力有限；二是水土资源开发不尽协调，农业灌溉规模偏大；三是水资源管理相对薄弱，难以有效控制流域内部分地区和行业的用水总量；四是水资源利用效率较低。直到2007年国庆节，时任国务院总理温家宝视察石羊河流域综合治理工作时，指出决不能让民勤变成第二个“罗布泊”。2007年12月，《石羊河流域重点治理规划》获国家批复实施，石羊河流域生态治理全面加速。

经过十几年的综合治理，石羊河流域生态环境明显改善，2019年蔡旗断面过水量首次超过4亿立方米。今天的石羊河天高云淡、惠风和畅、纤草茵茵、流水淙淙、莺歌阵阵，最具代表性的是蔡旗段。在这里，石羊河好似放慢了脚步，在静静品鉴沿途的风景。这里也是石羊河流域水文监测的重要监测点，清晨、黄昏，都可以看到水文工作者们忙碌的身影。

夏季无疑是石羊河蔡旗段最美的时节。阴雨光顾的时日毕竟稀少，大多时候，艳阳高照，天空蓝得澄澈，将它比作空灵的蓝水晶，也毫不过分；河岸上，各种花草精气神十足，像铺上了一块墨绿墨绿的毯子，各种颜色的小花分布其中，就像点缀的图案；挺拔茂盛的树木俏皮地在水中照着倩影，阳光透过枝叶散射在水面上，散金碎银一般。雨后，绿植都翠薇薇的，精气神外泄。空气经过绿色植物过滤，再加上水汽调和，清新而湿润。河流最直观的魅力大概就在于此吧！水的恩赐，在缺水地带被有幸享受水的恩泽的植物毫无保留地展现出来，任何说教都显得苍白——它们抵不过现实的力量。隐去电线杆等彰显着现代文明的事物，这画面有几分古朴，就像是从诗经册页里拖拽出来的。国人总是称道江南的景致，认为它可以跟天堂胜境媲美。石羊河蔡旗断面的风景与江南的风景相比，应该也毫不逊色。

河西岸，有许多沙枣树，或匍匐而卧，或扭身而起，或独木而立，或相偎相依……枝头挂满了青绿的稚果。在烈日的照耀下，它们泛着绿茵茵的光芒，让人望而生畏。它们守护在这里已经有些年头了，它们不事张扬，默默承受着风雨的锤炼、岁月的洗礼，缘于此，它们的身躯上留下了时光流逝的痕迹。沙枣树下生活着很多蚂蚁，春夏两季，它们主要以小昆虫为食，秋季，沙枣成熟了，它们就采集沙枣变换口味，并将多余的储藏起来，作为越冬的食粮。“金无足赤，人无完人”，树亦然，沙枣树是战风斗沙的坚强战士，却也有不尽理想之处——叶片上寄居着很多蚊子，它们作案时不易被察觉，等到因叮咬产生的瘙痒引起当事人的注意时，它们已逃之夭夭，只留下几个红包——它们的“政绩工程”。

河东岸，临近河道，有小块的沙滩，沙子倒也纤细，赤脚踩上去，感觉很舒服。桥南头两侧，芦苇、马齿苋、芨芨草……精神焕发。再远一些，是一片树林，许是实施了围栏封育的缘故，生长在树木间隙里的荒草长得很旺盛。因为食物充裕，且容易藏身，又鲜有被捕猎之虞，野兔的家族繁衍得很兴旺。行走在草丛间，时不时惊起一两只，转眼就消失得无影无踪。很多沙枣树上都有鸟窝，或大或小。平常，映入眼帘最多的是绿头鸭，从前，它们是河道周边当之无愧的领主，而今在多种因素的综合作用下，它们的生存空间被一再挤压，只剩河面那窄窄的一线。

秋天，不待肃杀的秋霜扫过，植物们就争先恐后地换上了艳丽的衣衫。虽然以黄色为主色调，却极具层次感，一点不扎眼，也一点不单调。秋风给苇草高举的狭长叶子嵌上了金边，并慢慢向内蚕食。红柳细碎的叶子飘落殆尽，紫红的枝丫格外醒目。不远处有胡杨，稀稀拉拉地分布，虽然没有连片的那般具有视觉冲击力，它们擎起的黄叶也别有一番韵味。

冬日清晨，雾很大，有时可以瞥见天鹅的曼妙身姿，它们的一举一动都透着优雅，那种优雅是印刻在骨子里的，可不是能随随便便模仿的。穿着鲜艳衣物锻炼的人们，像是穿行于童话世界的仙灵。水汽被定格在树木枝丫和荒草上，银装素裹，如梦如幻。喜欢摄影的人们早起驱车数十千米赶到这里，只为用镜头留下那些美丽的瞬间。有人将那景色拍作小视频发到朋友圈里，引来无数赞叹。很多人不能相信这美轮美奂的景色就在自己侧畔。我也才真正发现，蔡旗桥一带具有让人流连忘返的潜在气质；只要留心，可以轻而易举地捕捉到唐诗宋词里渲染的意境。

蔡旗桥坐落在石羊河蔡旗段上。桥有两座，一新一旧。它们并跨河上，相距不过百米。新桥是钢筋水泥桥，旧桥是悬索桥。除了结实，钢筋水泥桥没有什么出彩的地方。悬索桥散发着一种复古怀旧的气息，更像是一串悬挂在丽日蓝天下的记忆，在县域内也算是一处小有名气的人文景观。桥体钢板上的油漆敌不过风刀霜剑，这儿掉了一块，那儿掉了一坨，满是斑驳——那是岁月留下的印迹。走在上面，晃晃悠悠的，牵引的钢绳发出轻微的“吱吱”声，初次登临的人心里难免会有些恐慌。在这里，很容易营造一种怀旧的气氛，我想，什么人如果有兴趣要拍摄一部乡土电影，这里将是不可或缺的外景。

城里人看多了灯红酒绿、轻歌曼舞，厌烦了，逮着机会就跑出来，烧烤，嬉戏，蔡旗桥一带是他们就近就便的选择，那些草和树构建了不错的基础条件。天气晴好的时候，桥头空地上停放着各种款式、各种型号的车辆。靓丽的女子脱掉鞋袜，光着脚在沙滩上，或慢步徐行，或驻足凝望，极富诗意。孩子们用小铲子，或者干脆徒手，在沙子上建造自己心目中的童话世界。树荫下有桌有椅，累了，坐下来喝杯茶，打会儿扑克，也是很惬意的，即便是倚靠着什么小睡会儿，也是一种享受。

走向户外，为的是放松心情。世外桃源般的存在不是可以轻易觅得的，没有道骨仙风，纵然有幸觅得，也不好消受。奔波在凡尘俗世里，能有个清新雅致的所在，排除干扰，静会儿心，宁会儿神，已然不错，亦很难得。我觉得石羊河蔡旗段就具备这种特质。石羊河，蔡旗桥，以及周边的草草木木，携手等你前来。只要你拨冗而来，我保证，不虚此行的念头会坚强地矗立在你脑海里。

迹·忆

（施青山　甘州区水务局）

烟霄难自致，岁月易相侵，时光如流水的冲刷，虽微不足道，却痕迹斑斑。七十年来，中国大地经历了沧桑巨变，人们的生活发生了质的变化，社会的主要矛盾也发生了变化。我，生长于农村的一名80后，父母是地地道道的农民，贴有80后标签的我们赶上了好时代，然而父辈们却没有这么幸运。打我知事起家里就一直以种菜为生，父亲说蔬菜的生长和人的成长一模一样，离开了水的涵养，搁谁都会受不了。因此，从那时起，充满好奇心的我便与水结下了一种特殊的情缘。

20世纪80年代末，父亲正值我现在的年龄段，本应会成为人民教师的他却因家里的穷困而早早干起了农活。听父亲讲，那时候他们生活在大集体，在大集体劳动，吃的粮食是按工分配的，家里面孩子多，有时候总是饥一顿饱一顿的。改革开放以后，国家开始实行家庭联产承包责任制，农民有了自己的田地，为了能够让一大家子吃饱肚子，家里便以种植粗粮为主，剩余的土地只是种少许的蔬菜而已。追问原因，父亲说，那时候没有像现在这么方便的灌溉渠道，地里浇的水都是人工开挖而形成的弯弯曲曲的土沟渠，土沟渠盛水量很少，而且整个灌溉过程的渗漏量又很大，因此，对于种植蔬菜来说就会让浇水变为一种奢侈。

然而，那时候人们的生活却很是热闹。吃饭的时候，一家人围在一起，夹一筷子就饭菜也能整出半天的笑话来，笑得让老人合不上嘴，笑得让孩子嘴中的面条儿洒到了地上。渐渐地，改革开放的红利惠及到了千家万户，农村家庭中开始有了自行车、摩托车，到后来家家户户都能看上电视了，孩子们再也不会像以前那样去跟着来村里放电影的叔叔阿姨们挨村挨社的跑了。

到了21世纪初，随着社会的巨大发展，人们的生活已然发生了翻天覆地的变化，原本毛头小孩的我已经成为了一名懂事的青少年。那时候，父亲是社队的负责人，期间正好兴起了“节约用水”的黑河治理节水工程建设浪潮，父亲作为地道的农民没有遇事而退缩，反而让他提起了挖沟修渠的兴趣。

我跟着父亲去过水渠修建的现场，那时候天气又干又热，干的让人的皮肤都要开裂了，热的让树叶都显得奄奄一息，只见新修建的水渠又宽又大，宽的让人没办法横跨过去，大的可以将车辆填埋了。我站在旁边大树的树荫下面，偶尔会有装满大石头的兰驼和装满砂子的手扶拖拉机从我面前急速的驶过，随后就会看见后面赶着驴拉车的老汉被扬起的尘土湮没的不见人影，等看见他的时候，他却露出洁白的牙齿使劲地在驱赶着他的那头倔强的毛驴，打我面前走过的时候还不时向我挤眉弄眼，逗得我哈哈大笑。

后来，在全村人的共同努力下，新修的浆砌石水渠终于呈现在了人们的眼前。再往后才得知，父辈们修的那条渠是全村人公用的最大的渠道，叫干渠，它承载了全村人的希望。渐渐地，村社里流入农民自己地里的小毛渠也修好了，就连门前原本干涸的大树也有了自己的“吸管”，望着一条条水泥灰色的U形渠道，父亲的脸上终于露出了满意的笑容。从那时起，每次放假回家都总能感受到一种“小桥流水人家”的意境在围绕着自己。

数年来，父亲的辛勤劳作如同弱水的冲刷留下了一道道深深的痕迹，随着时间的推移和社会的发展，这些痕迹不仅为父辈们留下了美好的回忆，也让我们的少年时代充满了乐趣，这些痕迹更是见证了新中国成立以来和改革开放以来水利事业的巨大发展和人们生活的巨大变化。模糊的时光让我的记忆渐渐地清晰了起来，年少的我终究完成了一路的学业，而且很幸运地成为了一名水利工作者，我相信这是一种缘分，也相信在新时代里会有更多的奇迹等着我们见证。

“为什么我的眼里常含泪水？因为我对这土地爱得深沉”这是我很喜欢的一句诗。大学毕业后，我也如愿以偿回到了家乡，并走上了我喜欢的工作岗位。此时，与水打交道的我便开始能够更为直观地了解农田灌溉方式的变化了，父亲还会经常向我了解一些关于水利方面的信息。这个时候，“高效节水”建设工程的浪潮已然兴起，管灌、滴管、喷灌等灌溉方式不断呈现在人们的眼前，农田灌溉的水可以通过管道从地下输送到地里面，人们不会再去渠首提闸，也不会再到地埂边堆土坝了；给农作物施肥不用再钻进地里去，人们只需要将肥料放到施肥罐融化即可，之后便会由滴管的滴头一滴一滴地浇灌给农作物，既节省了物力和人力，又节省了大量的时间；对于需水量频繁的绿色植物，喷灌便成了它们最好的嫁衣，沐浴着暖和阳光，享受着五彩的水花，人们看着都感觉不亦乐乎。当父亲听到这样的变化时，脸上总会露出一种惊讶和惊喜的表情，同时，又会伴随着显示出一种失望的眼神，我知道，这种失望源自于如今村社里部分群众的不和谐，由于种种原因，至今社队里面也没有享受到这种红利，我时常也会安慰父亲，这些“福利”慢慢地会享受上的，我们要相信政府和党的领导，父亲也总会一笑了之。

巍巍祁连，绵绵不屈；滔滔黑河，生生不息。七十年来，水利事业有了巨大的发展，尤其是改革开放以来，一波又一波的红利更是让人们感受到了巨大的变化，从土沟渠到浆砌石渠，从混凝土渠到管道灌溉，这样的变化无不见证着我们社会的巨大发展，这样的变化无不见证着一代又一代水利人奋斗的样子，这样的变化也终将会为历史的画卷添加上一份漂亮的底色。

七十载惊涛拍岸，九万里风鹏正举。当下，正值机关事业单位的改革和转型，水利工作正处于攻坚克难、搏击奋进的关键时期，水利改革发展任务十分艰巨，责任十分重大，80后的我们，已然成为了社会发展的中坚力量。因此，我们没有理由退缩和沉默，我们要秉承新时代的水利精神，学会主动争取自己的“锦鲤”，赢得自己的“C位”，要以“我将无我，不负人民”的高度责任感和使命感，为水利事业的发展贡献自己的青春和力量，让向往美好生活的人们真真正正地生活在中国发展带来的“福利”之中。

彼时，任此生痕迹斑斑，只将记忆在岁月的斑斓中荡漾。

最美家乡河——讨赖河

（韩丽雯　嘉峪关市水务局）

乡情如初，风姿更胜

讨赖河是嘉峪关市唯一的常流河。它发源于祁连山中段讨赖掌，出冰沟口流经嘉峪关、酒泉、金塔后汇入黑河，属黑河水系一级支流，是全市人民的母亲河。古代文献《汉书·地理志》记载："呼蚕水出南羌中，东北至会水，入羌谷"。《太平寰宇记》说"呼蚕水一名潜水，俗谓之禄福河，西南自吐谷浑界流入。"唐以前的突厥、匈奴、月氏语称为"托勒水"，与今日裕固族对该河流称呼相同，意为"有树的地方"，汉文音译为多乐水。因其发源于青海祁连山中段讨赖掌，后更名讨赖河。"讨赖"系匈奴语译音，又译"陶勒""托来""讨莱"或"洮赉"等。每当遥望祁连雪山，俯瞰讨赖河大峡谷，都不禁赞叹大自然的鬼斧神工，不禁回想起嘉峪关市丰富的文化内涵和日新月异的建设步伐，不禁感慨讨赖河虽然乡情如初，但是在嘉峪关人民的不断努力下，在一代又一代水利工作者的不懈奋斗中，变得更加美丽。

在春光熹微的阳春三月，祁连山上的冰雪融水为讨赖河注入了汩汩清流，讨赖河变得更加妩媚多姿。夏日，岸边杨柳依依，芳草如茵，河水在微风中波光粼粼。傍晚，结束了一天繁忙工作的嘉峪关人纷纷到讨赖河边散步、纳凉、游玩。水柱随着音乐喷出不同的模样，喷泉伴着节奏拍打着河面，为城市的人们在夜间增添一份美轮美奂的视觉和听觉的盛宴。随着悠扬的旋律，无数喷泉翩翩飞舞，瞬息万变。一幕幕水幕组合或如牡丹盛开，或似百花争艳，又如孔雀开屏，或仿金鹏展翅，直冲云霄，变幻出一组组极富动感的优美造型……还有令人称道的水幕电影，当观众在观摩电影时，扇形水幕与自然夜空融为一体，当人物出入画面时，好似人物腾起飞向天空或自天而降，令人神往又恍然如梦。水的变化，让人目不暇接。水的风情，令人心旷神怡，水的韵律，是如此动人心弦。

源远流长，引人入胜

讨赖河不仅有湖光山色、景色秀美的现代风光，也有源远流长、粗犷不羁的自然景观。水流的千年冲刷，形成了讨赖河大峡谷，河谷里终年流淌着祁连山的雪融水，像一名勇士，在茫茫戈壁中杀出一条血路，蜿蜒着向前流去。在这里，仿佛穿越了千年时空，又回到了金戈铁马、大漠风沙的远古时期。

传说古时候，嘉峪山一带土地肥沃，物产丰饶，就连天上的神仙，也非常羡慕。有一次火神爷闻到人间的酒香，竟垂涎三尺，偷偷下凡化作老人，正遇上一户新婚，便来讨酒喝。火神爷贪杯，醉意朦胧时，忽听到南天门的钟响了。惊慌失措间，火神爷把火神葫芦上的塞子碰掉了，大火一下喷了出来，那火越烧越大，霎时整个嘉峪山一带便成了火海。大火连烧了七天七夜，人们把所有的水掏干了，可火还是扑不灭。这时新婚的丈夫站出来，要去敦煌的月牙泉，顺着海眼找到龙王，讨水灭火。历经千辛万苦，他终于找到了龙王，龙王很感动，便从天山取了一股水，用这股水终于扑灭了大火。

从此，这股水便取名叫讨来（讨赖）河。

嘉峪关旅游资源非常丰富，丝路文化和长城文化在这里融为一体、交相辉映。这里有雄伟壮观的明代万里长城、嘉峪关关城、长城第一墩、黑山岩画、魏晋墓地下画廊等历史和人文古迹，除了讨赖河的传说，还有晒经石、冰道运石、击石燕鸣等许多历史传说，这些与讨赖河的故事共同形成了独特的文化历史氛围，吸引着海内外游客。

不断发展，续写新章

嘉峪关市地处戈壁腹地，干旱少雨，自然条件严酷，生态环境脆弱。由于降水稀少，境内无自产水资源，依靠发源于祁连山的讨赖河提供地表水资源。

讨赖河从它的发源地开始，穿高山，绕平原，飞峡谷，跃丘陵，呼啸奔腾；浇灌着沃田万亩，簇拥着工厂如林，拥抱着无数戈壁丘陵。征途中，有多少障碍在阻挠，它从不退缩，依然浩浩荡荡，澎湃汹涌。它正以万载不息的波涛诠释出嘉峪关人民不服输、艰苦奋斗的铁山精神。

1958年，酒钢建设吹响号角，来自全国各地的近3000名矿山建设者挺进祁连山深处这片荒无人烟、空气稀薄、寒冷多风、干燥少雨的土地开发宝藏。“到了嘉峪关，两眼泪不干，往前看，戈壁滩，往后看，鬼门关，抬头看，灰色天。”这是建市之初嘉峪关的建设者们形容嘉峪关的顺口溜。

在几十年的奋斗历程中，建设者们以“铁山精神”为动力，在昔日黄沙飞土、没有人烟的戈壁滩上，硬是建成了代表现代工业文明的西北最大的钢铁联合企业。而今走进嘉峪关，蓝天、白云、碧湖、绿地交相辉映，燕子在清澈的湖边低飞呢喃，布谷鸟在枝头欢快地鸣叫，喜鹊在闹市筑巢……一幅幅人与自然和谐共处的愿景正臻佳境。

“嘉峪关市自然条件严酷，生态环境脆弱，我们必须把改善生态环境作为实现城市科学发展、和谐发展、可持续发展的根本性和基础性工作来抓，放在与经济社会发展同等重要的位置同部署、同规划、同推进，努力走出一条经济发展与生态建设双赢的新路子。”嘉峪关市政府坚持走生态立市的道路，在利用水资源的同时，不断对讨赖河进行治理和反哺，让这条古老的河流和新兴的城市交相辉映，焕发出耀眼的光芒。

重视生态，人水和谐

为充分涵养水源，利用水资源，2007年，根据甘肃省人民政府的嘉酒经济一体化发展规划，嘉峪关市开始实施了以讨赖河生态公园湖和明珠文化公园湖为主体的“两湖一河”工程，项目计划投资8500万元。经过建设者两年的辛苦劳动，已建成讨赖河生态公园湖和明珠文化公园湖，形成水面32.6万平方米，总库容186万立方米，建成连接两湖之间的飘带河及管道各1.15千米，工程总占地面积65.3万平方米。从2009年开始至2011年，市上投资1556万元，在“两湖一河”周边区域种植草地、花卉、灌木及树木绿化总面积46万平方米，目前已成为绿树成荫、基础设施日趋完善的开发新区。

2009年10月，嘉峪关市委、市政府提出了实施讨赖河市区段生态环境治理工程，建设河道景观带的大胆构想，充分利用讨赖河穿越南市区而过这一优势，通过对河道清洪分治，蓄水造景，以生态保护为基础，加入人文景观元素，打造有地方特色的水体景观带，配合新市区改造，整体提升城市品质，彰显城市特色。工程总投资2.2亿元，计划分三期建设。整体项目新建橡胶坝10座、跌水23座，营造水面面积76.5万平方米，蓄积水量62万立方米，新增景观带6.5千米。该项目不仅是维系城市水体、拓展城市空间、完善城市功能、加快城市转型的战略工程，也是促进城市可持续发展、与人民群众生产生活息息相关的生态和民生工程。一期工程于2010年7月开工，历时5个多月，建成橡胶坝3座、亲水平台290米、堤顶铺装6600平方米、安装灯具1.3万套、形成景观17万平方米，做到当年立项、当年设计、当年施工、当年建成投入使用。2011年，计划新建橡胶坝5座，配套实施仿古观景楼阁、音乐喷泉、湿地公园、堤顶硬化绿化、灯光亮化、园林景观、控制中心、水情预报系统等工程，建成后可形成近5千米的连续水面景观。同时，围绕全市经济、文化、生态建设的战略部署，计划在讨赖河北岸、嘉文路以西、南环铁路以南120万平方米的区域，以改善水环境、保护水生态、建设水景观、弘扬水文化为目标，开发建设生态湿地公园、花卉观赏广场和龙王庙民间水文化项目，丰富风景区建设内容，打造生态家园，真正实现了人水和谐的宜居环境。

一方水土养育一方人，点滴河水涵养万物。讨赖河是嘉峪关人民的母亲河。保护母亲河，唱起“责任”的歌，让人们回报母亲；敲起“保护”的鼓，号召人们为它付出；传递“爱心”信息，让人们众心向齐。同饮讨赖水，共保母亲河，让古老的讨赖河在嘉峪关人民的保护、治理、建设下，成为戈壁上最璀璨的风景。

葫芦河的秋天

（卢晓云　瓜州县水务局）

进入九月，秋意便愈发浓烈了起来。时光的更替总在不经意间默然的流转，两三场秋雨过后，红衰翠减，丝丝凉意就浸透了瓜州的大街小巷。虽说一层秋凉层层凉，但闯进秋天里的葫芦河，我不禁心荡漾而意阑珊了。

一

秋天的葫芦河，是布隆吉尔迷人的眼睛，含情凝睇，清洌深幽。许是泉水河的缘故吧，河面一湾接一湾，河水一圈连一圈，暗流轻涌，澄澈静秘，盈耳的只是琼琼风过苇叶的微响。秋风里的涟漪是这河水的媚眼，扰乱了河岸上毛蜡封存已久的爱意，心乱如丝，呼之欲出。秋水边错落的绿柳和参差的芦苇一定是这星眼的睫毛，扑扇扑扇，像蝶羽的翅膀，惊艳了秋的时光。

二

任何事物相处久了自然都有相像的样子，葫芦河的芦苇自有动人的模样。河里的芦苇沿袭了这河水清傲的性格，并没有成片地凑热闹，只是前一团后一簇，左一束右一把，特立独行，超然不群。一阵风过，苇枝舞动起袅娜的身姿，亭亭玉立，倩影婆娑。初秋里鲜嫩的芦花展开蛋青色的丝绒，一点点疏散开，像英国贵妇礼帽上的饰品，摇曳生姿。这些芦苇恰与跌落在河面的云朵相映成趣，忽而云片将苇枝压在身下，忽而苇枝将云朵隔成两半，倒给河面添了几分可爱。河岸边的芦苇则有几分英气，忙哄哄聚成一片，齐刷刷蹿得老高，草草圈出河的轮廓又匆匆向四周蔓延而去，整个湿地就成了绿的海洋。

三

一河水，因唐僧夜渡而驰名四方；一棵树，在这里守望多年就成了风景。葫芦河腰际处的古柳，枯枝落地生根，盘根错节，每一个枝杆，每一片叶子似乎都长满了神秘和传说。因是站了许久，经历太多，他像个狂放不羁的游士，四仰八叉卧于河边。底部的树干与树皮粗粝皲裂，但依然不失伟岸的风采，枝杆遒劲，枝条柔曼，柳叶青翠，柳丝依依。秋风掠过葫芦河，层峦叠嶂般的古柳伸伸懒腰，静静看着田野里五彩的果实，草滩上嬉戏的孩童。古柳梳风，流水写意，定格成生命中无法褪色的底片，更久远地延续他生命的神奇与厚重。

四

葫芦河畔，绿草萋萋。散放的牛羊在高低错落的草丛里悠闲的移动。偶尔有灰驴摇头晃脑“咴儿—咴儿—”的叫两下，这里瞬然就生动了起来。褐色的栈道和灰色的小径在河沿上时隐时现，参差有致，像仙子的彩带，萦绕着游人的情愫。河畔上面是葫芦河人家，红黄相间的门脸儿在天朗气清的秋日里温暖别致。

秋天，在葫芦河，我在河沿上掬水，你在河畔上拈花……

大河长歌　景电乐章

——回顾景电工程建设历程

（王友平　西安卫星测控中心）

纵观人类文明史，人们逐水而居，繁衍而生。

九曲黄河万里沙。奔腾的黄河水一路波涛，从兰州城穿城而过，调头北上。当河水流经景泰时，由西向东画出了一道美丽的弧线，勾勒出景泰川东南端的轮廓。

景泰川，腾格里沙漠以南的景泰、古浪等县的大部分地区。亘古荒原，干旱风沙，兵荒交乘，饥馑荐臻。

一方水土难养一方人，这里的人们望水兴叹。

“民生为上、治水为要。”

数年苦战，始得成功。在历届省委、省政府的关心支持和省水利厅的正确领导下，景电一期、二期，民调工程相继建成，从根本上改变了灌区的生产生活条件，遏制了民勤绿洲的生态恶化，产生了显著的经济、社会和生态效益，昔日的戈壁荒原变成了美丽的绿洲和富饶的粮仓。

岁月无言，前行有声。

景泰川里，大河长歌的景电乐章是如此的铿锵磅礴。

选择就是命运，选择就是王道。

历时十年，九次勘察。工程终于启动了。

1969年11月15日。景泰川的梦想开始复苏。

万人豪情大会战，八百英才汇一川，一场向命运宣战的人民战争打响了。

建泵站、削山头、钻隧洞、填山谷、架渡槽、挖渠道，完全靠的是人扛、肩挑、担担、车推。

历经1800多个日夜，黄河水终于通过泵站，经过管道，跨过渡槽，爬过山冈，穿过隧洞，流进了千年荒滩——景泰川。

五年时间，建设泵站13座，总扬程472米，干支渠总长177千米，设计灌溉面积30.42万亩的一期工程胜利竣工。

高扬程、多梯级、大流量的景电一期工程创造了中国水利建设史上的奇迹。

所谓历史常常以惊心动魄留下深刻印记，也常常以峰回路转写下绚丽篇章。

十年期盼，十年奋战。演绎了一部不懈求索开疆拓土的传奇交响，创造了一幅放歌时代拥抱未来的历史画卷。

景电二期工程于1994年基本建成。

景电二期工程总扬程713米，灌溉面积52.05万亩，建成总干渠、干渠泵站18座，支渠泵站12座，总干渠及干渠总长113.24千米，支渠43条，总长337.95千米，干渠以上渠道建筑物375座，支渠渠道建筑物2112座，量水堰782座。

民勤，当黄沙走近这座古城时，尘埃掩埋了曾经的荣光。满眼的绿色没有了，丰沛的河床枯瘦了，……诗情画意、烟波浩渺，逐渐淡出人们的记忆。

决不让民勤成为第二个“罗布泊”。

这是一个令人无奈的悖律，一个难以破解的怪圈。

2000年10月，黄河水经过13级泵站提升，穿越260千米的山地、沙漠，途经景泰、古浪、凉州、民勤四个县区，长途跋涉近70小时，到达民勤蔡旗时，黄河之水不再控制她的情绪，张扬起汹涌澎湃的个性，把力量写满大地。

跨省区、高扬程、多梯级、大流量的景电工程建成后，从根本上改变了灌区人民群众生存生产生活条件，使昔日的荒漠变为富饶的绿洲，成为灌区近50万人民群众生存致富不可或缺的依托，成为灌区经济社会发展不可替代的命脉，成为综合指标评价突出的“中华之最”。

景电工程辐射区域约1000平方千米，灌溉面积近120万亩；甘肃、内蒙古两省（自治区）景泰、古浪、左旗等7县（旗）50万移民，走上了脱贫致富奔小康的道路。

截至2018年年底，景电灌区灌溉面积已发展到近120万亩，灌溉面积超设计20%；累计完成提水量135.47亿立方米；全灌区累计生产粮食96.23亿千克，经济作物39.50亿千克，累计产生经济效益213.07亿元，是工程总投资的24.9倍。

在经历了胜利的喜悦，演绎了美丽的传奇，奉献了最动人的诗篇之后，我们看到的是景电人初心的映照。

初心映照智慧【攻城拔寨　刻苦攻关】

与晨风为伴，与星斗为伍。青灯黄卷，兀兀穷年。

精神的熬炼换来了羽翼丰满。

从蹒跚起步的星星之火到全面提升的燎原之势，在不停刷新纪录中从量的积累再到质的飞跃，取得了一个又一个里程碑式的成果，为完成工程提供了智力支持与技术支撑。

第一次成功制造并使用了直径达1.4米的混凝土预应力管。

第一次创造了大流量水泵机组直接启动技术。

第一次在全国建成了高扬程、大流量电力提灌工程。

第一次在腾格里沙漠流沙区修筑了长距离、大跨度的输水暗渠。

初心映照情怀【关注民生　精准扶贫】

脱贫攻坚，是全面建成小康社会最艰巨的任务。解民忧，纾民困，景电人在灌区书写着全面建成小康社会这一宏大主题。

景电工程建设后，安置甘肃、内蒙古两省（自治区）的景泰、古浪、会宁、天水、永靖、天祝、左旗等7县（旗）移民30多万人。下山入川让山区贫困群众走出了“穷窝窝”，逐步把穷困“赶进了墙角旮旯”。这对于西北地区，乃至全国都起到很好的示范作用，开辟了一条用水利来扶贫的道路。

景电工程以其独特的实践和成长轨迹，创造了西部干旱地区脱贫致富的典范。

景电工程在坚持自力更生为主的同时，得到了联合国世界粮食计划署的粮食援助，促进了平田整地、渠系配套、植树造林等多项农田工程的建设，被誉为国际多边合作向贫困宣战的典范，为世界性扶贫事业带来了新的思索和启迪。

初心映照美丽【绿色畅想　润泽陇原】

从景泰黄河西岸到古浪黄花滩，沿腾格里沙漠南缘数百千米，这片广袤荒滩，如今绿树成荫，良田万顷，防风林带密如蛛网，阡陌条田如图似画。干涸了半个多世纪的青土湖，形成了22平方千米的水面，记忆中的“水乡”重现民勤。

这片长60千米、最大宽40千米的绿洲，紧挨着腾格里沙漠，由3500万株树木组成的绿色长城，护卫着近百万亩良田，抵御着沙漠南侵。盛夏时节，北边的腾格里面目狰狞，黄沙肆虐，热气逼人；而南边的景泰川麦浪滚滚，瓜果飘香，绿树成荫。

这边风景独好。

灌区建成后，平均风速由每秒3.5米下降到2.4米，8级以上大风由29天降为14天，年平均气温上升了0.4摄氏度，年均降雨增加了16.6毫米，而年蒸发量下降了1082毫米。

天蓝、地绿、水清、气爽，景泰川是如此的美丽。

初心映照宗旨【人民至上　面向群众】

裁云剪水，秀水泱泱。

曾经的千古荒原景泰川，如今是物饶丰产米粮川。

景电工程灌溉面积达到100万亩，成为灌区40多万人民群众生存致富的依托，成为灌区经济社会发展的命脉。

景电工程的50年，是中国共产党带领中国人民深刻改变中国命运的一个缩影。景电灌区50年发生的翻天覆地的变化，景电工程50年所建设的一座座泵站、一架架渡槽、一条条渠道，景电工程一代代面向群众、默默奉献的伟岸身躯和无名英雄，都以无可辩驳的事实，再次向世人昭示一个真理：新中国好、共产党好、社会主义好。

初心映照精神【水润陇原　文化脉动】

草土围堰、基坑开挖、隧道掘进、渡槽吊装、暗渠修建……当人们满怀激情对当年现场实景进行追忆时，与专家们写的文史资料对接在一起，在脑海里也来个“拥抱合拢”，也许能让历史的天空上，如诗如画地织绣出一幅史诗般的群英长卷。

“依靠科技，敢为人先，艰苦创业，造福于民”的“景电精神”，是景电人在建设和发展水利事业中倡导、践行的一种革命精神。已成为培育和滋养景电广大职工的精神元素，成为推动事业持续发展的精神力量。

政声人去后，丰碑在人间。以李培福为代表的老一辈水利干部职工，永远是景电人的旗帜和表率。

也正是有旗帜与表率的引领，几代景电人秉承着前辈铁一般的意志和火一样的热情，以坚定的意志、缜密的思维、创新的精神，殚精竭虑，探索寻求着新的发展途径，实现着艰难而辉煌的转型和起飞。

初心映照使命【意气风发　迈步从头】

景电工程经过近50年的运营，面临着设施老化、成本增加、管理粗放等一系列困难和问题。党的十八大以来，景电人以习近平新时代中国特色社会主义思想为指导，全面落实五大发展理念，通过深入实施精细化管理、提升工程运行能力、深化改革，努力破解制约发展的瓶颈。

围绕保障灌区粮食安全和农业水安全，在管理上促进资源优化配置和高效利用，使工程、设备完好率均保持在98%以上，既缓解了灌区的用水压力，又促进了节水型灌区建设。

为加强供给侧能力的提升，景电人利用冬季停水间隙，先后实施完成了景电大型泵站更新改造、石羊河流域重点治理改扩建等10余项大中型项目，累计完成投资9亿元。

初心映照未来【水开鸿蒙　江河行地】

初心穿越历史的天空，固化成永恒的风景；汇入岁月的长河，激荡起壮美的浪花；写进光阴的故事，成为光辉历史的见证。

沧海横流显砥柱，万山磅礴看主峰。

不需要世人的膜拜，但足可以赢得世人的认可。景电工程可以昂起骄傲的头颅，享受着来自四面八方的赞美。

景电工程，这是一个民族的集体记忆。

“节水优先、空间均衡、系统治理、两手发力。”

景电人将提高站位，砥砺前行，尽锐出战，精准施策，肩负起时代赋予的历史重任，以时不我待的责任感，以舍我其谁的使命感，以只争朝夕的紧迫感，把党中央的战略部署落实到水利事业的伟大实践中。

情寄陇中话引洮

（朱发昇　甘肃省水利水电勘测设计研究院有限责任公司）

引洮梦是甘肃人民的梦，更是甘肃中部干旱地区人民的梦！

引洮梦是我的梦，更是甘肃省水电院几代设计人的梦！

以定西地区为代表的甘肃中部地区，自古就有“苦瘠甲于天下”的说法。生活在这片贫瘠土地上的人们世世代代都在盼水，千百年来他们朴素的梦想只是盼着风调雨顺，希望老天爷高兴的时候多下点雨，好让庄稼长得好一些，来年有个好收成。他们日出而作、日落而息，在干涸的土地上洒下希望的种子，期盼着天降甘霖，老汉们吊着旱烟袋、蹲在田埂上，在烘烤的空气中仰望天空！

旱则穷，穷则思变。引一股清流上山入川到家乡是他们的第二个梦想。20世纪初，孙中山在《建国方略》中就有关于引洮河水灌溉农田的构想。中华人民共和国成立后，人们的希望变得更加迫切，并在技术经济准备不足的情况下于1958年6月17日开工建设了举世振奋的“引洮工程”。近20万陇原儿女怀着对美好生活的向往，毅然奔赴引洮工地，力图用人力战胜自然，实现山上运河500千米、灌溉旱地2000万亩的美好梦想。遗憾的是，限于当时的技术水平和经济条件，终因规模过大，工程被迫于1961年6月停工。中部人民的失望程度可想而知！

一晃30多年过去了，甘肃人民追梦引洮工程的理想始终没有改变，为之奋斗的脚步始终没有停止。甘肃省委省政府更是痛定思痛，深刻总结经验教训，从彻底解决中部干旱地区用水的战略出发，横下心来上引洮，一届接着一届干，终于在1992年将引洮工程列为中部地区扶贫开发的重点项目。

我的家乡就在甘肃中部的黄土高坡上，地多水少是基本村情，有水就有收成，有水就有希望。作为一名土生土长的陇中人，我亲身感受过父老乡亲对水的渴望和期盼，也亲眼目睹过他们面对肆虐的旱魔时的无奈和无助。我深感水利是一门大学问，深信学水利大有可为，因此在填报高考志愿时，第一志愿选择的就是“水利水电工程建筑”专业，从此与水结下了不解之缘。我于1991年年底调入甘肃省水电设计院，回顾自己30多年的工作历程，大部分时间与引洮工程相随相伴，虽然期间还不同程度地主持或参与了诸如引大入秦、石羊河综合治理、南阳渠等工程，但参与时间最长、倾注精力最多的当属引洮工程。

一、引洮工程艰难的启动历程

要想解决甘肃中部干旱地区的供水问题，大引洮的方案无可替代，它包括九甸峡水利枢纽和引洮供水工程两部分。由于项目规模大，技术复杂，前期工作历经波折与艰难。2002年6月，水利部向国家发展计划委员会报送的项目建议书审查意见的函（水规计〔2002〕241号）中提出："考虑该工程建设内容多，投资规模大，以及地方资金配套能力的实际情况，建议该工程一次立项，分两期建设"。自此，引洮项目建议书中完整的大引洮工程被划分为可研阶段的"洮河九甸峡水利枢纽及引洮供水一期工程"和初设阶段的"甘肃省洮河九甸峡水利枢纽工程""甘肃省引洮供水一期工程"，同时引洮二期工程的前期工作被暂停。

20世纪80年代，随着引大入秦工程的开工建设，引洮工程再次被社会各界关注，甘肃省设计院敏锐地抓住机会，不失时机地促进引洮前期工作，以便为引洮工程的早日立项创造条件。

1987年冬季，设计院组织20余名勘测设计人员，从兰州出发，一路乘车风尘仆仆地赶往峡城乡，开始新一轮的引洮梦。峡城至燕子坪有15千米路程，不但没有车道，仅有的羊肠小路也被水冲断了。没有可走的路，只能翻山越岭，道路崎岖难走，还要涉水过河，踏勘队伍中多为老同志，难走的路见多了，但遇到这种情况，身体还是吃不消。有些老同志每爬一个山头，都气喘吁吁，但是从不叫苦。经过对峡谷区的详细勘察，精心选出了3个坝址进行比较。燕子坪为上坝址，桥道堡沟下游为下坝址，上下坝址之间的老虎石为中坝址。

1988年春节刚过，我院勘测队伍（当时的二、三总队）就进驻九甸峡，开始对三个坝址进行勘察和比选。从此，"燕子坪"三个字几乎尽人皆知，给所有工作人员都留下了艰辛和美好记忆。大家心里明白，此时此刻所做的一切都与一个遥远而美好的梦——引洮工程紧密相连。从1988年到1992年，经过全体勘察人员的不懈努力，首先排除了老虎石中坝址，而后基本查清了上下两个坝址的工程地质条件和存在的问题，经科学论证和坝址比较，认为上坝址地质条件优于下坝址，推荐上坝址为选定坝址，并得到水利部的肯定。

随着前期工作的不断深入，1992年甘肃省委、省政府审时度势，在审定的《甘肃省今后十年农业建设规划和扶贫开发规划》中重提引洮工程，并将其确定为全省中部扶贫开发重点项目之一。1992年7月22日，甘肃省政府同时成立了九甸峡工程筹备处和引洮工程筹备处（马俊和金涛分别担任主任），代表甘肃省政府分别管理推进两个工程的前期工作。1995年7月5日，甘肃省委将两个筹备处合并为甘肃省引洮工程筹备处（金涛担任主任），统一管理九甸峡及引洮工程前期工作。自此，设计院正式拉开了引洮工程勘察设计的大幕，引洮工程建设也翻开了新的一页。

1992—2000年的九年间，我院主要围绕着“引洮灌溉工程”的思路开展了大量的前期论证和研究工作，先后完成主报告和数十个专题报告，直至1999年黄委会将《甘肃省引洮灌溉工程可行性研究报告》上报水利部。从2001年开始，国家对水资源的开发利用有了新要求，甘肃省积极应对，认真研究工程定位。2002年1月，甘肃省引洮工程领导小组在省政府召开的会议上通报了项目定位调整，正式将甘肃省引洮灌溉工程更名为甘肃省引洮供水工程。这是一次对引洮工程规划思路的重大调整，长久以来困扰引洮工程进展的定位问题也因此得到解决。

根据项目定位的调整，2002年2月，我院在前期大量研究、论证、完善的基础上，完成了《甘肃省洮河九甸峡水利枢纽及引洮供水工程项目建议书》。经中国国际工程咨询公司评估、审查并修改完善后，国家计委报请国务院常务会议讨论通过，并于当年9月获得批复。以项目建议书批复为契机，我院抓住机遇、再接再厉，于当年的11月完成了《甘肃省洮河九甸峡水利枢纽及引洮供水一期工程可行性研究报告》。水利部更是急甘肃之所急，当月就审查通过并出具了行业审查意见，于12月14日上报国家发改委。甘肃省据此提早安排了九甸峡和引洮一期工程的初步设计工作。

2004年年底，甘肃省为了抓住机遇和多渠道筹措资金，将九甸峡水利枢纽工程正式交由甘肃省电力投资集团公司，并由随后成立的甘肃电投九甸峡水电开发有限责任公司负责建设；引洮一期工程继续则由甘肃省引洮水利水电开发有限责任公司负责建设。

在国家发改委对引洮可研的评审过程中，我院又做了大量的补充工作，初步设计和可行性研究工作在交叉进行，同时对水资源重新进行配置和论证，在2005年4月确定非农业和农业用水占比为7∶3。2006年8月5日，国家发改委对可研报告进行了批复。

在可研报告批复前的“可研补充报告”工作阶段，由于工作量很大，为了按时完成任务，院里将设计一、二处分别集中在兰州南北两山封闭加班。业主单位的领导经常带一些水果、牛奶等食物到设计现场关心慰问、鼓劲加油，并安排常驻代表监督进度。此次，设计历时近3个月，由于加班时间过长，很多平日不吸烟的同志都抽起了香烟，以此来缓解连续熬夜加班带来的疲倦。作为主管院长，我也常去加班现场和野外，被大家的顽强拼搏精神深深折服！

2000年以后的十多年里，围绕着规划范围、工程布局、坝址坝型选择、占地移民、水资源论证、重大技术问题、筹资方式、管理模式、分期实施、大量专题报告等与甘肃省各级政府部门、国家有关部委、世界银行、国内众多专家、受益区各界群众进行了无数次的沟通、交流、汇报，特别是在规划、水资源论证、坝型选择、征地移民等方面进行了反复研究、论证和修改完善。前期工作历经波折，没有亲身参与和经历，无法体会其中的艰辛。

二、引洮工程分期实施勘测设计回顾

1.九甸峡水利枢纽工程

20世纪90年代，特别是1995年以后，为了解决枢纽投资问题，甘肃省引洮筹备处积极开展九甸峡水利枢纽的招商引资工作，先后与外方有若干批次的接触，但最终只有与加拿大马休斯公司的谈判有实质性的进展。经过近4年的谈判，于1999年形成了具备签订条件的《联合体协议》和《合作协议》。2001年7月，为了加快项目进度，甘肃省水利厅成立了甘肃大成水利水电开发有限公司，并和甘肃省电投公司、甘肃省电力公司分别按51%、30%、19%的出资比例筹集九甸峡水利枢纽资本金。2002年5月30日，九甸峡对外公路开工。当年12月16日，九甸峡项目举行工程奠基仪式，开始“三通一平”的准备工作。2002年3月12—18日，水规总院副院长汪洪在兰州主持召开项目建议书审查会。同年5月，甘肃省组建成立了甘肃省九甸峡水利枢纽有限责任公司，正式运作九甸峡项目。此后，九甸峡公司希望进一步论证混凝土面板堆石坝的可行性，设计院就此展开了深入的研究和咨询，内部多次召开技术委员会进行深入讨论。2003年9月，九甸峡公司组织召开了面板堆石坝地质咨询会，公司随即委托我院对两种坝型做了大量的地勘补充工作，并邀请我院原副总工韩长耀担任业主勘测技术顾问。2004年5月，省电投组建成立了甘肃电投九甸峡水电开发有限责任公司，省电投持股90%，引洮公司持股10%，项目的建设管理体制随之发生重大变化。同月，我院完成《九甸峡水利枢纽工程可行性研究坝型比较专题报告》。

在漫长的勘察设计过程中，技术人员提出多个方案，经过综合对比、反复论证，设计思路越来越明晰，最终从三个坝址中淘汰了中坝址和下坝址，选择了燕子坪的上坝址。在三个坝型对比分析中，首先淘汰掉了双曲拱坝，但在混凝土重力坝和混凝土面板堆石坝两个坝型的选择中却出现过分歧。由于勘测深度不对等，从2003年开始的两年间，又进行了大量的补充钻探和设计研究工作。随着勘察深度的不断增加，对于选址定坝有重大影响的主要工程地质问题完全查明。2005年7月2—7日，受国家发改委委托，中国国际工程咨询公司来甘评估坝型比较方案，时任院总工温续余在兰州饭店向专家们做了详细汇报。会议最终形成一致意见：九甸峡坝型采用混凝土面板堆石坝。最终方案的确定，凝聚着无数技术人员的心血和汗水，体现着他们的智慧和创造，方案取舍的背后都有丰富的勘察资料和大量的设计计算成果做支撑。由于坝型比较和其他设计工作准备充分，我院于2006年上半年即完成初设工作。2007年1月，主管总工温续余调离，副总工韩金强接替主管总工，2007年3月，时任副院长的马明分管并主持九甸峡施工图阶段技术服务工作，带领吕生玺、张少杰等技术人员不遗余力、接续奋战，为业主交上了一份满意的答卷。2007年10月23日，水利部正式批复了九甸峡初步设计报告。

之所以较为详细回顾上述一段经历和建设体制的变化过程，是因为在两年多的时间里，因坝型及其他专题研究等原因，工程后续阶段的工作无法及时推进，前期工作进展基本是在“原地踏步”。为应对变化，我院投入了大量的人力、物力、财力，勘测设计技术人员也因此付出了艰苦的努力和巨大的牺牲。在重力坝可研批复后的2～3年的时间里，参与项目的工程技术人员攻坚克难、忘我工作，圆满地完成了项目法人交给的任务，使我院面板坝设计水平有了质的飞跃，为我院第一个大型水电站设计赢得了荣誉。

2006年11月22日，甘肃省委、省政府在燕子坪隆重举行了“九甸峡水利枢纽及引洮供水一期工程”开工仪式，随着一声炮响，参建各方的人员激动万分，近20年的辛苦终于梦想成真！ 2008年12月，雄伟壮观的九甸峡大坝从河谷拔地而起，像一条巨龙横亘在洮河上，高峡出平湖，两岸青山翠。2008年8月4日，九甸峡水利枢纽工程第一台机组发电，同年12月水电站三台机组正式并网运行。

2.引洮供水一期工程

2003年下半年，在完成可研的基础上，甘肃省安排开展引洮一期初步设计阶段勘测设计工作。同年9月1日，引洮公司和设计院在兰州隆重举行了引洮一期初步设计合同签字仪式，时任常务副省长的徐守盛，副省长贠小苏、孙小系，发改委主任邵克文，重点办主任蔡林铮及水利厅和引洮公司的领导参加了仪式，副厅长金涛主持了签字仪式，引洮公司总经理路泽生和设计院院长许文海在合同上签字，立下军令状。在初步设计合同签订后，适时启动动员大会，院里高密度召开各种会议部署安排，工作全面展开。

在党中央国务院亲切关怀和国家各部委大力支持下，甘肃省委省政府高度重视、全省人民翘首期盼的引洮工程距开工的时间指日可待。曙光就在前面，万事俱备，只欠东风，引洮工程建设的全部压力都转移到了承担初步设计的技术人员身上。为了加快进度、保证质量，不辜负主管部门及项目业主的期待，在九甸峡和引洮一期两个方向高强度推进野外勘测（二总队负责九甸峡、院本部负责引洮一期上段、三总队负责一期下段）。勘测队伍满怀高昂的斗志和饱满的热情进驻项目区，和设计人员一起轰轰烈烈地展开了引洮一期勘测设计初设工作，随后集中设计人员继续加班。

据当时参加勘测工作的张福海回忆，测量专业到现场复测时发现，8年前可研阶段勘测工作施测区原布设的导线点和水准点破坏严重，线路控制点需要全面恢复或重新布设。工期紧、任务重，加之引洮工程隧洞众多，贯穿定线是一项最为艰巨的任务，尤其是杨家大庄吊沟梁段更是异常艰难，工作条件相当艰苦。随着引洮工程设计的不断深入和测绘技术的进步，对勘测技术和标准均进行了大范围的提高，针对长隧洞工程洞线布置和施工控制网的要求，在野外地形测绘中配备了当时国内最先进的GPS全球定位系统，并完全实现了计算机的同步绘图，有效地提高了勘测设计精度，大大加快了工作效率，缩短了勘测周期。

说起来也是巧合，每次下达任务的时候都是下半年甚至是冬季，在大规模勘测的时候，往往要历经一个冬天。我当时曾先后多次去过引洮勘测现场，寒冬腊月、数九寒天，站在山梁上不到半个钟头，就感觉刺骨的寒风把脑袋都冻透了。但就在这样恶劣的天气里，我们的测量人员、地质人员、设计人员带着大饼、咸菜，背着水壶，每天坚持工作十几个小时，按甘肃省水利厅和引洮公司的要求，按期完成初设报告的设计任务。通过9个月的努力，2004年5月顺利完成了初设报告（送审稿）。2004年6月，国务院第54次常务会议研究了引洮项目，但要求对项目生态环境影响、洮河水资源、地方资金来源等再做评估论证。此后，经完善相关工作和报告后，国务院于两年后的2006年8月正式批复了可研。2006年7月，我院补充完善了初步设计报告和相关专题，经水规总院审查并经我院修改完善。2006年11月1日，国家资金评审中心对引洮概算进行了评审，评审通过后，引洮一期工程进入了施工阶段。2007年1月，初步设计报告获得水利部的批复。

虽然大规模的前期勘测工作结束了，但在建设过程中仍然针对施工中出现的问题进行了大量的补充勘察工作。记得2010年冬天，总干渠7号隧洞TBM施工过程中因含水疏松砂岩突涌受困，需要改变施工方案，增设多条施工支洞并采用人工掘进地质复杂洞段。为了不影响施工进度，我和陈晓东、张成俭、崔旭等10多位技术人员一起即刻赶赴工地确定施工支洞。当时正值隆冬时节，地上积雪数公分，坡陡路滑不说，凛冽的寒风吹在脸上像针扎一样。在这种情况下，我院技术人员穿着厚实笨重的棉衣，戴着大口罩，在湿滑的山间爬山下沟，认真选择合理的支洞位置。为了不耽误时间，中午就在当地老乡家里简单地吃了一顿煮洋芋作为午饭，吃过后继续选线，当天就踏勘确定了四条施工支洞，随后很快进行了支洞定线勘测，及时完成了支洞的设计方案。

引洮一期总干渠隧洞建设过程中，先后遇到了3号隧洞进口灰岩洞段涌水、7号隧洞含水疏松沙洞段涌水涌沙多次导致TBM卡机、15号饱水黄土隧洞涌泥及塌方冒顶等地质灾害和难题，其中，7号隧洞含水疏松沙洞段涌水涌沙地质灾害堪称世界性难题，导致施工严重受阻。这些问题出现后，我院技术人员积极应对，在处理7号隧洞TBM卡机过程中，首次采用冻结法技术用于TBM解困；勘测专业进行了大量补充地质勘探工作，和志明亲自带领勘探队人员加班加点，每天向我汇报进度，终于按时完成勘测成果，为方案论证提供了充分的支撑；主管总工张东、梁宗仁和项目负责人陈晓东、张成俭等技术人员积极参加建设单位组织的各项方案论证会、技术咨询会，配合建设单位编制了方案论证报告、设计变更报告等技术文件，充分发挥了技术主导与引领作用，最终解决了困扰工程建设的全部难题。

经过8年的不懈努力，设计院和引洮管理局克服重重困难，引洮一期工程终于在2014年12月建成并试通水运行，2005年引洮二期工程开工建设。当甘甜的洮河水一路奔向定西，人们欢呼雀跃、欣喜若狂，1958年参加过引洮工程建设的人们更是激动得泪流满面。

3.引洮供水二期工程

2009年6月，引洮公司在2002年引洮供水工程项目建议书基础上，对二期可研阶段勘察设计进行国内公开招标，经过激烈的竞争，我院中标。8月3日，我院与引洮公司在兰州签订了引洮二期可研勘察设计合同，时任甘肃省水利厅厅长的康国玺和甘肃省发改委副主任的常正国出席会议，公司总经理路泽生和设计院院长王志强分别代表双方在合同上签字，这标志着备受全省人民关注的引洮供水二期工程前期工作进入了实质性实施阶段。

2009年7月，我院即组织勘测处、设计一处开始野外勘测定线，张东、蒋小鹏、崔旭、张海元等作为项目负责人带领其他技术人员一起在野外艰苦工作，2009年12月完成了全部定线任务，2010年5月结束了1500多千米渠（管）线及15处调蓄水池的全部测量、地质勘察、钻探及料场调查等外业工作。43名设计人员从2009年11月至2010年2月集中在白塔山鸿雁山庄进行高强度封闭设计，5月基本完成勘测设计工作，7月完成可研报告（初稿）。可研报告因建设内容多、投资过大和农业灌溉面积选择等原因，在甘肃省内研究论证了一年多，直至2011年11月，甘肃省内才将完成的可研报告送水利部审查。但水规总院认为，原2002年版项目建议书已过去近10年，二期项目需要重新编制。此后我院在2013年年底仅用1个多月时间内完成了项目建议书的编制。经过多次审查、评审和修改，国家发改委于2014年5月30日以发改农经〔2014〕1141号文批复了《项目建议书》总投资73.47亿元［在审批过程中将调蓄水池（库）、支渠和田间工程剔除］。

2013年3月，甘肃省水利厅组建成立了甘肃省水务投资有限责任公司（以下简称甘肃省水投公司），2014年引洮二期的建设管理移交甘肃省水投公司。2014年9月5日，在兰州举行了引洮二期初步设计合同签定仪式，甘肃省水投公司董事长徐崇峰和设计院党委书记刘立昱代表双方在合同上签字，此后我院随即开展引洮二期初步设计工作，工期6个月。初步设计由张东、梁宗仁、王贵林、孙江河担任项目总工，陈剑继续担任综合协调人，蒋小鹏、崔旭、单金红、白玉龙担任项目负责人，项目组集中在武警招待所集中封闭加班，全力开展初设工作。2015年3月，我院如期完成初步设计报告，经总院审查后于8月底完成最终《初步设计报告（审定稿）》。初设报告即将完成之际，国家发改委于2015年7月7日以发改农经〔2015〕1540号文批复了引洮二期可研报告。2015年8月，引洮二期工程正式开工。

引洮供水二期工程建成后，大引洮工程建设将全面完成，甘肃中部人民盼望60年的世纪饮水梦想将全面实现，党和政府的历史性伟大功绩将永远彪炳史册！

三、几点认识与感悟

回顾引洮梦实现的艰难历程，有一些感受记忆比较深刻。

（1）工程的完成主要得益于国家的政治优势和经济实力保障。在党的领导下，改革开放以来我们国家取得了巨大的成就，经济实力不断增强，国际地位不断提升。过去我们想干而力不从心的事，今天大都变成了现实。引洮工程的成功建设，得益于党的领导、得益于国家财力的大力支持，得益于国家对民生和水利事业的重视，得益于全省上下的不懈努力。

（2）技术储备对工程提供了坚强的支撑。中华人民共和国成立特别是改革开放以来，我国水利水电建设取得了巨大成就，大坝及隧洞技术等在规划、勘测、设计、施工、运行管理和科学研究等方面的主要技术进展达到世界先进水平，一大批高坝大库及大型跨流域调水工程得以实施，我院在这些方面的技术水平和实力也得到很大提高。在九甸峡及引洮工程勘测设计过程中，我院安排了最强的技术队伍和最有前途的年轻技术骨干，既把住了技术关，高水平地完成了技术服务工作，又培养了大批后备人才。这些技术过硬的勘测设计队伍，为勘察设计工作提供了强有力的智力支撑。

（3）几代水电院人永不褪色的水利情结。为了实现引洮梦，大半个院的技术人员坚持不懈地奋斗，付出了极其艰苦的努力和聪明智慧（文中未一一列出他们的名字，但他们的功绩将永载史册），他们老中青相结合，很好地发挥了我院“传、帮、带”的优良传统。在项目中成长起来的绝大多数人直到现在依然奋战在甘肃乃至全国的水利战线上。作为水利人，他们不忘初心、砥砺前行，以自己的实际行动为社会作出了贡献、为老百姓带来了福祉。实践证明，我们的这支队伍是一支铮铮铁骨、意志坚强、不怕困难、不惧危险的队伍，是一支指向哪里就打向哪里的队伍，是一支善打硬仗的队伍，是一支压不垮的队伍，这支队伍是我们的脊梁。

（4）历届班子高度重视工程推进。引洮工程是全省水利建设史上最大的调水工程，甘肃省委省政府高度重视、水利厅和发改委积极推进。对于如此规模的大型工程，历届院班子和主要领导也极为重视。唐胜德、梁植树（主持工作）、欧炎伦、贾忠全（主持工作）、董锋、许文海、焦俊毅、王志强、翟自宏（主持工作）、马明等主要院领导都先后参与过不同阶段的勘测设计工作和管理工作，倾注了大量的心血。关键阶段和节点亲自指挥、亲自部署、亲自参与，这为30年来引洮工程的前期和技术服务工作的顺利完成发挥了重要的引领作用。

（5）项目生产组织扎实有效。为保证九甸峡和引洮供水工程各阶段设计工作的顺利进行，院里分别成立了相应的综合协调办公室和勘察设计项目部，由主管院长、主管总工统筹负责，院生产经营部门负责内外协调，勘测设计部门负责人任项目部经理。任命有丰富工作经验的设计人员担任项目的勘测设计负责人，成立专门的工程设计室和相应的设代处，建立月报制度，向业主每月上报工作进展。结合工程任务情况和我院的人力资源状况，在每个设计阶段的高峰期都能投入人力数百人，投入各类设备数百台（套），有些阶段先期垫付了高达50%以上的成本和流动资金，这些措施有力地保障了项目的顺利进行和如期完成。

（6）重大技术研究发挥了关键作用。九甸峡水利枢纽和引洮供水工程十分重视重大技术问题的研究，对于九甸峡河床深槽及深厚覆盖层、高陡边坡与岩体卸荷、岩溶和地下水低凹带、高地应力、28号滑坡稳定性和引洮一期渠道冬季低温环境运行特性、渠系水力糙率、隧洞设计集成系统、上第三系红层隧洞围岩工程地质特性、饱和黄土特性、湿陷性黄土地基处理、区域生态与环境影响等技术问题，都进行了大量研究并取得了丰硕的研究成果，获得了省部级以上奖项21项，特别是高混凝土面板堆石坝安全关键技术研究及工程应用获国家科技进步二等奖，九甸峡大坝获国际大坝协会里程碑奖，北方地区长距离引水工程无压输水渠道冬季低温环境运行特性研究获甘肃省科技进步一等奖。这些研究成果有力地解决了困扰我们的技术难题、支撑了我们的设计成果，经济效益显著。

艰难困苦，玉汝于成；引洮河之水，圆陇中解渴之梦。虽在引洮工程的前期和建设过程中存在众多重大问题和难点，但在各级政府部门和社会各界的关注和大力支持下，在建设各方的共同努力下一一得到解决。从前期工作到九甸峡水利枢纽和引洮供水一期工程依次建成并发挥效益，二期工程正在如火如荼地建设当中。回顾省水电院人30多年来在九甸峡及引洮工程中所承担的压力、所付出的心血、所克服的困难，心潮澎湃，千言万语也难以言表。当时的年轻人而今都已年逾花甲，当时的中老年人而今都已退休或成为耄耋老人，甚至有人已驾鹤西去。回忆过往，感慨万千。正值甘肃水利70年之际，回顾和总结引洮工程勘测设计历程，是为了更好的展望和开创未来。祝愿省甘肃水利事业在一代代甘肃水利人的砥砺奋进中走向更加美好的明天！

放飞心路——寻忆那逝去的梨苑华光

（赵　鹏　甘肃省水利厅直属机关党委）

骑过春雨如丝的雨天，衣襟还没来得及被打湿，却早已被芬芳醉人的微风吹干；

骑过炎炎的夏日，酷暑烈日暴汗如雨，好像刚刚钻出水面的海豚；

骑过秋末的黎明，霜气打湿衣衫，而身体里却热气升腾；

骑过落日的隆冬，彻骨的寒风迎面扑来，呼吸的热气却早已结霜在眉梢……

人生不留白，很多事情，如果当下不做，以后就再也没有机会去做了，以单车骑行来挑战自己人生是一件值得骄傲的事。“在路上”的哲学和自由上路、追求梦想的理念深深的入植内心，带着愉悦的心情，骑着心爱的单车轻驰在笔直的公路上，奔向那能放飞心灵的地方。

是什么令我这样痴迷的爱上骑行？纵是烈日当头，纵是寒风刺骨，纵是雨打风吹……都一如既往，乐此不疲！

是获得健康、快乐以及拉风的身形？是大汗淋漓，浑身酸痛的感觉？还是飞驰飙车中肾上腺素带来的快感？

真正让我如此热爱骑行的，是骑行中游览大自然赏赐的美景，是在骑行中收获着属于自己的快乐，更是在骑行中的心灵得以自由的飞翔……

轻驰在公路上，骑行在乡陌中，赏阅在老镇里，穿梭于山林间，驻足于河旁，置身于大自然之中，亲吻自然，拥抱自然，心情豁然开朗，纵情于天地之间。随着车条的转动，听着轮胎摩擦地面的声音，携宁静自然，肆意享受娇媚的阳光，悠然吸吮漫野的花香。骑着单车去旅行，承载着内心的梦想，释放出心中的感动，自由自在，放飞心灵……

初秋的清晨，太阳还在东边蓄势待发。我已经在前往兴隆山路上了。我与骑友两人两骑结伴而行，一套春秋季赤黑相间的骑行服，黑色骑行头盔，环法纪念版全彩骑行镜，黑灰相间骑行手套，以均速每小时20千米的速度向前……

驶离喧嚣的城市，顺着公路的两边，欣赏着沿途的美景，淡蓝的天空中飘浮着几朵悠悠白云，晨光越过云边均匀地洒在平坦的公路上，柔和而绚丽，像一条条发光的琴弦排向远方。公路两边的树叶，在秋风的轻拂下微微摆动。

随着热气在周身升腾，在运动中身体被一种难以形容的力量慢慢贯通，思维停止了，大脑不再叽叽喳喳，想东想西，身心获得了极大的安慰，舒适的没有任何疲劳感，放眼望去，满世界都是喜悦、美好和爱。

骑行在兴隆山的乡间小路上，路边的小草向我点头，轻舞的柳枝向我招手，飘来的乡风都带着一丝清韵，清新淡雅，明慧舒畅，山林间阡陌中留下了我迅驰的身影。停下单车驻足而立，望着层峦叠嶂的远山，“寒山积雪”的马衔山依稀可辨，阴关鸟声此起彼伏，由于海拔高，水汽稀少，空气透明度大，紫外线强烈，山上树植的色泽格外鲜艳，一眼望去，一片橙黄，伸开双臂高声呼喊，投入到美好的大自然当中。

骑行在阿干镇的老街旁，两旁的老屋、旧厂彰显着岁月，铺路的石砖记录着岁月的沧桑，街头的老树讲述着传说，河上的石桥铭刻着老镇的往事，那屋、那树、那桥在诸事沧桑中烙下了印记。

骑行在山脚下的公路上，山涧一股细流沿着阿干河谷蜿蜒而来，翠色欲流，微风拂过，吹来淡淡的泥土的清香，蓦然感到脱离喧哗的纷扰，这世界竟然这般美丽。叮咚而下的山泉为我引路，山上静卧的青石为我歇脚，天边的朵朵白云带着心绪飘漾，我的心情已跃上云端，飞舞在蓝天白云里，逍遥在青山碧水之间，山水间刻下了我的足迹。

经询问骑友得知，这细流便是雷坛河。雷坛河最早叫阿干河，发源于马衔山，明代时在今天文化宫的位置建起了金天观，观中祭祀雷神，阿干河因此得名雷坛河。在兰州市81条河洪道中，只有雷坛河被称作“河”而不是沟，因为它曾是名副其实的黄河支流，它还有一个响亮的名字——水磨沟。因为昔日雷坛河水量充沛时，人们利用水流作为动力进行磨面而得名，据传在这条河流两岸曾分布着数十盘乃至近百盘水磨水碾。

沿河道旁公路断续前行，雷坛河慢慢失去了“河”的样子，原本开阔的河道渐渐布满了破败的房屋，河道两侧一些垃圾渐渐进入了视野，水流渐渐发黑发臭，直至干涸。

时过境迁，如今的雷坛河俨然失去了生机，两岸近百盘水磨水碾也早已失去了踪影。据传，20世纪60年代，雷坛河的景观也是相当好，河内流水潺潺，两岸梨花飘香，水面上白鹤起舞、水中游鱼成群……那时候人们旅游赏花不用去什川，雷坛河谷的风景比什川美得多。

不难理解，随着城市土地资源紧缺，作为雷坛河谷势必会成为城市延伸的空间，可是这种延伸却不可避免地破坏了原本脆弱的生态。

自党的十八大以来，习近平总书记站在建设美丽中国、实现中国梦的战略高度，先后提出了“绿水青山就是金山银山”“ 山水林田湖草是生命共同体”等一系列生态文明建设的新理念、新思想、新战略。其核心要义是树立自然价值理念，确保生态系统健康和可持续发展，统筹治水和治山、治水和治林草等相结合，进行整体保护、系统修复、综合治理，增强生态系统循环能力，维护生态平衡。这既是对过去局部分化切割式生态治理的深刻反省和科学总结，又是对自然子系统内部运行规律认识的不断深化和发展，更是新时代中国特色社会主义生态治理所要坚持的根本方法和基本思路，为水生态治理与发展提出了一条科学的途径和全新的视野。

时至今日，希望在党中央和各级政府的坚强领导下，逐步恢复雷坛河昔日的生态，推进沿河脆弱的河流生态修复，强化水域岸线用途管制，把雷坛河上游发源于马衔山的清泉引入市区，复建河上“卧桥”古建筑，与石佛沟国家森林公园、黄河风情线相连，使华林山与伏龙坪通过雷坛河为纽带形成“两山对峙一河中流”的特色人文景观，将雷坛河谷打造成汇集兰州民俗文化、景观、果蔬品尝于一体的休闲谷，重现汛期雷坛河水奔涌，水沫飞溅，浪涛轰鸣的“虹桥春涨”和河谷一带梨花开时之“梨苑华光”胜景。

届时，故地重游，穿行于秀丽的山水间，放飞禁锢已久的心灵，在天空中无拘无缚地翱翔，飞跃于飘逸的白云间，盘旋在广袤的蓝天上，尽情欣赏这充满诗情画意的淳美世界。

奋进新时代　放歌新疏勒

（康建坤　甘肃省疏勒河流域水资源利用中心）

她，天姿国色，是甘肃省三大内陆河流域之一，被亲切地称之为飞天故乡的“母亲河”、石油摇篮的“民生河”。

她，天高海阔，流域面积17万平方千米，多年平均径流量10.31亿立方米，古代水量充沛时，曾流入新疆罗布泊。

她，天赋异禀，流经青海省天峻，甘肃省肃北、玉门、瓜州、敦煌等县市，是河西走廊发展不可或缺的原动力。

她，天道酬勤，滋润了流域134万亩的大型农业灌区，为地方经济社会发展提供了坚实有力的支撑与保障。

她，款款走下祁连山涧，静静绕过莫高窟前，轻轻抚过月牙泉边，落落流向玉门关外。

她，与丝绸之路结伴西行，肩祁连而依雄关，锁走廊而望陇东，在大漠深处润泽出汇聚东西方文明的绿色长廊。

她，沉积着飞天故乡两千年的凝固时光，浸润着阡陌纵横的万顷良田，涌动着万架风车之畔对未来的无限憧憬。

她，就是疏勒河，一条来自雄伟大山的河流，一条连接中原与西域、沟通历史与未来的大漠长河。

这里，诠释着“大漠孤烟直、长河落日圆”的绚烂与壮美。

这里，映照着“长风几万里、吹度玉门关”的广袤与厚重。

这里，激荡着“黄沙百战穿金甲、不破楼兰终不还”的苦涩与刚毅。

这里，浸透着“新栽杨柳三千里、引得春风度玉关”的艰辛与豪情。

此文荣获省直机关年轻干部征文比赛二等奖。

或许是自古沿承的光芒四射，成就了她在陇原大地河流群中毫不含蓄地昂首挺胸，散发着傲视群雄的自信与魅力。

或许是泽被苍生的忠诚担当，读懂了她治水兴邦、兴水惠民的时代内涵。

如果说她经历的岁月太过漫长，漫长得所有曾经的辉煌，在这新时代的峰巅上回望，都显得十分遥远和暗淡。

那么，就让我们把注意力转向今天吧，转向新时期这条河流的守护者们吧。

历史的潮流，总是浩浩荡荡，勇往直前。

治水的步伐，总是永不停歇，无可阻挡。

创业的薪火，在一代代水利人的手中传承。

奔流的波涛，铿锵鼓荡着疏勒河的精气神。

这是一条致力提升形象和品质的河流，她善待由来已久的文化源泉和地理基因，更是坚定不移贯彻落实“节水优先、空间均衡、系统治理、两手发力”的治水思路。

她不但要依法治水、科学管水、和谐用水，还要聚焦“生态良好、资源管理、设施完善、惠及民生、流域和谐、管理一流”工作目标，全力打造疏勒河流域现代化灌区。

从利用水、约束水到善待水、节约水、保护水，绘就了一幅幅春华秋实、硕果累累的精彩画卷。

奔腾湍流的疏勒河水，见证着水利人奋斗的足迹和激越的豪情，印记着一次次波澜壮阔、治水兴水的艰辛历程。

兴利除害、治水安邦。党中央、国务院总揽全局、审时度势，从战略和全局的高度重视水利事业，把握治水脉动，推进治水伟业。

克难攻坚、步履坚实。国家水利部、甘肃省水利厅深入贯彻落实中央管水治水决策部署，保江河安澜，破改革坚冰，增民生福祉。

乘风破浪，高歌猛进。疏勒河水利人注重在贯彻重大决策部署中积极作为，在落实艰巨发展任务中主动作为，创造着无愧于时代和灌区群众的新业绩。

艰难中彰显成就，发展中熔铸辉煌。一朵朵晶莹的浪花，一个个闪耀的亮点，为恢弘磅礴的节水治水管水兴水旋律弹奏出最高亢的音符。

这是强基础、提水平的责任担当。坚持把项目建设作为“第一引擎”，建水库、筑大坝、修渠道……一批管长远、利发展、惠民生的水利工程相继实施，支撑能力大幅提升。

这是重管理、增后劲的浓重印记。坚持把服务发展作为“第一职责”，灌区管理、水资源管理迈出新步伐，高效节水、阳光管水、生态用水成效显著，聚集能力大幅提升。

这是促改革、求突破的创新举措。坚持把深化改革作为“第一要务”，统筹推进水权试点、水流产权确权试点和农业水价综合改革，驱动能力大幅提升。

这是抓党建、转作风的现实答卷。坚持把党的建设作为“第一保障”，严格落实全面从严治党要求，抓班子带队伍，抓作风促干劲，抓基层夯基础，执政能力大幅提升。

初秋的疏勒河畔，千里渠道经纬通衢，万顷良田阡陌纵横，民殷物阜的盛世景象触手可及。

沸腾的水利工地，堤坝正一座座耸立，水渠正一条条延伸，挥汗如雨的创业热潮随处可见。

在横向的平面，在竖向的立体，他们用钢筋编织规划，用水泥浇筑蓝图，用塔吊升起朝阳，用卵石衬砌黄昏。

挖掘机上的攀援、水电站内的检修、观测井边的忙碌、输水渠旁的守望……

盛夏，他们把喷火的烈日铺进支渠农场。

严冬，他们把凛冽的寒风砌进大坝机房。

白天，他们把汗水交给汗水，把失望留给希望。

夜晚，他们把劳累还给劳累，把故乡带进梦乡。

只有在梦中才会记起哟，天伦之乐遗弃在地平线外，妻儿欢聚搁浅在戈壁滩上。

那些如火如荼的战役呵，慢慢磨糙了手掌；那些如泣如诉的岁月呵，慢慢压弯了脊梁。

大漠戈壁的博大胸怀，广阔平展，养育了这一方勤劳朴实的水利人。日月精华，筑就坦荡无私；严寒酷暑，亦只视若等闲。

终于，开拓的足迹踏碎荒凉，智慧的光芒照亮前方，这里，成为山清水秀的绿洲，收割梦想的天堂。

那些错落有致的水渠电网，在田间地头编织。

那些宽阔平坦的康庄大道，在戈壁绿洲绽放。

那些水库、大坝，那些干渠、涵洞，那些水清河畅、岸绿景美的现代化灌区，就这样从荒芜了几千年的戈壁荒漠中，从“忠诚、干净、担当”的可贵品质中，从“科学、求实、创新”的价值取向中，坚定而又挺拔地冉冉升起。

水利的神韵，奉献的魅力，让人钦佩，让人赞叹。

最美家乡河，甘肃的星座，长街花红柳绿，人水和谐，每一处都凝聚着水利人的汗水和艰辛。

敦煌母亲河，中原的骄傲，长天云高气爽，蓝图宏伟，每一步都离不开决策层的果敢和灌区群众的支持。

不忘初心，他们意气风发，水利辉煌清晰地描绘在神州大地，伟大的事业正展翅高飞。

牢记使命，他们信心满怀，水利发展站在一个新的历史起点，美好的未来将如日中天。

听，先锋号已吹响，时代的强音汇合成全新的兴水长城。

看，创业路已铺开，奋进的脚步集结为浩荡的治水长征。

听，先锋号已吹响，让江河更加安澜，让山川更加秀美。

看，创业路已铺开，让国家更加富强，让人民更加安康。

今天，当一带一路的春风，吹遍疏勒河畔这片土地的时候。

今天，当从严治党的热潮，普度祁连山下这方家园的时候。

他们的奉献，他们的期冀，在他们耕耘的地方已经落地生根、开花结果。

朝迎彩霞，暮拾夕晖，疏勒河水利人又在这里开始了新一轮的创业登攀。

在这绚烂多姿的疏勒河畔，他们都在努力奔跑，他们都是奋斗者、守护着，他们都是新时代的追梦人。

在这安详坚毅的疏勒河畔，绿色已成为水利事业高质量发展的“主色调”，遥望星空、看见青山、闻到花香。

在这灵动飘逸的疏勒河畔，建设幸福美好新甘肃、开创富民兴陇新局面的蓝图正徐徐展开。

走好新时代治水兴水长征路，疏勒河水利人在路上。

夯实后勤服务基调　为水利建设增添光彩

（胡巧蓉　甘肃省水利厅后勤服务中心）

君不见黄河之水天上来，奔流万里向大海；君不见中原大地兴水利，山清水秀添光彩；君不见滴滴饮水皆纯净，百亩良田喜开怀。人常说:水利是农业的命脉，看如今，水利是经济的资源，功在当代，利在千秋。俗语说:水是生命之源，古往今来，依山傍水，水是家园所在。我们水利人肩负水利建设的伟大使命，千难万险脚下踩!

水利事业绵延至今，凝聚着多少水利人的光和热，有人把水利人比喻成“为地球雕龙画凤的人”，热情歌颂水利是一项伟大的事业，歌颂水利人无私奉献、艰苦奋斗、努力创新的精神。而后勤工作者只是那些水利人中最普通的存在。最伟大的事业往往是从做好无数件小事开始的。如同荀子写道：“不积跬步，无以至千里；不积小流，无以成江海。”水利事业道阻且长，后勤工作者仿佛弱小的蚂蚁，用辛勤付出筑好水利事业的砖瓦；水利工作千千万万，后勤工作者仿佛涓涓细流，用不懈努力给水利工作增添力量。

记得当年手捧历史课本，就从中得知了大禹治水三过家门而不入的故事；知道了我国历史上千百次水患灾害，给千百万黎民百姓带来的浮尸千里，饿殍遍野的悲惨遭遇和深重苦难；懂得了水既能载舟、又能覆舟，既是造福人类和万物生灵的千秋功臣，弄得不好也会变成人类的罪魁祸首的深刻道理；还看到了在我国漫长的封建历史时期，有多少个封建王朝因为腐败加之水患灾害频发，给无数劳苦大众带来衣不遮体、食不果腹、民不聊生，结果造成封建王朝的倾覆与更替的历史事实。由此，在我心灵的深处，早就种下了水与人类生存繁衍，与社会发展进步相互依存、息息相关的种子。都江堰市伏龙观有治水先驱李冰石像（东汉石像），二王庙有李冰塑像以及历史上治理都江堰有功的人物如诸葛亮、吉当甫、文翁、丁宝桢等的塑像。他们之中，有的为修建和扩建都江堰而丢官罢职甚至于断头送命。他们为国为民，兴修水利，无私奉献的高尚情操树立了中华民族优秀儿女的光辉形象，成为后人推崇和今人学习的楷模。那些敢于对抗自然，与命运作斗争的故事从来都震撼着我的心灵。

余秋雨在《文化苦旅》中曾经饱蘸深情地说："四川有幸，中国有幸，公元前251年出现过一项毫不惹人注目的任命：李冰任蜀郡守。"李冰到蜀郡后，亲眼看到当地严重灾情：发源于成都平原北部岷山的岷江，沿江两岸山高谷深，水流湍急；到灌县附近，进入一马平川，水势浩大，往往冲决堤岸，泛滥成灾；从上游挟带来的大量泥沙也容易淤积在这里，抬高河床，加剧水患；特别是在灌县城西南面，有一座玉垒山，阻碍江水东流，每年夏秋洪水季节，常造成东旱西涝。到任不久，便开始着手进行大规模的治水工作。我仿佛看到李冰太守面对这危险重重的辽疆阔土，握紧了拳头。他身上担负着不仅仅是一个官员的角色，他背负着是整个地区百姓的生存问题。工程开始后，李冰带领士兵开山凿石，但是，由于山石坚硬，工程进度缓慢。大家都很着急，这时有人出了个高招:先在岩石上凿些沟槽，放上柴草，再架满树枝和木柴，点火燃烧，使岩石爆裂。于是许许多多的劳动人民前来帮忙，这一招果然很灵，进度一下子加快了许多，很快就劈开了宽20米、高40米、长80米的引水渠道。在这次工程进行的过程中，家家户户都奉献了自己的力量，做好了后勤保障工作。他们拿出了自家储存的粮食，来保证将士们不至于饿着肚子忙活，同时送来了自己舍不得穿的衣裳。并且提供了充足的竹、木、鹅卵石，为工程建设提供便利。在他们温暖的关心、付出下。都江堰很快修建完成，至今仍然发挥着巨大的作用。

在当代的甘肃，仍然出现过这样一位伟大的人物，李培福。他主持修建的景电工程以其高杨程大流量而被誉为"中华之最"。在寒冷的冬天，景电一期控制工期的、关乎工程成败的一泵站基坑大会战，严冬季节在枯水期的黄河岸边的五佛沿寺"龙王炕"全面展开。其中的第一个战役草土围堰大会战需用0.5米以上的长草就达240万斤，需10米长的粗草绳4万根，细草绳16万根。李培福深入社队广泛发动群众，提出"自力更生 献草光荣"的口号。景泰全县迅速形成献草运草的高潮，各公社、大队、生产队的社员，车拉、驴驮、人背，这些人、物，无一例外地加入了后勤工作。就像革命战争时期支前一样热火朝天，240万斤长草在二十几天的时间里就送到了沿寺施工现场，黄河岸边堆成了一座座草山。1969年12月20—28日，经八个多昼夜的连续奋战，比原定计划提前8天实现草土围堰的胜利合拢。离开后勤保障，尽管有睿智的指挥，专业的团队。这项工程也不可能如此又好又快的完成。

古人云"兵马未动，粮草先行"，后勤服务是为机关提供服务保障、沟通内外的枢纽，后勤中心的高效服务保障能力，对整个厅机关各项工作的顺利推进起着至关重要的作用，保质保量做好后勤工作，对推动大党组各项工作有力有效开展具有十分重要的意义。

随着经济社会的不断发展，党政机关对后勤的依赖性越来越强。后勤涉足于机关工作的各个领域，我们不敢想象，离开了水电、通信、车辆、现代办公设备维护等后勤，机关工作会是什么样子。我们负责后勤的同志，一定要正确自我定位，始终坚持默默提供优质服务保障奉献精神，有了可靠的后勤保障，才能促进厅党组工作的高效运转。后勤工作涉及的范围较广。后勤工作从内容上涉及日常工作的方方面面，换句话说，除去各职能处室工作以外的所有工作都要由后勤部门来完成。因此，工作所包含的内容也广，涉及的人也错综复杂，需要以结果为导向，适应各种事务情况和突发情形。时间具有不确定性。后勤工作的重要性常体现于日常工作出现问题时，这也决定了后勤工作的时间性不确定。所以后勤人员必须弹性工作，灵活掌握时间。工作的辅助性和服务性要求较高。后勤工作常常是为单位的其他专项业务提供更好的服务和更方便的条件，是一种辅助性工作，必须严谨务实，一丝不苟，突出服务性，工作做到位。容不得丝毫马虎。后勤工作看似无足轻重，但往往细节之处决定成败，稍有拖延或失误可能会带来严重后果，因此对于后勤工作，要有严谨的政策要求，要谨遵领导指示，不乱干，不蛮干，按照要求做到恰到好处，不能有丝毫马虎。

衡量、检验后勤工作是否有成效，主要是看机关能否正常运转，机关工作人员是否满意。传统观念认为，机关后勤管钱、管物、管车，是机关的“大管家”，其主要职责就是“管理”，造成后勤管事的多，做事的少，后勤工作很被动。后勤中心要紧扣机关后勤改革与发展实际，明确机关后勤功能定位和发展方向，提出服务是后勤部门的天职，是后勤工作之本。我们要强化服务意识，使后勤服务成为其他各方面工作的润滑剂和催化剂。服务意识到位，才能有超前意识，做到思想快半拍、工作快半拍，“领导未谋有所思，领导未问有所知，领导未示有所行”。预测和把握工作重点，早做了解，适时提醒，始终做到工作运行有序，有的放矢。强化服务意识，对内会保障各科室之间步调一致，协调做好工作。对外避免“门难进、话难听、脸难看、事难办”的现象发生，协调好外部关系。后勤工作是提供服务和保障的基础性工作，应以强化服务意识为契机大胆探索后勤改革，以求真务实、文明高效的工作作风，全面提高后勤工作质量和服务水平。

后勤服务中心具体负责厅机关各类大型会议、公务用车，检查调研接待和水利物业管理服务保障等工作，事务繁杂，责任重大，容不得我们有半点马虎，一定要有深刻的认识。近两年来，我们水利行业要事交织、难事叠加、急事频发，为我们的工作带来了极大挑战和压力。特别是2019年，更是机构改革之年，脱贫攻坚农村饮水安全攻坚之年，河湖长制落实关键之年，一年中我们总计服务保障大小会议430余场，出车1650台次，接待检查调研来访70余批次、400人次，其中省部级领导11人，厅级领导180人次。同时，严格执行物业管理规章制度，完成了其他后勤保障工作，最大程度保证了厅机关工作的顺利开展。这些成绩的取得，是后勤中心全体党员干部无私奉献，秉持实干的结果。

成绩代表过去，2020年，后勤中心的工作任务依然繁重，我们要始终做到肩上有责任、心中有目标、脚下有成绩。要在做好本职工作的同时，全面学习水利专业知识，熟悉水利法规条例，吃透政策文件精神，始终做到融会贯通，防止和杜绝当“局外人”，说“外行话”。只有及时掌握上情，真正吃透下情，全面掌握水情，才能真正意义上提高服务党组、保障后勤的水平。

拼搏方能攻坚克难，实干才会成就梦想。人生百年终有期，然而，我与水利的情缘铁了心，只要生命不息，我将永远珍爱与水利的缘分，热爱水利。做好后勤工作，就是给水利事业最强大的后盾。让水利在建设和谐社会和经济社会发展中永葆青春，作出新的贡献！

初心不改　砥砺前行

——致五十年如一日砥砺前行的靖会工程

（王思红　白银市靖会电灌工程管理局）

“起始于辛劳，收归于平淡。”靖会人民所从事的职业从来都不会惊天动地，有的只是润物无声。近半个世纪，靖会人民在这块与干渴做抗争的厚土上，把辛勤的汗水洒在这块贫瘠的土地上，用靖会人的初心滋润着50万人民的心田。看着濯濯黄河水流入农田，看着棵棵青苗结穗，看着百姓脸上丰收的喜悦，这就是靖会人的初心，这就是靖会人的使命！

50年前，靖会人在这块干旱少雨，荒旱连年，百姓一贫如洗的土地上，“以工代赈，生产救灾，兴建靖会工程”。勤劳的靖会人民满怀一腔热血，奋战在施工前沿的深山沟里，住地窝、啃干粮、喝凉水，承受常人无法想象的艰苦，克服常人无法想象的困难，高歌猛进，不畏天险，逢山辟路，遇水架桥。经过无数个夜以继日的努力，建成了大型电力提灌工程，改善了干旱地区的农业生产条件，也为白银市水利电力提灌工程建设积累了丰富的经验。

50年来，我们始终坚守靖会人的初心，经过50年风雨同舟，50年披荆斩棘，50年砥砺奋进，靖会人民绘就了一幅波澜壮阔、气势恢宏的历史画卷，谱写了一曲感天动地、气壮山河的奋斗赞歌。

50年来，春风化雨、春华秋实，我们取得的成就不是天上掉下来的，更不是别人恩赐施舍的，而是一代代靖会人用勤劳、智慧、勇气干出来的！我们用半个世纪的时间，使昔日荒无人烟的靖会旱川，变成如今小麦流金、玉米吐穗、瓜果飘香、牛羊成群、绿树成荫的繁荣景象！

靖会工程建成运行近50年，在长期的历史发展进程中，既惠及着靖会两县近50万灌区及周边地区人民，又承载着靖会人面对困境绝不屈服、与天宣战、与地宣战、挥锨舞镐牵黄龙的励志基因。从靖会工程的规划、设计、建设，直到工程的完成，始终贯穿着穷则思变、艰苦奋斗，依靠群众、身先士卒的精神。经过近50年的不断实践，靖会精神得到进一步继承、创新、丰富和发展，进而形成了艰苦创业、敢为人先、苦干实干、甘于奉献的新时代靖会精神。靖会工程的每一位建设者和管理者，秉承这些历史记忆和精神传承，努力创造了干旱荒漠变绿洲的沧海桑田，用时间和实践检验了发展黄土高原高扬程电灌工程是甘肃战略上的优化选择。

靖会工程是一个不在起点却写满初心的地方，过去的辉煌由靖会精神创造，未来的理想依然要依靠靖会精神来实现，艰苦创业、敢为人先、苦干实干、甘于奉献的靖会精神是推动靖会工程永续发展的不竭动力。在靖会工程发展迈上一个新的平台、步入一个新的起点、进入一个新的阶段时，靖会人更加紧密地团结在以习近平同志为核心的党中央周围，在市委、市政府的坚强领导下，高举习近平新时代中国特色社会主义思想伟大旗帜，大力弘扬“忠诚、干净、担当，科学、求实、创新”的新时代水利行业精神，持续践行“水利工程补短板、水利行业强监管”水利改革发展总基调，持之以恒贯彻“转作风、树形象、强管理、堵漏洞、提效益、促发展”的总体要求，继续发扬靖会人迎难而上、不甘落后的进取精神，继续发扬靖会人永不懈怠、尽心尽力的负责精神，继续发扬靖会人扎实工作、潜心成事的实干精神，凝心聚力、苦干实干的实干精神，不断激荡滚石上山的劲头、爬坡过坎的勇气、勇攀高峰的斗志，不忘初心，牢记使命，群策群力谋发展，撸起袖子加油干，扑下身子抓落实，为靖会工程的振兴崛起只争朝夕，共克时艰，不懈奋斗！

绿洲在延伸，前进中的靖会工程将为巩固靖会两县综合治理、决战决胜脱贫攻坚、全面建成小康社会作出新的更大贡献。

黑 河 赋

（张真学　民乐县水务局）

源于八宝，流入居延，万顷麦浪，千里云烟。逶迤腾细浪，浩瀚绿桑田。漠上长风吹落日，溪边牧马舞长鞭，苍山问月圆。祁连山脉，积雪千年，冰峰独秀，碧玉蓝田，更陡坡峡谷，流水潺潺，形若玉带，声如管弦。峭壁叮咚琴万曲，悬崖寂静韵千般，花儿漫草尖。水流湍急，鸟语婉转，草原肥厚，流云释然。惟帐篷鄂博，堆记炊烟，青海“花儿”，滋润草原。风水鄂博岭上雪，溪流莺落峡谷天，浩荡出祁连。

穿野牛沟壑，翻铁面大板，经蹯迎旭日，酥油煮长天。山势陡峭，水波冰寒，浪花开放，七彩斑斓，鹰击云天，层林尽染。牦牛立雪，骏马腾欢。汇青藏寺浊黑，赋甘州河澄蓝，飞流百里，岁月流年。平原丽日，沃野粮田，钟楼燕语，湿地流连，更残阳月影，爱恋甘泉。

左柳含烟，大佛独眠，风铃木塔，古韵香烟。高楼歌舞，酒肆猜拳，对月清歌，五谷丰年。顺流而下，沙河枣甜，林泽甘露，绿树清泉。饮马乌江，稻谷仓尖，风光戈壁，大漠江南。

高台惊落日，碧浪绿居延。唱胡杨铁骨，悟不朽千年。

醉花阴　疏勒河十景

（陈显宏　甘肃省疏勒河流域水资源利用中心）

南　山　涓　韵

万载祁连藏异景，跨越冰雪岭。腊月起寒流，凛冻涓涓，玉兔妆银镜。
满山寂寂童巅[1]静，又见岩羊影。且待暖风吹，舞动春波，戈壁繁花婧。

北　塞　荻　花

夜梦玉关征战烈，捷报狼烟灭。又是晚来秋，北荻扬花，塞上飘芦雪。
季风送爽苍生悦，道远河清澈。问浩瀚星河，谁最风流？治水真豪杰。

天　桥　卧　涧

薄雾白云南山麓，万水千山谷。看满目苍凉，深壑重重，卧涧虹桥伏。
水行险道犹屠戮，拔寨摧城速。若克难攻坚，别样花香，逾久留余馥。

昌　湖　映　雪

莽莽苍山根未断，碎碎琼芳[2]缓。举目眺昌湖，倒映冰峰，库面丹青缎。
艳阳乍起人渐暖，耀眼霞光散。有胜境如斯，似画江山，万户千家莞。

---

❶ 童巅，谓山无草木，如童之首也。

❷ 琼芳，即雪花；莞，微笑。

清 渠 激 浪

云散雾开天地旷，北塞工程壮。昌马总干渠，经纬通衢，鬼斧神工创。
闸门落处铿锵唱，蓄势东西向。叹喷溅浪花，激浊扬清，除恶神州畅。

赤 峡 漂 流

休说大漠风光少，万里晴空皎。塞上有江南，柳绿花红，早把春来报。
莽原赤峡天生巧，鸟语花香道。百艇竞争流，宠辱皆忘，白发红妆笑。

双 塔 玉 鉴

国道蜿蜒山寂静，浑是冰雪岭。叠嶂复层峦，瀚海蓝天，双塔妆湖镜。
引来弱水三农幸，浇灌千千顷。赞塞上春光，绿水青山，早靓原荒憬[1]。

望 杆 金 屏

戈壁晚霞和暮鼓，疏勒河流古。听静水流深，百转千回，泽润荒原土。
望杆傲立胡杨树，逾万年难腐。看锦绣金黄，彩袂飘飘，持练当空舞。

桥 湾 夕 照

关外草青尘土偃，丝路迢迢远。引水灌农田，泽润桥湾，圆梦荒滩菀。
汉时坝体唐时堰，西部黄金苑。莫道梦城娇，夕照长河，醉美归来晚。

黄 闸 春 晓

物燥天干人难寝，滴水甘露饮。尝念大将军[2]，黄闸分流，百姓粮仓廪。
晓春古道繁花锦，堪比江南甚。疏勒众儿郎，众志成城，又把佳音禀。

---

❶ 荒憬，荒远之国。

❷ 大将军，指抚远大将军年羹尧。

水成文

（朱　咏　甘肃省张掖水文水资源勘测局）

水从天而降
时而如细丝般，飘飘洒洒
时而如瓢泼般，铺天盖地
终于
落到了时刻准备拥抱它们的大地母亲
此刻
有的雨水还没来得及望一望这美丽的山川大地
就直接进入了早已翘首期盼的土壤里
有的雨水开心地、欢快地顺着地面一路欢腾
奔向那犹如道道经络般的沟沟壑壑
继而
雨水汇成河流
开启了它们在大地母亲怀抱的精彩旅程

它们聆听了林中鸟儿的歌唱
它们目睹了山间花儿的绽放
经过蜿蜒曲折、跌宕起伏的奔腾
它们退却了开始的狂放不羁
带着些许轻微的温和
来到了一个叫水文站的地方
这里的人们严阵以待
他们好比画匠
用数字、线条、符号描绘出流水的变幻莫测
这幅画卷啊
从遥远的古代徐徐展开

又延伸到无尽的未来
画卷的名字就叫水文
画匠的名字就叫水文人

从前
水文人以站为家
满腔热情
在繁忙的手动工作中
岁月流逝
黑发催白发
如今
水文人依旧满腔热情
只是自动慢慢取代手动
时间的年轮
催生着新颜换旧颜
不变的是一代代水文精神
艰苦的工作环境，繁重的工作内容
拷打着水文人那不屈的脊梁
时刻准备着与流水的较量

辉 煌 党 水

（田　斌　敦煌市水务局黄渠水利站）

滔滔党河，源发祁连。流经肃北，丰润月泉。
千里绵延，涟涟湾湾。滋养敦煌，沃泽苍田。
平均流方，三七点三。从古至今，惠及庶园。
敦煌人民，母河为赞。解放以后，水利大建。
修渠筑坝，广勘水源。整治河堤，拦水分堰。
一九六三，衬砌西干。西地三乡，农人丰满。
六七六九，兴修东干。灌溉东地，三乡全片。
一九六七，三期分段。历经七年，建设北干。
浇灌北乡，黄渠吕转。产粮大乡，丰收连年。
一九七五，水库兴建。滋润沃田，二十二万。
蓄水灌溉，节能发电。抗洪抗灾，福至桑田。
一九八〇，水利再建。兴修支斗，逐步完善。
改革开放，推行科研。农田水利，配套续建。
谋求发展，节水成案。计划配水，定额浇灌。
支渠斗渠，方量计算。杜绝浪费，确保农灌。
水法制度，普及宣传。措施得力，农业增产。
局所站段，四级包干，永续发展，层层把关。
新世纪来，环境变暖。为可持续，力倡严管。
生态农业，齐抓共管。人畜饮水，举措连连。
党河风情，花灯映岸。仙境落凡，大众乐园。
敦煌水利，福泽庶田。安居乐业，人民称赞。
听涛观河，花开水暖。恰似党恩，融民心田。
辉煌党水，千古流传。党河儿女，破浪扬帆。

我为之骄傲的水利梦

（张琰瑾　临夏州水土保持总站）

我 有 一 个 梦

是青春洋溢的意气风发
是中流击水的挥斥方遒
我的梦不在那遥远的天国
我的梦起航于长江，孕育在黄河！
我的梦就屹立在临夏这方热土
我的梦联结农业的命脉，人民的福祉！
从山海经到诺亚方舟
从大禹李冰到当代伟人
无不心系于山河钟情于水利
看，
一片片水保林 万亩梯田
一条条小流域 成群谷坊
在阳光万丈下，璀璨闪亮！
我的梦，化作光明岁月
几经险阻，为何长燃不熄？因为我追逐正义之火！
几经风波，为何高攀不落？因为它沐浴着正义的霞光！
这就是我的梦，这就是我们水利人的梦！
水利是生态的细胞，奠定民生基石
水利是经济腾飞的起点，支撑发展希望

又是一轮三百六十五天
又是一个硕果累累之年
又是一段不平凡的历程

又是一次不负使命的考试
今天，临夏水利向祖国报喜
今天，临夏水利为党送上生日赞歌
我为临夏水利成就而骄傲
我为自己也是水利的一员而自豪!
看田野，我骄傲
水渠四面八方，清泉源源不断
五谷丰登六畜兴旺
看山川，我骄傲
座座山峦保水土
家家经果花飘香
乡村旅游风景独好
看江河，我骄傲
千里堤防护安澜
万众一心保平安
独创壮美幸福天
看饮水，我骄傲
引黄济临碧波荡漾
丹水丹心一路歌唱
千万人民喝上幸福水
饮水思源感谢共产党
看环境，我骄傲
项目建设深入民心
工程规划水保先行
既要金山银山更要我家乡的绿水青山
看作风，我骄傲
从严治党廉洁高效
精准扶贫攻坚克难
不忘初心，牢记使命
我为之骄傲的水利梦在历史长河中书写着一篇篇华章
上演着一首首赞歌
回首骄人业绩
难忘艰辛付出
从基层水利站到防汛指挥部
从水库管理员到各级领导干部

从技术员到工程师
每个人都在为国家无私奉献
每个人都在丰富水利精神
用责任与担当实现我们共同的水利梦
跨过凯旋门，再踏新征程！
新的目标更加宏伟
新的希望更显魅力
时不我待是最美的行动
只争朝夕是最强的超越
水利梦的航船迎风斗浪，所向披靡
共和国的旗帜高高飘扬巍然屹立
我们用青春描绘着色彩
我们用志向书写着未来
这就是我的水利梦
今天，我为水利骄傲
明天，新的奇迹创造
未来，将与日月共同欢笑！！！！

景电工程赞

（芮执瀛　甘肃省景泰川电力提灌水资源利用中心）

黄河之西，祁连之东，丝绸古道，厥有平川，东西长约百里，山原旷其盈视，川滩行其骇瞩。食衣难继，望河而徒兴叹，群山龟裂，沙埋沃野，蓬棘抱眠，以化炎蒸旱魔侮。呜呼：景泰黎庶盼水之梦想，以难而困哉！

洎乎近世，邦开淑景，国重民生，20世纪70年代，甘肃省委高瞻远瞩，仰决策之英明，多方论证，规划勘测，设计运筹，齐心协力，计全省水利之财力，陇中之能工，集数千名工程、军垦、民工于景泰川。住地窝以御寒，啃干粮以充饥，顶风冒雪，迎战酷暑，资堵河水于草土围堰，浇筑基础于河床，凿崇岭以成隧洞，架渡槽于旷野山涧，度势以建泵站，因地而设渠道，视川而造万顷良田，浩浩汤汤，地连郡邑，旱漠荒源，顿生霖雨，渠系纵横，青葱蔚起，炊烟袅袅，麦秀平畴，柳荫长堤，新城崛起，贾商云集，仰九天银翼之翱翔，瞰五岭长龙之逶迤。变气候之氤氲，沐春风之和煦。奇哉，壮哉。

改革开放，国运昌盛，景电二期工程迎来了曙光，漫水滩、海子滩有了希望，国务院三西增列项目，其设计之严密，营构之宏伟，创科学提灌之先河，建华夏文明之奇观，高扬程、大流量、多梯级，惠泽景泰、古浪、民勤、阿拉善左旗，十年奋斗绿染戈壁。民勤调水工程，五年奋战，百里箱涵暗渠横穿腾格里沙漠，延伸，延伸，沙漠绿色再现神州，青土湖重染生机。今日景电阡陌纵横，渠系万里，良田万顷，沟洫脉通，疆理绮错，禾稷油油，粳稻莫莫，幽林蔽泽，含秀隆寄。中华之最闻名于世，事虽举于今朝，功当垂于后世。

吁嗟乎：挟黄河以渡祁连山，引河水以入草窝滩，几十余载励精图治，安土敦仁耕读何哉，岂不以势之所趋，诚之所至。物回景洽，景物咸胜，人与天调，天人共荣。同天下利，得乎民心，抱古怀今，畅其正道，观乎景电工程，洵是以信今而传后也，上善若水，行者无疆。

世　纪　圆　梦

——引洮供水一期工程建设纪实

（胥廷华　甘肃省引洮工程水资源利用中心）

洮河，发源于甘肃、青海两省交界的西倾山北麓，向东流经甘南州碌曲、合作、临潭、卓尼，经定西市岷县向西北流入渭源、临洮，临夏州康乐、东乡、永靖等12个县，一路汇聚飞瀑流溪，滚滚滔滔，直落刘家峡水库。

洮河是黄河上游最大的一条支流，全长673千米，流域面积2.55万平方千米，多年平均径流量53亿立方米。

洮河，它从海拔4260米的雪山一路走来，穿越崇山峻岭、高山峡谷，可它长期以来未能滋润周边干旱多灾的黄土地，它在贫瘠的大地上奔流而过，任周边黄土地上的人们望其兴叹。

"一方水土难养一方人。"

历　史　抉　择

"陇中苦瘠甲于天下"，这是1876年陕甘总督左宗棠呈报给光绪皇帝的奏章中，对陇中土地贫瘠、人们生活困苦的真实描述。

20世纪50年代，甘肃省委做出了引洮河水上陇东董志塬的决定。1958年，引洮工程上马后，动员了全省十几万民工投入工程建设。1961年，终因财力、物力、技术条件的限制，全线停工，引洮工程被迫下马。

光阴荏苒，岁月留痕。从岷县古城到洮河九甸峡，两岸石山上伸展一条宽阔的"平台"，是当年十多万群众挥汗的见证。

历届甘肃省委、省政府领导殚尽竭虑，老同志、老专家等仁人志士，为改变中部干旱地区贫穷落后的面貌，一直在奔走呼吁。

1992年，甘肃省委、省政府审时度势，抓住西部大开发历史契机，再次做出引洮工程上马的决策，并将引洮工程列为甘肃中部地区扶贫开发的重点项目重新启动。

进入21世纪，甘肃人民追逐“引洮梦”的步伐加快，经过几十年的艰苦求索和大量的前期工作后，2002年9月18日，国务院总理办公会议通过了《引洮工程项目建议书》；2006年7月5日，国务院常务会议审议通过了《引洮项目的可行性研究报告》。

2006年11月22日，陇原人民把渴望的目光再次聚焦在洮河岸边，甘肃省委、省政府隆重举行“九甸峡水利枢纽及引洮供水一期工程开工典礼”，甘肃历史上最大的跨流域调水工程拉开了建设的大幕。

随着引洮供水一期供水工程的全面启动建设，魂绕梦牵的洮河水将如约而至，陇中数百万人民由此告别缺水的历史。

高 峡 平 湖

引洮工程是解决以定西、会宁为代表的中部干旱地区严重缺水问题的跨流域调水工程，是以城乡供水及工业供水、生态环境用水为主，兼有农业灌溉、发电、防洪、养殖等综合功能的大型水利工程。

引洮工程由九甸峡水利枢纽工程和引洮供水一期和二期工程组成。九甸峡水利枢纽作为引洮工程的水源工程，于2006年11月开始紧锣密鼓的建设。各路建设大军和机械化队伍汇集高山峡谷，大型挖掘机的马达声与洮河的滔滔洪流声汇奏出雄壮的交响曲，使沉寂了千年的峡谷呈现出一片气吞山河的景象。

“铸高峡平湖，解陇中之渴。”

九甸峡水库大坝高程136.5米，库容9.43亿立方米，坝前水位2202米，蓄水8.67亿立方米，电站装机容量30万千瓦，年均发电量10亿千瓦时。

数千名工程技术和施工人员，安营扎寨于莲花山下，他们挥洒汗水，艰苦奋战，历时4个春秋，实现了导流洞按期贯通、大坝按期截流、按期下闸蓄水、首台机组并网发电的阶段性目标。

“高峡出平湖，洮水映莲花。”蜿蜒数十公里的九甸峡水库宛如舞动的蓝色巨龙，镶嵌在陇中黄土高原。

奔腾千万年的洮河，改变了以往自然流淌的方式，陇原儿女用科技的力量，以改造山河的斗志，谱写了时代的华章。

陇 原 铸 “龙”

引洮供水一期工程总干渠长109.42千米，以隧洞、暗渠、渡槽等建筑物连接而成，其中隧洞18座96.35千米，设计流量32立方米每秒，加大流量36立方米每秒，总干渠依次跨越洮河、渭河、祖厉河三大流域，隧洞穿越西秦岭山地、兴隆山、马啣山山地及陇西黄土高原。

经过竞争招标，国内外数十家具有水利资质的建设大军参与引洮工程建设，在数百公里的崇山峻岭和黄土沟壑中安营扎寨，展开了一场轰轰烈烈的大会战。各路建设大军和机械化队伍，按照合同总工期，与时间赛跑，掀起你追我赶的建设热潮，工地上呈现出如火如荼的奋战景象。

引洮工程不仅穿越了令人神往的时空隧道，更是开凿了“地质博物馆”罕见的地质难题，创造了一个个国内水利建设史上的奇迹和纪录，重点攻克了一座座长大隧洞：

引洮总干渠3号隧洞13.3千米，穿越西秦岭山地与陇西黄土高原，2010年6月在隧洞掘进中，发生岩溶管道压力涌水，最大涌水量达到1640立方米每小时，建设者采取“堵排结合，以排为主”的抢险措施，历时12个月奋战，艰难通过涌水段；3号隧洞穿越西秦岭北缘大断裂带，最大埋深773米，在国内水利工程中罕见。掘进中钢拱架扭曲变形，多处塌方，影响工期16个月。经过分段拆除，重新支护等措施，于2011年12月实现隧洞贯通的目标。

总干渠6号隧洞15千米，参建各方克服地质复杂多变、斜井坡度大、单工作面、通风排烟等各种困难，加强资源配置和安全措施，于2011年12月27日实现贯通。

引洮总干渠最长的9号隧洞全长18.3千米，承建施工的中国水电四局和意大利CMC公司组成联营体，在22个月的TBM施工中，强强联合，科学管理，全力攻坚，创最高日进尺86.7米、最高月进尺1464米的国内施工纪录，于2011年9月26日实现了隧洞贯通。

总干渠15号隧洞4.76千米，施工中遇到超饱水黄土，冒顶塌方、突泥、透水等地质灾害，通过新增2个平支洞，实施洞内降水、地表降水和固结灌浆、长大管棚等支护措施，终于突破了危险洞段，于2011年12月7日贯通。

引洮总干渠18座隧洞施工遭遇罕见的突泥，涌水涌沙，冒顶塌方，部分洞段钢拱架严重变形，险象环生、多次告急，采用长大管棚超前支护及固结灌浆联合支护等多种方案，及时进行了处理。

数千名建设者，放弃节假日和家人团聚的机会，常年奋战在工地一线，冒酷暑、抗严寒，承受着地质灾害多发、物价上涨、劳务紧缺、资金链断裂等各种压力，不断攻克难点，捷报频传。

建设大军奋战8个春秋，筑起一条润泽陇原大地的“地下长龙”。

2012年年底引洮总干渠96千米的18座隧洞贯通17座，为实现总干渠全线通水奠定了坚实基础。

攻 坚 克 难

引洮总干渠7号隧洞全长17.29千米，是引洮总干渠第二长隧洞，进口位于洮河流域，出口位于渭河流域，地质条件复杂，灾害多发，遭遇了我国水利建设史上罕见的涌水涌沙地质灾害，被国内地质专家称为“世界性难题”。

2010年4月，TBM在7号隧洞出口掘进2549米后，进入含水粉细疏松砂地层，发生严重涌沙，TBM两次被困，并栽头663毫米，施工中断。经专家论证和省引洮工程协调领导小组决策，调整施工方案，2011年7月重新加工盾体及刀盘，将TBM设备转场至进口重新启动，同时新开4个斜井、1个竖井，采用常规钻爆法穿越2.28千米的含水疏松砂层洞段。

2012年4月27日，TBM从进口掘进至11.1千米洞段后，再次发生特大涌沙灾害，TBM再次卡机被困。按照水利部专家咨询意见，用冻结施工方案，在7号隧洞新增直径6米、深242米的1号竖井，进行TBM解困和主洞开挖；新增直径6米、深210米的2号竖井，进行主洞开挖。

引洮7号隧洞遇到的地质难题，牵动着中央领导同志的心，2013年2月3日，习近平总书记视察引洮工程，得知工程遇到世界性地质难题，叮咛水利部主要领导派专家帮助论证指导。

水利部总工程师汪洪先后三次组织国内水利、地质、冻结等方面的权威专家，深入现场进行咨询论证，提出了“7号隧洞含水疏松砂地层冻结施工方案”和“TBM安装管片改为人工现浇钢筋混凝土衬砌方案”。

值得一提的是在1号、2号竖井冻结施工即将看到胜利的曙光时，6号斜井上游17.5米洞段接连不断发生涌水涌沙、变形塌方，又成为引洮工程的“瓶颈”和难啃的硬骨头。

面对地质灾害，参建各方不断调整优化施工方案，制定攻坚措施。建设者冒着极大的安全风险组织抢险，凭借“蚂蚁啃骨头”的精神，与地质灾害抗争，先后采用了长大管棚、自进式管棚、回填固结灌浆等常规办法都没有成功，最终采用水平冻结施工方案，攻克了“世界性难题”。

2014年10月7日，7号隧洞最后的“卡脖子”洞段终于打通，标志着引洮总干渠全线贯通。

希 望 之 路

引洮工程建设备受各界关注。甘肃省委、省政府高度重视，主要领导多次深入工地调研指导；省引洮项目协调领导小组多次召开会议，研究解决重大问题；省水利厅加强督促协调；受益区市（县、区）各级政府和人民群众大力支持，积极参与，骨干工程和田间配套工程同步建设，全面推进。

甘肃省引洮工程建设管理局精心组织，强化管理，加强协调，领导干部分工负责，驻守工地，抓质量、保安全、促进度，加强文明施工，确保工程建设不断推进。

参建各方同心协力，攻坚克难，不懈奋斗，确保了工程质量、安全和进度。

引洮工程引进国内外先进设备和技术，创造了双护盾TBM掘进月进尺1464米的国内纪录和单护盾TBM月进尺1869米的世界纪录。

引洮工程7号隧洞采用垂直与水平相结合的冻结法施工，开创了国内水利工程在240多米的地下首次进行隧洞冻结施工的先例。

引洮工程开创了我国水利建设史上最大埋深、长距离隧洞群组的水利工程典范，也是我国跨流域调水工程中最为环保、安全的“地下长河”。

引洮工程覆盖甘肃中部7个县（区）、109.42千米的总干渠、3条146千米的干渠、20条236千米的支渠、2条城市供水管线和10条乡镇供水管线，5座水厂、12个泵站和174座调蓄水池，成为陇中黄土高原腹地生生不息的大动脉，将洮河水源源不断地送到千家万户，将甘露洒向旱塬。

洮河，穿山越岭，飞流而来，架起千里“水路”，成为惠泽陇中大地的希望之路。

百 年 梦 圆

引洮工程，举国关注，中央领导同志更是牵挂。

2013年2月3日，中共中央总书记习近平考察引洮工程时指出：引洮工程是造福甘肃中部干旱贫困地区的一项民生工程，工程建成后可解决甘肃1/6人口长期饮水困难问题，工程的建设具有非常重大的意义。民生为上、治水为要，要尊重科学、审慎决策、精心施工，把这项惠及甘肃几百万人民群众的圆梦工程、民生工程切实搞好，让老百姓早日喝上干净甘甜的洮河水。

总书记的关怀，极大地鼓舞了甘肃人民的斗志。在罕见的地质灾害和困难面前，引洮人没有泄气，他们用坚韧和智慧，用团结和拼搏，抒写了自强不息、百折不挠、攻坚克难、无私奉献的引洮精神。

问渠那得清如许，为有源头活水来。

2013年6月，引洮总干渠1号至6号隧洞实现通水，渭源、临洮15万群众告别了干旱缺水的历史，提前受益。

2014年10月7日，引洮工程的咽喉工程7号隧洞终于贯通；经过数千名建设者8年的艰苦鏖战，引洮总干渠18座隧洞全线贯通。

2014年12月28日，引洮供水一期工程开始通水试运行，清澈的洮河水，从九甸峡水库开闸，穿越西秦岭和黄土高原，经过数百公里的总干渠和干渠，一路欢歌，波涛激荡，按照人的意志，流进陇原人民的心田，滋润干旱已久的黄土地。

2015年6月8日，引洮供水一期工程正式通水运行，二期工程开工建设。这标志着引洮供水一期主体工程建成，全面发挥效益，彻底解决了定西、兰州、白银3市所辖7县（区）、64个乡镇、743个行政村、300多万人的生产生活用水问题，发展灌溉面积19万亩。

2019年9月，引洮二期天水城区供水工程提前建成通水，受益人口80万人。

跨越半个世纪的引洮工程，使兰州、定西、白银、平凉、天水5个市辖属的11个县（区）、161个乡镇、2435个行政村600万人喝上了甘甜的洮河水。

这项永载陇原水利史册的世纪工程，感动了现场数千名建设者和当地群众，渠道沿线的老百姓翘首以待，鸣放鞭炮，当年七八十岁的老引洮人含泪相迎。

如今，引洮灌区生机勃勃，百业兴旺。

定西市有了洮河水，大力发展药材、畜牧、农产品加工等，为农民增收发挥了重要作用；安定区规模化种植“高原夏菜”“万亩洋芋”“千亩花卉”，成为关川河两岸一道靓丽的风景；会宁“千亩果园”“千亩大棚西瓜”成为西北订单农业的样板；渭源县元古堆村推广百合、药材种植，成为脱贫致富的典型。

引洮工程向关川河、祖厉河等7条河流输送生态水，让水土流失得到治理，旱塬生态得以恢复。昔日干涸的河流，如今流水潺潺，绿草环绕；陇中旱塬山青水绿，生机勃勃。

青山遮不住，洮河东流去。

引洮工程作为新中国成立以来甘肃水利史上最大的跨流域调水工程，历经半个世纪的艰难论证，经过几代水利人的艰苦努力，创造了连通洮河、渭河两条文明之河的水利工程奇迹，这项造福陇中数百万人民的民生工程，终于在21世纪由梦想变为现实。

引洮供水一期工程的建成，不仅从根本上彻底解决了定西、兰州、白银、天水4个市辖的会宁、安定、陇西、渭源、临洮、通渭、榆中、秦州8个县（区）300多万人的饮水安全问题，而且为城镇和工业供水、农业灌溉，河流生态调水和中部地区生态环境改善，为当地脱贫攻坚、乡村振兴，以及经济社会高质量发展提供了坚实的水资源保障。

洮河，黄土高原上流淌千年的生命之河，以她崭新的姿态，穿越时空、跨越地域，在21世纪改变了自然流淌的方式，依靠科技的力量，按照人的意志，润泽陇原干渴的黄土地。

洮河，一条诗意流淌的河，改变了甘肃数百万人的命运，成为驱动陇原大地全面发展的巨龙！

水文人赞

——献给老一辈水文人

（赵维荣　甘肃省水文站）

你从荒无人烟的峡谷走来，
你从惊涛骇浪的江河走来，
你在风雨交加的夜晚出现，
你从抗洪减灾的一线归来。
我望着你渐行渐远的背影，
满腔激情的烈火又被点燃。
你饱经黑河大峡的风霜，
你搏击过嘉陵江脱缰野马的浪尖。
掠尽大坂山无情的冰雪寒霜，
难忘那只有骆驼为你做伴的露眠。
你守候过多少雷鸣电闪的夜晚，
为抢测洪峰你废寝忘食通宵达旦。
电波传送出你及时准确的水情，
你用心血浇筑祖国人民的安澜。
你没有惊天动地的英雄事迹，
更没戴叱咤风云耀眼的光环。
你一辈子为水文事业执着追求，
在平凡的岗位上无悔地默默奉献。

本文曾发表于《临洮诗刊》2019 年第四期总第 73 期。

银发记忆着当年的洪痕，
脑际回荡着岁月的琴弦。
这就是一个老水文人博大的胸怀，
怎不叫我颂扬与眷恋。

见 春 堤

——早春游滨河景有感

（应　颖　甘肃省水利厅办公室）

千里吹沙险重关，
高夜长河列星川。
都水老叟丰年忆，
浅滩稚童寄飞鸢。

礼赞70年
为全民治水兴水插上法治的“翅膀”

（马小军　甘肃省水利厅政策法规处）

流水易逝，时光荏苒，不知不觉甘肃省水利法治建设已走过70个春夏秋冬，从起步到探索，学步前行；从理论到实践，点滴积累；从继承到创新，完善提升；从坚持到发展，与时俱进……回眸70年甘肃水利法治历史足迹，有过峥嵘岁月，有过披荆斩棘，也有过昂首前进。70年来，全省水利系统与法治结下不解之缘、情愫之缘、心系之缘，严格贯彻普法责任制，积极推进依法治河管河进程，深入学习宣传依法行政领域的法律法规，推动树立“法定职责必须为、法无授权不可为”的意识，增强法治宣传教育的自觉性和针对性，切实打造普法新阵地、更新普法长廊群、造势重大普法日、推进“法律六进”、运用普法新媒体、河道巡查重教育等举措，为全面治水兴水插上法治的“翅膀”。

遵法管水千载旺，依法治水万年兴。从古至今，甘肃坚持“以绿为体，以水为脉，以法为魂”生态法治治水理念，无数治水先贤为我们留下了丰厚的治水兴水遗产。战鼓擂响催征程，中华人民共和国成立后，甘肃全省按照“水通、水净、水安、水美”城市水环境治理目标，遵法护水兴水，法治水利事业迈入蓬勃发展时期，70年间，甘肃省先后掀起多轮依法治水高潮，依法治水理念深入人心。70年筚路蓝缕，70年沧桑巨变，我们治水为民，法治思维依旧；70年艰苦卓绝，70年砥砺奋进，我们知重负重，依法兴水安澜，一幅幅生态宜居、法治兴水的美好画卷正在陇原大地徐徐展开……

念兹在兹，久久为功。甘肃水利人转变旧观念，以“法治”为引领，筑牢法治思维、法治方式新理念，始终把树立法治思维、推进依法治水摆在重要位置。反对不按法律程序和法律规则办事，反对急功近利的政绩观和形象工程，坚持依法办事、依规行事，积极引导广大群众自觉守法、遇事找法、解决问题靠法。多轮次集中学法、多场次专题培训学法、多频次网上答题学法、多层次述法学法……始终把法治思维挺在前，把法治行动做在前。

欲流之远者，必浚其源泉。“黄河”作为甘肃人民的母亲河，与陇原儿女“同呼吸、共命运、心连心”，保护河湖健康，强化水资源管理，必须有法可依、有法必依。如何让治水有法可依，如何让依法治水成为全社会的共识，是我们水利人思考的重大问题、时代课题。无数水利仁人志士坚定信念、勠力同心，加快立法进程，深化“立废改”，推进水利科学立法、民主立法、严格执法取得新发展。经过70多年努力，相继出台了《甘肃省河道管理条例》《甘肃省节约用水条例》《甘肃省水文管理办法》《甘肃省实施〈中华人民共和国水法〉办法》《甘肃省水土保持条例》等一系列以依法治水为命脉的地方性法规、规章和规范性文件，为推动我省生态河湖建设提供了强有力的法治保障。黄河（甘肃段）沿线重现清澈碧绿、水草肥美、鱼翔浅底，一道道靓丽的黄河风情线映入眼帘，绵延万里、源源不断的河流，千百年来浇灌着沿岸万物，滋润着陇原大地，养育着甘肃儿女，恩泽着唯一穿城而过的金城兰州、精致兰州、美丽兰州。

法治润黄河，共筑安澜梦。“天下之事，不难于立法，而难于法之必行。”法律的生命力在于实施，法律的权威也在于实施。70年来，甘肃水利人以“创新”为抓手，强化执法队伍建设，以“问题”为导向，提升执法工作水平，不断提升“补短板、强监管”能力，创新了一系列方式方法，犹如那叩击大河岸边的朵朵浪花，在深化治黄改革发展的滚滚洪流中格外闪耀，为母亲河的岁岁安澜扛起了坚实有力的执法大旗。使命重在担当，实干铸就未来。近年来，甘肃水利执法人员严格落实水行政执法“三项制度”，亮证执法、持证上岗，始终坚守在执法一线，筑成了保护母亲河的“长城”，结合“清四乱”和“陈年积案”清零等活动，开展河道巡查8万余次，查处水事违法行为、整改和拆除违建乱占、依法依规审批审核涉河建设项目，为母亲河的岁岁安澜筑基护航。

唱响主旋律，讴歌新时代，法润大陇原，智慧普法行。70年，甘肃水利人将始终坚持“节水优先、空间均衡、系统治理、两手发力”的治水思路，以“谁执法、谁普法”工作责任制为指导，以开展主题法治宣传活动为抓手，以开展“以案释法”“两法衔接”为特色，突出水利重点，彰显水利特色，拓展宣传渠道，协调多方力量，全方位多角度深层次讲好水利法治、传播水利声音、唱响法治主旋律、弘扬法治正能量。积极开展“世界水日”“中国水周”“节约用水宣传月”“12·4”国家宪法日等主题宣传和“扫黑除恶”专项宣传，甘肃省水利系统群策群力、上下联动，扩大了水利法治宣传覆盖面，增加了受众人群，形成以主题宣传、专题宣传、日常宣传、执法宣传、培训讲座等多措并举，机关基层上下联动、系统内外通力协作、方式方法灵活多样的水利普法新格局，营造了全社会共同参与的依法治水新氛围，助力“幸福美好”新甘肃建设和“富民兴陇”新局面开创。

法润千年水利，情牵今朝发展，“跨越发展风正劲，扬帆远航正当时”，实现黄河梦的道路任重道远，青年人更须策马扬鞭，携手同绘兴水蓝图，并肩共筑水利之梦，甘肃水利工作必将搭乘依法治国的东风，阔步向前，引领航向，昂首前行，开启新的征程，驶向新的彼岸，在新时代的长征路上绽放更加绚丽的“青春活力”，擘画更加美妙的时代水利法治新篇章！

景泰川　米粮川

（周　蕊　甘肃省水利厅财务处）

景泰川，
连棵树都不长的地方，
腾格里的焦渴刻在每一寸土地。
一年一场风，
从春刮到冬，
狂风的洗礼，磨砺着景泰川人的艰苦，
沉睡的荒滩，遗忘着景泰川人的希望。

共产党的好干部李培福，
你说，
要让黄河水倒流，
要让戈壁成绿洲。
渴望在亘古荒原静谧中爆发！
战斗在滴水成冰的冬季打响！
两年上水，三年收益，五年建成，
火热的工地，水利人披星戴月头顶骄阳，
这是灌区工作者们血汗甚至生命的奉献，
这是“面向群众”最深刻最义无反顾的呈现。

你看，
一条条灌渠横亘山岗原野，
千里沃野更加郁郁葱葱，
一片片荒滩变成良田万顷，
景泰川沧桑巨变换了人间。

我说，
水利人的奋斗历程是开拓，
水利人的艰苦创业是跋涉，
水利人的精神是冬天的坚强，
白水鉴心拥有永恒的不屈不挠。

让我歌颂水利，唱响水利人的心曲，
景泰川　米粮川。

平凡铸就伟大

——水利普查之歌

（张金芳　甘肃省水利厅信息中心宣传科）

峥嵘岁月，三载风华
普普通通的水利普查人
肩扛重担，满腔热忱
笃守信念，齐心协力

水利普查
任务艰巨时间紧
责任重大要求高
55.8 万个清查对象
14.7 万个普查对象
17.23 万份普查表的发放
7.1 万个标绘的完成
1.2 万卷档案的整理

20885 名水普人
风餐露宿，走村串乡
披星戴月，头顶骄阳
从省上到地方
从城市到村乡
从个体到厂矿
多少个日日夜夜
多少个部门参与协调
只有一个信念

那就是普查数据真实可靠

水普人
坚持着、奉献着
辛苦着、快乐着
没有抱怨一丝一毫
也没有喋喋不休
看到一张张完整、准确的普查表
脸上洋溢着欣慰的微笑
作为水普人
他们献身水利无怨无悔！
他们负责求实无坚不摧！

古老东方，陇原大地
水利人战天斗地显身手
兴利除弊，植绿护水
座座水站如熠熠星辉
巍巍大坝如长虹卧波
条条水渠如玉带缥缈
谁又能数清楚这五千年历史的长河
曾谱下多少水利人的血汗和欢笑
水利普查让我们摸清水利家底
让陇原水利人
在人水和谐的道路上继续创造奇迹和梦想！！

西电工程赋

（杨增迪　皋兰县西电管理局）

青史有云：云雷天堑，金汤地险，名蕃自古皋兰。

金代邓千江，游历金城地，登临皋兰山巅，俯视大河雄关。诗人文思泉涌，即兴慨而吟唱，千古名篇留史册，有幸皋兰是名蕃。

南临九曲黄河，北枕秦王大川。西北高而东南低洼，山地多而沟壑纵横；依天恩赐而渴望甘霖，临河环绕而不得其善。前有段续肇造水车，后有清汉发明水挂，区区绵薄难成器，常使志士痛扼腕。斯地皋兰，地处内陆，地旱禾焦，枯岭干山。源于干旱缺水，千百年山水依然；唯有仰天生计，几辈辈民生维艰。靠天吃饭，广种而薄收；成效低下，辛劳而难堪。逃荒要饭者十之七八，背井离乡者仰天长叹。

共和建国，宏业蓬勃，人口暴增，水则奇缺，枯井瘦水，苦涩难咽。家国一穷二白布新，人民埋头苦干争先。名蕃百姓呼唤甘霖，历届政府殚精思变。砸锅卖铁无悔，穷家荡产要干！党政运筹帷幄，干群披肝沥胆。中央地方戮力，百姓群情决然！

西电工程，三边三缺三自起步，干部群众，同住同吃同苦实干。六千壮士赴一线，十万民众做后盾，住窑洞爬草窝，啃窝头吃炒面，众志成城协力，不舍昼夜鏖战。书记县长驻工地，与民共济抛家业，为有牺牲多壮志，敢教日月换新天！

群山震撼，动地惊天；高山低首，顽石胆寒。

引黄龙兮，天河流旱塬！

修干渠兮，清流润山川！

开山辟地兮，豪勇无前！

凿渠垒坝兮，描绘新天！

江山社稷，忠魂捍卫，致富工程，勇士奉献。杨正清王毓馥诸君，数几十人命陨大山，英雄捐躯，名垂千古，百年功业奏凯歌，千秋英魂伴青山。

丹心十年功，银河落人间！壮哉，西电工程，伟哉，名蕃皋兰！上山入地，黄龙蜿蜒；流水潺潺，润泽三川；万物蓬勃，大地新颜；五谷丰登，百业兴焉！

君不见，良田万顷绿似海，东山千树柳如烟。
君不见，蔡河碧水泱泱湖，名蕃楼台万万千！
皋兰红旗渠，英雄人民壮河山；名蕃桑梓地，千秋大业传万年！

天水水利七十年组诗

（天水市水利服务中心）

之一·人饮工程

万眼清泉引上山
百姓吃水不靠天
往日艰难苦咸涩
从此脱贫幸福甜

之二·引洮供水

战天斗地逾五载
谋定渭河引西海
引洮济秦划时代
天河注水展风采

之三·水土保持

筑坝修田年复年
植树种草遍黄原
东起绿肺秦岭脉
西至雪峰祁连山

之四·西梁灌区

龙台五月爽如秋
芸薹开花金似绸
西梁节水提质快
老农浇田望粮收

之五·节水灌溉

引水过山润秦州
党恩惠民泽千秋
良田万亩葱葱郁
节水增效喜丰收

之六·水利生态

自古种地面朝天
终年辛劳腹难圆
集雨引流致节用
绿水青山是新颜

之七·水利服务

河湖井泉小水电
灌区节水监管严
民生水事展新貌
水利服务一马先

黄 河 颂

（王　斌　甘肃省水土保持科学研究所）

五千四百六十四千米，
这，是黄河长度。
自古老神秘的巴颜喀拉山，
蜿蜒曲淌；
由东南、向西北，
百转回头的九曲第一湾，
似盘龙、若惊鸿，
如幻如影。

古老的黄河水，
数万年的波澜，
炎黄子孙的血脉，
顺着黄河的奔涌，
繁衍不息。
古老的黄河啊，
直到今天，仍在陪护她的儿女。

叮咚！
听，这是洮河的水，
这是洮河水流入陇中千家万户的声音。
哗啦！
看，这是黄河的水，
这是黄河水灌溉景泰川百顷良田的盛景！
这，也是甘肃的水利人，
用自己的智慧和双手，

在黄河母亲的手里，
接受的馈赠。

从引大到引洮，
从盐锅峡到乌金峡，
从景电工程到扬黄工程；
从破坏到保护，
从开发到修复，
从利用到可持续发展；
甘肃的水利人啊，
用自己的智慧和双手，
前赴后继，
为黄河母亲，
披上了层层霞帔。

甘肃的水利人啊，
用自己的智慧和双手，
薪火相传，
为黄河两岸的儿女，
送去了潺潺清水，
带来了绿柳青苗。

今天，是甘肃水利70年，
我骄傲的，
向甘肃的水利人点赞；
今天，是甘肃水利70年，
我自豪的，
为甘肃的水利建设喝彩。

九百一十三千米，
这，是黄河在甘肃境内的长度。
两万五千五百六十七天，
这，是甘肃水利人奉献的70年！

诗集选编

（牟朝阳　甘肃省水土保持科学研究所）

赋梯田优化测设仪

（一九八八年六月）

十年磨一剑，青锋几曾试。
欲穷黄土原，削坡成梯地。

献给母亲河

（一九九五年一月）

扬黄五佛上尧天，景泰民勤一线牵。
雀跃荒原驱旱魃，龙腾大漠吐飞泉。
林荼邈邈黄沙阻，麦海茫茫碧浪翻。
水利兴甘强命脉，慈亲兆六[1]乳馨甜。

咏水保生态园　二首

（一九九六年）

春

黄是连翘白是梨，红杏碧桃榆叶梅。
百头千头丁香紫，奏出五彩迎春曲。

---

[1] 慈亲兆六，黄河现在的流向格局形成于160万年前。

秋

菊探金龙爪，豆挺凌霜苗。
火炬撑火炬，葡萄坠葡萄。

河西行　五首

（一九九七年九月）

离　兰

轻车一日达酒泉，走廊千里嶂祁连。
片片绿洲雪水润，此行只为新屯田。

昌马水库[1]

祁连腰肢揽平湖，大坝闸河调汛枯。
堤渠千里溉广漠，兆亩良田驱旱魔。

瓜　州[2]

安西风库不虚传，五级劲风逾半年。
防护林网固稼土，瓜州西瓜今更甜。

考察花海[3]

翰漠苍凉柽海花，屈死儒生魂无家。
今日引来疏勒水，移民垦殖锁黄沙。

过桥湾城

康熙梦游尽子虚，桥湾城堡留胜迹。
县令[4]人皮枉作鼓，古今赃官总不绝。

---

❶ 昌马水库，位于玉门市昌马乡，库容 9 亿多立方米。

❷ 瓜州，经国务院批准，从 2006 年始，安西县改瓜州县。

❸ 花海，位于石油河下游，戈壁中的一块绿洲，面积五万多亩。原有国营农场，现为移民安置区。

❹ 县令，据传说，依康熙梦境，命县令程金山监造桥湾城，程因贪污被杀，人皮作鼓以儆效尤。

环州行　三首

（一九九八年五月）

大堡条流域再考察

风雨阻关山，驱驰往无前。
直奔大堡条，车行似划船。
十年一弹指，旧貌换新颜。
岗峦铺绿毯，掌摆卫梯田。
拦蓄分径流，人渗聚山泉。
理水隔坡面，保掌固沟滩。
防线纵横布，模式若沙盘。
经验推面上，治掌绣山川。
吾侪绵薄力，众志排万难。
水保生命线❶，长治得久安。

赞定西市安定区实现梯田化

（二零零四年六月）

安定之策重三农，咬定童山不放松。
四秩❷日月赛接力，卅万❸干群造化功。
兆亩❹梯田兴百业，五亿土石❺新愚公。
脱贫致富贵自强，小康大道路路通。

赞泾川县田家沟水土保持生态园

（二零零四年六月）

灵秀胜境泾水陬，挥戈返日❻战从头。

---

❶ 水保生命线，1959 年，朱德委员长题词：水土保持是山区经济生命线。

❷ 四秩，从 1964 年农业学大寨开始修梯田到 2004 年正好四十年。

❸ 卅万，安定区六十年代人口不足 20 万，2004 年人口 43 万。

❹ 兆亩，到 2004 年，已验收合格梯田 153 万亩。

❺ 五亿土石，修 153 万亩梯田移动土石方 50000 万多立方米。如果将这些土石方筑成 1 米厚、3 米高的墙，可绕赤道 4 圈。

❻ 挥戈返日，生态园内有夸父峰，传说为夸父逐日渴死处。夸父弃其杖，化为邓林。

梯坝树草固塬壑，楼台库池壮山丘。
邓林土林处处林，人游鱼游款款游。
鸵鹿猴雉新家乐，景观生态拔头筹。

做“生命之源”的守护者

——农村饮水安全工作回顾与展望

（余淑红　寇宴榕　甘肃省农村饮水安全管理办公室）

甘肃地处西北内陆，是一个水资源严重短缺的农业省份，大部分地区气候干燥，降水稀少，全省多年平均年降水量277毫米，水资源总量约289亿立方米，人均1100立方米，是全国平均水平的1/2。水资源严重短缺，且时空分布不均，工程型、资源型和水质型缺水并存。“陇中苦瘠甲于天下，一碗水贵过一碗油”，是我们大甘肃干旱缺水的真实写照。在罗中立的油画《父亲》中我看到的是西部农村干旱缺水的现状，浓烈的黄土气息，骄阳似火下农民黝黑的面庞，干裂、焦灼的嘴唇，满脸都是岁月洗礼的刻痕，还有半碗甘甜的生命之源，眼中泛出的是生命之光。甘肃人就是在这么恶劣的自然环境中，繁衍生息，孕育出了黄河文明，它是一代又一代陇原人征服自然，改造自然的结果。农村饮水安全问题是一直是党和各级政府亟待解决的问题，解决这一难题的主要力量是谁呢？是一批勇敢担当历史使命，为人民群众奉献自己的水利工作者。回顾70年，他们把党的事业放在首要位置，心系陇原大地，弘扬水利精神，做饮水安全的守护者，传承了大河文明，弘扬了黄河文化。

百废待兴，自力更生。新中国成立初期百废待兴，自然资源辽阔纵横，只能望洋兴叹，生产力低下，只有人力是最原始有效的工具，水利工作者们只能撸起袖子，自力更生，在我党的号召和支持下，一大批农村安全饮水工程瞬间林立，我印象最深的是引洮工程，半个世纪的心血，为这项工程献出生命的人不计其数，其源于不可控的自然因素和科技力量的落后，他们把生死置之度外，忠于自己的水利事业，为的是解决农村山区的饮水安全问题。另外还有饮水工程水窖的修建，它的出现有效地缓解了农村牲畜饮水和季节性缺水问题，它是有意义的惠民工程，这些工程虽然未能根本解决饮水安全问题，但是缓解了最基本的农村用水问题。

解放思想，万象更新。伴随着改革开放的步伐，思想牢笼被逐渐打破，积极引进国外先进饮水项目，有世界银行贷款农村改水与环境卫生项目，联合国儿童基金会WES等项目，全国各地都把该项事业的发展作为重中之重，它成功解决了众多贫困县区人畜饮水问题。之后，这种饮水积蓄工程在全国范围贫困县次第开花，甘肃省雨水蓄积项目在国际上也被重点使用，至今发挥重要作用。1979—2000年是甘肃省改革发展的大变革之年，省政府投入大量资金，在前者的基础上又修建了大批水窖，小电井等工程90.5万项，全省80%的农村人畜饮水问题得到了大幅度缓解，时代在进步，社会在发展，农村也在发展，但是生命不息，农村饮水问题的彻底解决始终是甘肃省农村饮水安全工作者不懈努力的方向，他们以主人翁的意识为甘肃省的基础事业奉献自己的一生。

新的世纪，拥抱新的希望。雄关漫道真如铁，而今迈步从头越。功不唐捐，玉汝于成，虽不是康庄大道，但是在水利工作者的艰辛努力下，还是积累了大量经验。“饮水解困”要提步，同时还要考虑人与自然的和谐发展，资源与环境相协调、改善生态环境作为全面建设小康社会重要目标，提到了战略任务的高度。党的十六大召开后，通过扶贫和饮水解困两个阶段的努力，全省人畜饮水困难实现了基本解决。到农村去水井盖上几乎都能看见“大地之爱，母亲水窖”“万眼爱心水窖”的大红字眼。给人一种生在农村的幸福感，华夏儿女党的怀抱下的温暖感。

安全饮水惠万家。最基本的饮水问题解决了，接下来要考虑的是“饮水安全”问题。这对水利工作者又是一个新的挑战，全省评估饮水不安全的1526万农村人口（占农村总人口的72%），在2005年纳入国家饮水安全规划批复实施。守望相助，砥砺前行，最终以十年时间在全省各单位的共同努力和中央部门的关怀下，自来水流入农家院落。这在20世纪算是天方夜谭，但最终还是实现了。这是一个世纪的重大跨越，这里面的艰辛又有谁能真心体会呢，黄河之水天上来，涌入的是大海，奔腾不息的是时代的气息，水利工作者面对恶意洪流毫不畏惧，哪怕是为了人民群众的事业献出自己宝贵的生命，都毫不懈怠。这种水利精神的光环是永存的，并且它将激励一带又一代水利工作者忠于使命担当，成为时代的楷模。

千帆竞渡，鏖战“十一五”。“三类典型”发挥牵引作用。在定西、平凉等市（州），实施远距离引水，抓区域推进典型；在环县、会宁、靖远等干旱山区继续推动人畜饮水工程，抓特旱山区典型；在天水、临夏等地新建集中连片供水工程，整片、整乡、整县抓整体推进典型。“六化水厂”模式打造精品工程。全力推广“工程型式规模化，建设标准现代化，运行管理精细化、调度控制信息化、水质监测常规化，工程环境园林化”的建设模式，打造渭源南部、甘谷西北部和横跨3县的天水五龙等一批标准化规模水厂，以“一子落”，带动“全盘活”。甘肃水利在自来水数量的增加上又交出一份满意的答卷，全省农村自来水普及率由2005年的25.8%提高到51%。甘肃农村饮水从分散、低标准、小规模阔步走向大水厂时代。

日新月异，辉煌“十二五”。“十二五”是实施创新发展战略的初始年，从中央一号文件专题部署水利改革发展，到习近平总书记新时期水利工作方针明确水利改革发展未来道路，党中央一系列加快水利改革发展的重大决策，为农饮水安全改革发展指明了前进方向，大力发展集中式供水，统筹城乡发展，推进城乡供水一体化饮水安全更是要增速换挡，国务院改变了资金分配方式，撬动社会闲散资金，甘肃省人大颁布《甘肃省农村饮用水供水管理条例》，省政府出台支持饮水安全工程建设的用地、用电和税收优惠政策。五年来，一系列超常规措施激发和释放了巨大的动力与内生活力，农村饮水安全建设取得了前所未有的突破和成效。全省农村饮水安全总投资达80.5亿元，列入国家总规划的1526万农村饮水不安全人口全部销号，农村自来水普及率达到80%，初步形成省、市、县、乡、村五级管理网络。

不忘初心，牢记使命，创造新时代光辉业绩。

“十三五”是决战脱贫攻坚关键时期，按照中央脱贫攻坚战略部署和省委省政府关于打赢脱贫攻坚战三年行动实施意见，正式启动实施《甘肃省脱贫攻坚农村饮水安全实施方案（2018—2020年）》，三年任务两年完成。制定印发《关于加强脱贫攻坚农村饮水安全工程建设及运行管理的意见》《甘肃省脱贫攻坚农村饮水安全验收实施细则》等一系列指导性文件，为打赢农村饮水安全脱贫攻坚战确立标准导向，农村问题是重中之重，农村饮水安全问题又被再一次提上日程，省水利部门针对安全问题出台了一系列管理办法，利用互联网技术实时跟进，确保水量，水质，用水方便程度，供水保障率全部达标，这又是一个跨越，是与现代社会相融合的跨越。开发建设农村饮水安全管理信息系统和水质检测平台，为“滴灌式”解决贫困人口饮水问题创造精准对接条件。农民缴纳水费不用去现场，彻底解决了农村农民靠天吃饭，人畜饮水难的大问题。前期农民建的水窖可以与自来水结合利用，蓄自来水，可供停水的时候使用。对贫困地区精准施力，建立农村饮水安全清单式管理制度，重点任务形成台账，困难问题纳入清单，跟踪督办、对账销号，落实工程项目报备管理，建立了从横向到纵向的全省农村饮水安全责任体系。农民富，国家才能富，可见全省水利部门和与其他部门上下一心紧密联系，不忘初心，牢记使命，把吃水问题作为首要任务，把农民问题作为主要问题，为打赢脱贫攻坚战注入能量。农村饮水问题能得到全面解决，实现今天这么壮阔的巨变，离不开我党全心全意为人民服务的伟大宗旨，离不开我党伟大的民生事业，更离不开农村饮水安全工作者的辛勤劳动和付出。水利人是这个时代的楷模。

弘扬农饮安全精神。21世纪不缺人才，缺的是一种精神，一种任劳任怨，不怕苦，不怕累的时代精神，如果没有农村饮水安全工作者的这种精神，甘肃省的饮水安全工程怎么能达到如此规模，千百年的饮水问题怎么能彻底解决，我们要弘扬这种水利精神。华夏民族孕育中华文明，中华文明孕育了大河文明，水利工作者更是弘扬了大河文明。黄河流经9个省份，流经九曲十八弯，流经甘肃，为我们陇原大地注入了血脉，使得我们大甘肃不再是以前贫瘠的黄土地，而是物种资源丰富，各种自然景观林立的魅力甘肃。就像黄河孕育了兰州文明，滨河文化，黄河之滨的美不亚于其他南方城市。是当代水利工作者把这种城市文化带到甘肃的每个角落，缺水的地方就有水利精神，我们更应该弘扬和发展这种精神。

任何困难都压不倒伟大的中华民族和英雄的中国人民！

2020年不平凡的一年，是脱贫攻坚战的收官之年，各种不确定因素接连发生，新冠肺炎席卷全国。其中在6—7月，安徽、江苏等地接连暴雨，让原本雪上加霜的中国面临各种挑战。但是就在今年，我国总能以不变应万变，集合全国力量，在中国共产党的领导下让各种灾难的危害程度降到最低，中国的实力一下子体现出来，且得到世界人民的称赞。为什么中国能从容面对各种困难，解决各种困难？因为有中国共产党领导下的广大党员干部能身先士卒。有伟大的抗疫工作者，抗洪抢险者等，他们身上有着和农村饮水安全工作者一样的品质，不怕累，不怕苦，把群众的事业摆在第一位，在国家危难时刻冲锋在前。国家最缺这种精神，来激励每一个中国人，这种深入骨髓的力量是任何东西摧毁不了的，它是我们民族的魂。

功在当代，利在千秋。路漫漫其修远兮，吾将上下而求索，甘肃省农村饮水安全工程不会停止脚步，会在创新中勇往直前，这项惠民工程会走遍甘肃的每一座大山。按照省委省政府关于打赢脱贫攻坚战行动决策部署，甘肃水利人“忠诚、干净、担当，科学、求实、创新”的水利精神。正在加快冲刺清零，确保按时全面完成脱贫攻坚农村饮水安全任务，在全面建成小康社会的史册上写下农村饮水安全辉煌的篇章。抚今追昔，我们将永远铭记甘肃省农村饮水安全工程的主要成就，它是省委省政府正确领导的结果，是国家水利部等国家有关部委关怀的结果，更是一代又一代农村饮水安全工作者不懈努力的结果。成绩属于过去，奋斗创造未来，站在新的起点上，我们更加深切地体会到，党的领导是甘肃省农村饮水安全工程发展的根本保证，无论形势如何变化，无论遇到多少困难，无论面临多大挑战，我们水利工作者都必须坚持党的领导，加强党的建设，增强“四个意识”、坚定“四个自信”、做到“两个维护”，发扬斗争精神，提高斗争本领，只有这样，甘肃省农村安全饮水工程的明天会更加美好，农民的生活才能更加幸福。新的征程上，要坚持以习近平新时代中国特色社会主义思想为指导，贯彻落实习近平总书记再次视察甘肃的重要讲话和重要指示精神，主动融入黄河流域生态保护和高质量发展这一重大战略，践行新时代水利工作者的精神，为农村饮水安全服务好是饮水安全工作者的责任。

甘肃省农村饮水工作者们情系陇原大地，他们把水利精神代代传颂，激励每个陇原儿女，一生只做“生命之源”的守护者。

水利人的水利魂

——坚守是最长情的告白

（王宏霞　甘肃省水利科学研究院）

如果没有水利，世界将会怎样？

1949年10月1日，毛泽东主席向全世界庄严地宣告中华人民共和国成立，中国从此步入新时代。同时，百废待兴的新中国面临着巨大的困难与挑战。

"水在低处流，人在川上愁。风沙不断头，十种九不收"，这是甘肃省白银市景泰川千百年来的真实写照，那时的景泰人一代代都逃不开干旱、贫穷、逃荒的命运。为了彻底扭转这一悲惨局面，改变景泰人的命运，1968年11月，时任甘肃省生产指挥部副主任的李培福主动请缨，亲自带队勘察景泰川电力提灌工程上水路线及可垦灌区。没有先进的装备和充足的补给，只有满腔的热情、对美好生活的向往和改变命运的决心，勘察队多次深入荒无人烟的沙漠，饿了就啃干粮，渴了就喝点水壶里的水；白天开着吉普车在大风中奔波，夜晚在刺骨的寒冷中燃烧黄毛柴取暖。"工夫不负有心人"，经过大量地前期考察和可行性研究，1969年1月，党中央批准景泰川电力提灌一期工程上马，这是新中国成立以来，甘肃省首次兴建的大型高扬程电力提灌工程。"景泰电力提灌工程"指挥部也很快成立，任总指挥的正是毛主席亲笔题词"面向群众"的好干部，老百姓眼中身居高位的"李老汉"李培福。景电一期于1974年建成后效益显著，景泰川发生了翻天覆地的变化，此时，李培福在"甘肃省景泰川电力提灌工程誓师大会"上做动员报告时的讲话依然在我们耳边久久回荡："……到时候，荒原变良田，沙漠成绿洲，高楼起大川，景泰赛江南！"

为了让老百姓的日子有盼头，李培福选择了景电工程，他坚守的是"面向群众"的承诺，坚守着一颗始终为民的心。

40年过去了，水利事业蓬勃发展，治水思路发生重大转变。习近平总书记提出的"节水优先、空间均衡、系统治理、两手发力"的治水思路，赋予了新时期治水的新内涵、新要求、新任务，为强化水治理、保障水安全指明了方向，是做好水利工作的科学指南。水利人将始终遵循，前赴后继。

甘肃作为全国最缺水的省份之一，资源型、水质型、工程型缺水问题并存一直是制约全省全面建成小康社会的瓶颈因素。特别是以会宁、通渭、陇西、静宁等县区为代表的中部地区，城乡居民用水难以有效保障，人民群众的生产生活受到严重威胁。“引洮供水二期工程”在党中央、国务院的亲切关怀下开工建设，这是甘肃人民期盼半个多世纪的圆梦工程，也是惠及贫困地区几百万群众的德政工程、民心工程。

在这项工程的每个角落，依然是我们甘于寂寞、勇于奉献、默默无闻的水利人。甘肃省水利科学研究院水利水电工程研究所承担着引洮二期供水工程试验检测任务。年过半百的副院长谢志伟带着刚成为父亲的小吴，离开繁华都市，来到通渭县郊区一处居民简易二层楼布置的试验室里开始了对工程建设质量长达70个月的跟踪检测。“急、难、恶”是他们的工作常态。

“急”在试验结果要的急，施工单位只有见了合格的试验报告才会安排后续施工。每次谢院长和小吴都是随叫随到，与在当地临时聘用的三位工作人员加班加点做试验，在最短的时间内完成了试验，保证了工程的正常进行。他们五个人承担着十几个人的工作量，休息和工作的时间界限早已模糊。

“难”在试验难度大，混凝土配合比对整个工程的建设质量至关重要，作为这方面的专家，谢院长亲自把关，针对各个标段材料特点和设计要求进行配合比设计，通过反复试验确定最佳配合比。这些都是为了有效保障工程质量，保证工程的耐久性和长久安全运行。

“恶”是试验环境恶劣，做强度回弹、锚固力和渗水量试验时，往往需要打着伞穿上雨裤进入上面渗水下面积水的隧洞内检测，试验结束后又要拖着早已冰得没有了知觉的双腿走上几千米出洞。几年下来，谢院长和小吴的腿都有不同程度的关节炎，每到天气变化就会隐隐作痛。

为了节省时间提高效率，小吴会把几个距离较远标段的试验安排在同一天做，当然，这一天也注定是谢院长无法放心的日子。往返十个多小时的车程，每次都是清晨出发，第二天凌晨才回来。有一次，早已过了应该回来的时间，可小吴和司机却失联了。谢院长心里七上八下，坐立难安，不由自主地往坏处想，一遍遍地拨打着小吴和司机的手机，可始终无人接听。时间一分一秒地过去，凌晨2点多，小吴的电话终于回了过来，原来他和司机实在太累，就找了个安全的地方把车停下，本想眯一会儿就走，哪知睡过去就什么都不知道了，手机响也没有把他们吵醒。在等待中煎熬的谢院长一颗悬着的心总算可以放下了。

几年来，他们在工作中认真追踪、科学思考、及时反馈，忠实地为工程质量和进度保驾护航，但长期的操劳和高强度工作使谢院长的身体发生了明显的变化，他不再像以前那样精力充沛，甚至在工地晕倒过两次。小吴常年不在家，襁褓中的孩子已慢慢长大，对他这个爸爸却总是有点陌生。谢院长和小吴是我们水利战线上最平凡的一员，是千千万万水利人中的一员，这些在水利人看来微不足道的“小事”每天都在发生，这些可爱的同行们却依然选择坚守。他们坚守的是水利人的初心，坚守的是共产党员的使命，他们“不忘初心、牢记使命”，为实现“中国梦”不断前行。

千万万的水利人啊，哪里干旱你们就去哪里，哪里需要你们就在哪里；常年的风吹日晒使你们失去了光滑的皮肤，大山隧洞的牵绊使你们失去了和家人的团聚。一代代的水利魂啊，土地上有你们的牺牲，水流里是你们的奉献；每一座泵站是你们的眼睛，每一条灌渠是你们的经脉，它们是你们血泪的勋章和历史的见证。你们用坚守换来了百姓的幸福，你们用坚守诠释了最平凡的奉献，你们用坚守完成了对水利最长情的告白！